§ 40 VwVfG und die deutsche Ermessenslehre

Schriften zum deutschen und europäischen öffentlichen Recht

Herausgegeben von Steffen Detterbeck

Band 5

PETER LANG

Frankfurt am Main · Berlin · Bern · Bruxelles · New York · Oxford · Wien

Lars-Henrik Rode

§ 40 VwVfG und die deutsche Ermessenslehre

PETER LANG
Europäischer Verlag der Wissenschaften

Bibliografische Information Der Deutschen Bibliothek
Die Deutsche Bibliothek verzeichnet diese Publikation in der Deutschen Nationalbibliografie; detaillierte bibliografische Daten sind im Internet über <http://dnb.ddb.de> abrufbar.

D 4
ISSN 1438-4388
ISBN 3-631-50308-3

www.peterlang.de

Meinen Eltern

Vorwort

Die vorliegende Arbeit ist im Juni 2002 vom Fachbereich Rechtswissenschaften der Philipps-Universität Marburg als Dissertation angenommen worden. Das Manuskript wurde im August 2002 fertiggestellt. Rechtsprechung und Literatur sind bis zum April 2002 verarbeitet worden.

Zu Dank verpflichtet bin ich meinem verehrten Doktorvater Herrn Prof. Dr. Werner Frotscher. Er hat mich nicht nur dazu ermutigt, die bei der behördlichen Ermessensbetätigung auftretenden Fragestellungen im Rahmen einer Dissertation zu untersuchen, sondern mir darüber hinaus auch wertvolle Anregungen und Hinweise für die Bearbeitung des Themas gegeben. Herrn Prof. Dr. Detterbeck danke ich für die Übernahme und zügige Erstattung des Zweitgutachtens.

Magdeburg, im Oktober 2002 Lars-Henrik Rode

Inhaltsverzeichnis

§ 1 Einführung

„Wer sich heute anschickt, zum Ermessen Stellung zu nehmen, kann (...) wenig Hoffnung haben, dem Problem neue dogmatische Lichter aufzusetzen“[1].

Diesen Satz formulierte Ossenbühl 1968, als er sich mit den Tendenzen und Gefahren der *neueren* Ermessenslehre auseinandersetzte. Schon vor ihm hatten Menger[2] und Forsthoff[3] im Hinblick auf das Thema „Ermessen“ festgehalten, dass es sich hier um eines der verworrensten Kapitel der Verwaltungsrechtswissenschaft handele und dass alle Versuche, die Ermessensfehler zu spezialisieren und systematisch zu ordnen, ohne nachhaltigen Erfolg unternommen worden seien. Diese Einschätzung[4] muss auch heute noch gelten, obwohl es in den letzten drei Jahrzehnten eine Flut an Literatur und Rechtsprechung gegeben hat. Auch sie vermochte es nicht, die Ermessensdiskussion einem befriedigenden Abschluss zuzuführen[5].

Der Ausblick erscheint in der Tat negativ. Das Thema Ermessen beschäftigt Verwaltungspraxis und Rechtsprechung seit gut 200 Jahren. Die ständigen Bemühungen, Inhalt und Wesen dieses Phänomens für die Rechtsanwendung und Rechtskontrolle zu erfassen, haben zu einem kaum noch überschaubaren Schrifttum geführt. Dies zeigt einerseits, wie facettenreich die Auseinandersetzung mit dem Thema ist, und andererseits, dass die Chancen einer Einigung von Rechtsprechung und Literatur auf eine (zumindest im Kern) einheitliche Ermessenslehre zu schwinden scheinen[6].

---

1 Ossenbühl, DÖV 1968, 618; er hielt das Thema für „offensichtlich ausgeschrieben“; DÖV 1972, 401.

2 Menger, DVBl. 1965, 662.

3 Lehrbuch des Verwaltungsrechts, 10. Aufl., S. 95.

4 Siehe auch Kellner, DÖV 1969, 309: „Wer da auszieht, sich anhand des neueren Schrifttums über die Rolle des behördlichen Ermessens unter der Herrschaft des Art. 19 Abs. 4 GG und der verwaltungsgerichtlichen Generalklausel zu unterrichten, der mag wohl das Fürchten lernen!“; Unsicherheiten gibt es auch im Schweizer Recht, da dort zwischen nichtüberprüfbaren einfachen Ermessensfehlern und kontrollierbaren Rechtsverletzungen fließende Übergänge bestehen (Rhinow, S. 68 f.).

5 Held-Daab, S. 16; Alexy, JZ 1986, 701; Koch, Unbestimmte Rechtsbegriffe, S. 101: „völlig unübersichtlicher Diskussionsstand“; Wolff/Bachof/Stober, Band I., § 31 Rdnr. 31.

6 Hofer-Zeni, Vorwort: „Ermessen gehört zu den Themen, die nicht endgültig lösbar sind.“.

Gleichwohl gibt es spätestens seit 1977 einen Schlüssel zur Überwindung der Unsicherheiten und Unklarheiten der überkommenen Ermessenslehre. Der Schlüssel heißt: § 40 VwVfG. Mit dieser Vorschrift, die mit Ausnahme des Landes Schleswig-Holstein[7] in allen anderen 15 Verwaltungsverfahrensgesetzen der Länder[8] wort- und standortidentische Aufnahme gefunden hat, schuf der Gesetzgeber eine positiv-gesetzliche Regelung, die geeignet ist, der Ermessenslehre nunmehr eine feste Grundlage zu geben. Trotzdem führt diese Vorschrift bis heute geradezu ein Schattendasein. Sie wird selten zitiert, geschweige denn angewandt[9]. Die Funktion der Vorschrift erschöpft sich derzeit im Wesentlichen darin, der Kommentarliteratur zum VwVfG[10] einen Aufhänger zur Darstellung sämtlicher Ermessensfragen zu geben. Aufgabe und Nutzen der Vorschrift werden so allerdings verkannt.

Der Verwaltungswissenschaft ist es noch nicht gelungen, der Verwaltung unmittelbar anwendbare Verhaltensanweisungen im Sinne einer geschlossenen Entscheidungslehre zu geben[11]. Die Überwindung der sich aus der aktuellen Ermessenslehre ergebenden Schwierigkeiten ist daher seit langem überfällig, zumal andere Länder im europäischen Vergleich wie etwa Frankreich über eine

---

7 Siehe dort § 73 LVwG SchlH.

8 Die Länder Berlin, Niedersachsen, Rheinland-Pfalz und Sachsen haben auf eigene Vollregelungen des Verwaltungsverfahrensrechts verzichtet. In ihren VwVfG erklären sie das VwVfG des Bundes für entsprechend anwendbar, soweit nicht ausnahmsweise abweichende Regelungen gelten sollen. Abweichendes zu § 40 VwVfG wird jedoch in keinem der genannten Länder-VwVfG geregelt. Im Einzelnen handelt es sich um folgende Gesetze:
- Gesetz über das Verfahren der Berliner Verwaltung vom 8. Dezember 1976 (GVBl. S. 2735)
- Niedersächsisches VwVfG vom 3. Dezember 1976 (GVBl. S. 311)
- Gesetz über das Verwaltungsverfahren in Rheinland-Pfalz vom 23. Dezember 1976 (GVBl. S. 308)
- Vorläufiges VwVfG für den Freistaat Sachsen vom 21. Januar 1993 (GVBl. S. 74).

9 Eine seltene Ausnahme bildet ein Beitrag von Lange, NJW 1992, 1193 ff., der § 40 VwVfG zur Grundlage seiner Überlegungen zum Thema „Ermessen als Brücke zwischen Innen- und Außenrecht" macht. Eine Auswertung von Stelkens zur Häufigkeit der vom OVG Münster zitierten Vorschriften des VwVfG zeigt, dass das Gericht im Zeitraum vom 1. Januar 1977 bis zum 4. April 1989 zur Vorschrift des § 40 nur einmal (in zwölf Jahren!) Stellung genommen hat, dagegen zu § 35 elf Mal, zu § 39 15 Mal und zu § 48 gar 31 Mal (NWVBl. 1989, 335 (336)).

10 Beispiel: Sachs, in: Stelkens/Bonk/Sachs, VwVfG, § 40, dessen Kommentierung auf mehr als 80 Seiten in 259 Randnummern untergliedert ist.

11 Püttner, § 19 II 1; Brühl, JuS 1995, 249 (251).

– so Stern[12] – „eindrucksvolle Geschlossenheit“ verfügen. Eine Anleitung für eine fehlerfreie Ermessensbetätigung ist längst überfällig. Das Fehlen einer solchen Anleitung ist vermutlich auch der Grund, warum die Einräumung von Ermessen mitunter nicht die „Begeisterung“ auslöst, die man mit dem Vorzug einer Freiheitsgewährung („Letztentscheidungsbefugnis“) gewöhnlich verbindet[13]. Ermessensausübung ist wie ein rotes Tuch, Ermessensentscheidungen sind unangenehm. So bestehen über die Ausübung von Ermessen bisweilen kaum Vorstellungen - eine Feststellung, die sich auf eigene praktische Erfahrungen in der Verwaltung und in der Aus- und Fortbildung stützt. Dies zeigt sich etwa in dem Unverständnis darüber, dass bei der Rücknahme von (rechtswidrigen) Verwaltungsakten überhaupt die Frage gestellt wird, ob man von einer Rücknahme auch absehen kann. Die Aufhebung eines rechtswidrigen Verwaltungsaktes erscheint als ein Muss.

Wegen der bestehenden Unsicherheiten wäre jeder, der eine Ermessensentscheidung zu treffen hat, für eine klare Anleitung und Orientierung dankbar. Eine solche Anleitung lässt sich – so die These dieser Arbeit – § 40 VwVfG entnehmen. Im Folgenden soll gezeigt werden, dass durch eine konsequente Beachtung des § 40 VwVfG die Schwächen und Unsicherheiten der herkömmlichen Ermessenslehre überwunden werden können. Dazu ist es zunächst erforderlich, die herkömmliche Ermessenslehre darzustellen, um dann die Ergebnisse sowie Schlussfolgerungen an Hand von § 40 VwVfG zu überprüfen. Dabei wird sich ergeben, dass das Ermessen der Verwaltung ein Rechtsfolgeermessen in Abgrenzung zum „Tatbestandsermessen“ ist. Das Ermessen ist stets pflichtgemäß, weil es der doppelten rechtlichen Bindung des § 40 VwVfG unterliegt, nämlich der Ausrichtung am Zweck der Ermächtigung und der Einhaltung der gesetzlichen Grenzen des Ermessens. Diese rechtlichen Bindungen können sowohl kumulativ als auch jede für sich (alternativ) den Ermessensspielraum verengen bis hin zur Reduzierung auf Null. Es wird sich weiter zeigen, dass sich auf der Grundlage des § 40 VwVfG die Ermessensfehlerlehre klar strukturieren lässt: § 40 VwVfG ist die gesetzliche Grundlage für die sogenannte Drei-Fehler-Lehre (Ermessensnichtgebrauch, Ermessensfehlgebrauch, Ermessensüberschreitung).

---

12 Stern, Ermessensausübung, S. 9.

13 DiFabio, VerwArch. 1995, 214 (215); Brühl, JuS 1995, 249 (250): „Freiheit ohne Maßstäbe verbreitet Unsicherheit.“; Auch Stern, Ermessensausübung, S. 23, sprach seinerzeit von einer ängstlichen Bürokratie, die nach ständig intensiveren gesetzgeberischen Vorgaben rufe.

Die vorliegende Arbeit geht von der Erkenntnis aus, dass der Wert einer Lehre von ihrer Handhabbarkeit und ihrer Eignung zur Ergebnisfindung abhängt. Daher steht im Mittelpunkt die Frage, ob sich mit einer konsequenten Beachtung des § 40 VwVfG die bestehenden Rechtsanwendungsprobleme bei der Ermessensbetätigung und Ermessenskontrolle lösen lassen. Letztlich soll einer Tendenz entgegengewirkt werden, die der Verwaltung erheblichen Begründungsaufwand abverlangt, nämlich der Verrechtlichung der Zweckmäßigkeit.

Um am Schluss dieser Einleitung wieder mit Ossenbühl zu sprechen: Es sollen dem Thema „Ermessen“ hierdurch neue dogmatische Lichter aufgesetzt werden.

§ 2 Zum derzeitigen Stand der Ermessenslehre

Eine Untersuchung mit dem Ziel, die Auflösbarkeit der Unsicherheiten der herkömmlichen Ermessenslehre durch eine (konsequente) Anwendung des § 40 VwVfG aufzuzeigen, muss von der aktuellen Ermessenslehre ausgehen. Ihre Darstellung erscheint nur auf den ersten Blick einfach. Denn die Durchsicht von Rechtsprechung und Literatur zum Thema Ermessen zeigt schnell, dass keine festen Vorstellungen darüber bestehen, was von dem Begriff „Ermessenslehre" umfasst sein soll. Es ist folglich erforderlich, diesen Befund noch weiter zu hinterfragen und eine eigene Definition zu entwickeln.

A. „Ermessenslehre" als Begriff der Kategorisierung

Die allseits hervorgehobenen Unsicherheiten und Unschärfen beginnen mit der Frage, unter welchem Begriff die Auseinandersetzung mit dem Thema „Ermessen" geführt wird. In der mehr als zweihundertjährigen Geschichte der Ermessensdiskussion hat sich kein allgemein gebräuchlicher und zudem scharfer Begriff herausgebildet. Der Grund mag darin liegen, dass – wie noch auszuführen sein wird – es auch noch keine allgemein anerkannten Festlegungen zum Begriff und zum Wesen des Ermessens gibt. Folglich verwundert nicht, dass die Gesamtheit der Äußerungen zum Thema Ermessen nicht gemeinhin als „Ermessenslehre" zusammengefasst wird. Der Begriff „Ermessenslehre" taucht in den Gesamtdarstellungen der Kommentarliteratur nur selten als terminus technicus[14] auf. Wo er Verwendung findet, wird nicht erläutert, was unter „Ermessenslehre" zu verstehen ist. Das ist auch dort der Fall, wo von „herrschender Ermessenslehre" und von „Mindermeinungen" die Rede[15] ist.
Bleckmann[16] spricht von einer „umfassenden Ermessenslehre", um die Ermessensfehlerlehre einzubeziehen. Aber auch er sagt nicht, was den Kern der Ermessenslehre ausmacht. Bullinger[17] fordert, die Ermessenslehre stärker als bisher zu differenzieren, um einzelne Erscheinungsformen des Ermessens heraus-

---

14 Soell, S. 65, spricht beispielsweise auch von „herrschender publizistischer Ermessensdoktrin".

15 Held-Daab, S. 13, spricht in ihrer rechtsgeschichtlichen Betrachtung zum „Freien Ermessen" ohne jede Erläuterung von der „herrschenden Ermessenslehre" und weist im selben Atemzug auf die (welche?) Mindermeinungen hin. Worin die Abweichungen liegen sollen, bleibt unausgesprochen.

16 S. 2.

17 Landesberichte, S. 7.

zubilden. Nach Zuleeg[18] erfasst die Ermessenslehre auch die Ermessensfehlerlehre, die Fragen nach einem Anspruch auf fehlerfreie Betätigung des Ermessens und der Abgrenzung zum Beurteilungsspielraum sowie die Probleme der gerichtlichen Kontrolldichte.
Neben dem Begriff „Ermessenslehre" wird auch noch von der „(deutschen) administrativen Ermessensdoktrin"[19], der „herrschenden publizistischen Ermessensdoktrin"[20], von „Ermessenskonzeption[21]" oder „-diskussion"[22] gesprochen, von „Ermessenstheorie" bzw. „Ermessensdogmatik"[23] oder gar von dem „Ermessensproblem"[24].

Das hier zugrundezulegende Verständnis von der Ermessenslehre geht von dem Untersuchungsziel aus, nämlich von den Auswirkungen des § 40 VwVfG auf die Gesamtheit der Anwendungs- und Abgrenzungsfragen. Somit wird Ermessenslehre hier verstanden als die Lehre vom Begriff des Ermessens und seinen Anwendungs- und Abgrenzungsfragen.

B. Die Ermessenslehre als dauernder Unruheherd im Verwaltungsrecht – Zur Geschichte der Ermessenslehre

Stellt man auf den Zeitpunkt ab, in dem der Begriff des Ermessens erstmals als juristischer Fachterminus gebraucht wurde, ist die rechtliche Diskussion zum Thema Ermessen 200 Jahre alt. Seither ist der Diskussionsanlass die Frage nach dem Bestehen von Freiräumen der Verwaltung und ihrer gerichtlichen Kontrollierbarkeit. Diese „ewige" Grundfrage ist der Ausgangspunkt für alle weiteren Rechtsfiguren, die sich im Laufe der Zeit zum Thema Ermessen entwickelt haben. Das beginnt mit den Ermessensgrenzen, die zur Ausprägung von Fehlerlehren geführt haben, und endet derzeit mit den Grundsätzen zum intendierten Ermessen.
Die Darstellung der herkömmlichen Ermessenslehre ist ohne den historischen Bezug nicht möglich. Daher erfolgt ein kurzer geschichtlicher Abriss, soweit er für das Verständnis dieser Untersuchung erforderlich ist.

---

18 DVBl. 1970, 157 (162).
19 Stern, Ermessensausübung, S. 17.
20 Soell, S. 65; Brinktrine, u.a. S. 540.
21 Brinktrine, u.a. S. 73, 84.
22 Brinktrine, S. 1.
23 Volkmann, DÖV 1996, 282 (286); Brinktrine, S. 2.
24 Nagel, S. 2, 5.

I. Der Beginn der Ermessensdiskussion in der (konstitutionellen) Monarchie

Der Begriff des Ermessens ist bis zum Ende des 18. Jahrhunderts[25] meist in der Verbform anzutreffen[26]. Er wird dann in substantivierter Form von der juristischen Literatur zur Beschreibung eines Urteilens nach Gutbefinden, Gutdünken oder Dafürhalten aufgenommen, aber noch nicht im Sinne eines feststehenden Fachterminus konsequent verwendet[27].

Ab etwa 1800 ändert sich dies aber. Das Jahr 1806 kann hier als zeitlicher Ausgangspunkt für die nachhaltige Auseinandersetzung mit Ermessensfragen angesetzt werden. Der Frieden von Luneville 1801[28], der Reichsdeputationshauptschluss 1803[29] und die Gründung des Rheinbundes 1806 hatten die Auflösung des Heiligen Römischen Reiches Deutscher Nation zur Folge. Franz II. verzichtete am 6. August 1806 auf den Thron. Die Territorialfürsten unterstanden fortan nicht mehr der Reichsgerichtsbarkeit. Reichskammergericht und Reichshofrat wurden aufgelöst. Damit entfiel für die „Untertanen" die Möglichkeit, ihre Landesherren wegen Verletzung ihrer Rechte zu verklagen[30]. Das galt insbesondere für den Bereich der landesherrlichen Polizeigewalt[31].
Mit dem Wegfall dieser Bindungen und ihrer Kontrolle suchten die Territorialfürsten, ihre Souveränität auszubauen und den Rechtsweg in Bezug auf Polizeisachen innerhalb ihrer Territorien auszuschließen bzw. nicht zuzulassen[32]. Es sollte nur die verwaltungsinterne Überprüfung stattfinden, etwa auf Grund einer Beschwerde. Die in dieser Entwicklung zum Ausdruck kommende Verschiebung zugunsten der Verwaltungsrechtspflege durch die Verwaltung selbst, der sogenannten Administrativjustiz[33], und zuungunsten des Bürgers legte das Verhältnis von Justiz und Verwaltung einerseits und den Schutzanspruch des Einzelnen gegen den Staat und seine Behörden andererseits fest. Die bestehen-

---

25 Faber, § 14 I.
26 Held-Daab, S. 21.
27 Held-Daab, S. 21.
28 Hier waren aus der Sicht des Reiches zwei Vertragsbestimmungen wesentlich: die Abtretung der linksrheinischen Gebiete an Frankreich und die Entschädigung der weltlichen Fürsten, die Territorien auf der linken Rheinseite verloren hatten, mit rechtsrheinischen Gebieten; Frotscher/Pieroth, Rdnr. 161.
29 Frotscher/Pieroth, Rdnrn. 162 ff.
30 Rüfner, Verwaltungsrechtsschutz, S. 3 (4).
31 Held-Daab, S. 26.
32 Hufen, § 2 Rdnr. 3.
33 Frotscher/Pieroth, Rdnrn. 282, 316; Stolleis, Band 2, S. 241 ff.

den Rechtswegbeschränkungen lösten daher nicht nur in der juristischen Literatur eine kontroverse Diskussion aus: Die Frage der Überprüfbarkeit von Maßnahmen des Landesherrn und seiner Verwaltung war in einem hohen Maße auch politisch sensibel, weil hier Fragen der Souveränität behandelt wurden. Es begann die Auseinandersetzung zwischen den Justizstaatlern, die für eine weitgehende gerichtliche Kontrolle eintraten, und den Verwaltungsjustizlern, die die Überprüfungskompetenz der Verwaltung zuordneten. Es schien zunächst, als ob sich der im Zuge der Französischen Revolution und der Napoleonischen Besetzung deutscher Territorien erstarkende politische Liberalismus auch in diesen Zuständigkeitsfragen zugunsten der Justizkontrolle durchsetzen würde, jedoch gewannen in der Reaktionszeit ab 1817 allmählich die konservativen Kräfte die Oberhand[34]. Selbst unter den als gemäßigt einzuschätzenden Stimme der juristischen Literatur war die Auffassung verbreitet, dass die Gerichtsbarkeit auf die Wahrung der (Privat-)Rechtsgrundsätze beschränkt und ihr keine Kompetenz in Verwaltungssachen zu übertragen sei[35]. Hierdurch sollten die Funktionsbereiche von Justiz und Verwaltung überschneidungsfrei erhalten werden; die Gerichte sollten durch das Nachvollziehen der hoheitlichen Maßnahme nicht erneut Verwaltung ausüben. Das Verständnis von Justiz war hierbei auf die Wahrung des Privatrechts im Gleichordnungsverhältnis reduziert, während der Verwaltung die Verwirklichung weitergehender Staatszwecke zugeschrieben wurde[36].

In der Zuerkennung dieser Freiräume kommt am deutlichsten das sogenannte Monarchische Prinzip zum Ausruck. Der Begriff, zum ersten Mal von Friedrich Schlegel 1804-1806 gebraucht[37], beschreibt Inhalt und Reichweite der Souveränität des Territorialfürsten. Das Monarchische Prinzip war für die im Deutschen Bund zusammengeschlossenen „souverainen Fürsten ... Deutschlands mit Einschluß Ihrer Majestäten des Kaisers von Österreich und der Könige von Preußen, Dänemark und der Niederlande“[38] gemäß Art. 57[39] der Wiener

34 Rüfner, DÖV 1963, 719 (720).

35 Held-Daab, S. 58, führt hierfür von Carl v. Pfizer (Über die Grenzen zwischen Verwaltungs- und Civil-Justiz und über die Form bei Behandlung der Verwaltungsjustiz, Stuttgart 1828) und Frh. v. Weiler (Über Verwaltung und Justiz und über die Gränzlinie zwischen beiden, Mannheim 1826) an.

36 Held-Daab, S. 58.

37 Stolleis, Band 2, S. 105.

38 So Art. 1 der Deutschen Bundesakte vom 8. Juni 1815.

39 Text: „Da der deutsche Bund, mit Ausnahme der freien Städte, aus souverainen Fürsten besteht, so muß dem hierdurch gegebenen Grundbegriffe zufolge die gesammte Staats-Gewalt in dem Oberhaupte des Staats vereinigt bleiben, und der Souverain kann durch

Schlußakte (WSA) vom 15. Mai 1820[40] Staatsgrundlage. Art 57. WSA war nicht nur Programmsatz, sondern zugleich auch Verpflichtung des einzelnen Fürsten gegenüber dem Deutschen Bund mit der Folge, dass der Bund sich einmischen konnte, wenn die Souveränität zu weit aufgegeben würde[41]. Das Monarchische Prinzip bedeutete nicht nur Zurückdrängung der Landstände[42], sondern auch die Aufrechterhaltung der inneren Souveränität durch die Beibehaltung gerichtsfreier Entscheidungsspielräume. Das Monarchische Prinzip blieb im Deutschen Bund bis zu seinem Ende 1866 bestimmend. In den deutschen Territorien verlor es von 1848 bis 1918 an Bedeutung: So enthielt etwa die revidierte preußische Verfassung vom 31. Januar 1850[43], die bis 1918 Geltung behielt, keine Bestimmung mehr, die wie Art. 57 WSA das Monarchische Prinzip ausdrücklich festschrieb. Es blieb aber bei der Vorrangstellung des preußischen Königs (Art. 45 Satz 1)[44].
Die Anhänger der Gewaltenteilung, Unabhängigkeit der Gerichte und der gerichtlichen Zuständigkeit für Verwaltungssachen blieben bis über die Jahrhundertmitte hinaus – entsprechend dem politischen Zeitgeist – in der Minderzahl.

Spiegelbildlich zu der „reaktionären“ Entwicklung gestaltete sich die Gesetzgebung, die hier am Beispiel Preußens nachgezeichnet werden soll. Unter dem Eindruck der katastrophalen Niederlage gegen Napoleon, die sich in der Doppelschlacht bei Jena und Auerstedt im Sommer 1806 ausdrückte, sowie unter dem Einfluss reformerischer Kräfte in der höheren Beamtenschaft[45] erließ der preußische König Friedrich-Wilhelm III. die Verordnung vom 26. Dezember 1808 wegen verbesserter Einrichtung der Provinzial-, Polizei- und Finanzbehörden[46]. Hierdurch wurden Justiz und Verwaltung zunächst völlig getrennt. Den Kriegs- und Domänenkammern, die jetzt Regierungen hießen, wurde jede Rechtspflege entzogen (§ 14). Die Gerichte erhielten „die ungetheilte Verwaltung des richterlichen Amts in Rücksicht sämmtlicher Angelegenheiten des Kammerressorts ohne Ausnahme“. Der Justiz entzogen blieb jedoch jede gerichtliche „Kognition“ über die Ausübung „wirklicher Majestäts- und Hoheits-

---

die landständische Verfassung nur in der Ausübung bestimmter Rechte an die Mitwirkung der Stände gebunden werden.“

40 Ernst Rudolf Huber, Dok. I, Nr. 31.

41 Mitteis/Lieberich, Kap. 44. III. 2.

42 Mitteis/Lieberich, Kap. 45. II. 1., 3.

43 PrGS 1850, 17; Ernst Rudolf Huber, Dok. I, Nr. 194.

44 Frotscher/Pieroth, Rdnr. 341 f.

45 Nach Mieck, S. 181 (184), soll es sich um eine durchaus nicht homogene Beamtengruppe von wenig mehr als 40 Persönlichkeiten gehandelt haben.

46 PrGS 1806-1810, 464.

rechte“, insbesondere der Gesetzgebung und Besteuerung (§§ 35 bis 37). Nach § 38 stand gegen polizeiliche Verfügungen der Regierungen „der Weg Rechtens sowohl über die Verpflichtung als über den Schadensersatz jedem offen, sobald entweder die Verfügung einer ausdrücklichen Disposition der Gesetze directe entgegenläuft oder die Klage auf einen speziellen Rechtstitel gegründet wird“. Das bedeutete, dass die Gerichte dann nicht über die Notwendigkeit zum allgemeinen Besten und die Zweckmäßigkeit einer polizeilichen Anordnung zu urteilen hatten, wenn die Klage nur auf die bürgerliche Freiheit oder die Prinzipien vom freien Genuss des Eigentums gestützt wurde[47].
Dieser weitgehende Rechtsschutz in Verwaltungssachen wurde danach aber allmählich wieder zurückgeschraubt. Der schon 1808 durch die genannte Verordnung vom 26. Dezember beschränkte Rechtsschutz in Steuersachen wurde durch die Kabinettsordre vom 18. November 1828[48] generell ausgeschlossen. In Polizeisachen wurde dann durch das Gesetz vom 11. Mai 1842[49] den Gerichten die Kontrolle in Bezug auf Polizeiverfügungen ganz entzogen. In dessen § 1 heißt es: „Beschwerden über polizeiliche Verfügungen jeder Art, sie mögen die Gesetzmäßigkeit, Notwendigkeit oder Zweckmäßigkeit derselben betreffen, gehören vor die vorgesetzte Dienstbehörde. Der Rechtsweg ist in Beziehung auf solche Verfügungen nur dann zulässig, wenn die Verletzung eines zum Privateigentum gehörenden Rechts behauptet wird, und nur unter den nachfolgenden Bestimmungen“.
Die hier für Preußen aufgezeigte Entwicklung galt auch für Sachsen[50].
In der Gesamtbetrachtung ist festzustellen, dass der Verwaltungsrechtsschutz bis über die Jahrhundertmitte hinaus stark eingeschränkt war.

Die Ereignisse im Zusammenhang mit der Deutschen Revolution vom März 1848 führten auch in Bezug auf den Rechtsschutz des Bürgers, wenn auch zunächst nur kurzzeitig, zu einem Wiedererstarken der liberalen Kräfte. Zu erwähnen sind zunächst Forderungen innerhalb der Opposition, die sich in den vierziger Jahren herausbildete. Ihre Forderungen äußerten sich nachhaltig bei den Versammlungen der Demokraten in Offenburg und der Liberalen in Heppenheim[51]. Im Heppenheimer Protokoll vom Oktober 1847 wurden unter anderem die strikte Trennung von Verwaltung und Justiz sowie die Ablösung der Administrativjustiz gefordert. In der Paulskirchen-Verfassung vom 28. März

47 Rüfner, DÖV 1963, 719 (721).
48 PrGS 1829, 16.
49 PrGS 1842, 192.
50 Rüfner, DÖV 1963, 1963, 719 (722).
51 Frotscher/Pieroth, Rdnr. 277.

1849[52] war diese Forderung in § 182 Abs. 1 umgesetzt. Er lautete: „Die Verwaltungsrechtspflege hört auf; über alle Rechtsverletzungen entscheiden die Gerichte.“ In diesem Zusammenhang sind noch die §§ 167 und 174 über die Abschaffung der Patrimonialgerichtsbarkeit zu erwähnen[53].
§ 182 war ein Bekenntnis gegen die Administrativjustiz[54]. Auch wenn die Verfassung bald außer Kraft gesetzt wurde, führte dies nicht zu einer Umkehr der Bestrebungen und zur Festigung der Administrativjustiz. Die „Leitidee des politischen Liberalismus, die alte Administrativjustiz durch eine wirklich unabhängige gerichtliche Kontrolle der Verwaltung zu ersetzen“[55], sollte – wenn auch nur allmählich – für eine neue Entwicklung sorgen.

Die nun sogenannte spätkonstitutionelle Verwaltungsrechtslehre zeichnete die Umrisse des ab Mitte der siebziger Jahre verwirklichten Rechtsschutzes vor. Sie ging zunehmend dazu über, die Ermessenslehre rechtsstaatlich zu begründen[56]. Lorenz von Stein sah die Verrechtlichung nicht nur als Forderung der Zeit, sondern auch als eine Folge der verfassungsrechtlichen Entwicklung[57]. Otto Bähr[58] erkannte ein Bedürfnis für eine das freie Ermessen der Regierungsgewalt beschränkende Rechtsgrenze[59] und forderte entsprechenden Rechtsschutz auch auf dem Gebiet des öffentlichen Rechts. Friedrich Franz Mayer[60] entwickelte eine Ermessensfehlerlehre, die den Grundstein für die Differenzierung von Rechts- und Ermessensfehlern legte[61].

Schon eineinhalb Jahrzehnte nach der Verabschiedung der Paulskirchen-Verfassung begann die Verschiebung von der Verwaltungsjustiz zur Verwaltungsgerichtsbarkeit. Das erste Verwaltungsgerichtsgesetz erließ Baden mit seinem Verwaltungsgesetz vom 5. Oktober 1863[62]. Durch dieses wurde dann auch das erste[63] Verwaltungsgericht in Deutschland, der Badische Verwaltungsgerichtshof, errichtet. Der Verwaltungsgerichtshof war vor allem in soge-

52 Ernst Rudolf Huber, Dok. I., Nr. 108.
53 Frotscher/Pieroth, Rdnr. 316.
54 Menger, DÖV 1963, 726.
55 Stolleis, Band 2, S. 294.
56 Held-Daab, S. 71.
57 S. 82.
58 Der Rechtsstaat, 1864.
59 S. 26.
60 Grundzüge des Verwaltungs-Rechts und -Rechtsverfahrens, 1857.
61 S. 460 ff.
62 RegBl. 1863, 399.
63 Menger, DÖV 1963, 726.

nannten Parteistreitigkeiten zuständig; das waren Streitigkeiten im Gleichordnungsverhältnis zwischen Bürgern und Gemeinden. Rechtsschutz für Streitigkeiten im Staat-Bürger-Verhältnis bildete im Zuständigkeitskatalog die Ausnahme (vgl. § 15). In den siebziger und achtziger Jahren folgten auch die meisten deutschen Einzelstaaten und Städte sowie Österreich[64]. In nahezu allen Gerichtsgesetzen blieb die Ermessenskontrolle aber ausgeschlossen. Je mehr die Verwaltungsgerichte Spruchkörper mit unabhängigen Juristen waren, desto weniger schien die Kontrolle von „Maßfragen", also Ermessensentscheidungen, akzeptabel[65].
In Österreich, Württemberg und Sachsen wurde der Rechtsweg für Streitigkeiten im Subordinationsverhältnis durch Generalklauseln eröffnet. Verlangt wurde die Geltendmachung einer Individualrechtsverletzung, die aber dann nicht zulässig war, wenn die angefochtene Maßnahme eine Ermessensentscheidung der Verwaltung enthielt. Nach § 3 Buchstabe e) des österreichischen Gesetzes vom 22. Oktober 1875[66] war der Verwaltungsgerichtshof unzuständig in „Angelegenheiten, in denen und insoweit die Verwaltungsbehörden nach freiem Ermessen vorzugehen berechtigt sind". Nach Art. 13 Satz 2 des Württembergischen Gesetzes vom 16. Dezember 1876 war die Rechtsbeschwerde zum Verwaltungsgerichtshof „ausgeschlossen, ... wenn und soweit die Verwaltungsbehörden durch das Gesetz nach ihrem Ermessen zu verfügen ermächtigt sind"[67]. Dies entsprach württembergischer Tradition, weil schon der Geheime Rat die Abänderung von Ministerialverfügungen aus Zweckmäßigkeitsgründen oder die Überprüfung von Ermessensentscheidungen ausgeschlossen hatte[68]. Vorstehendes galt auch für Sachsen[69].

In den übrigen Staaten, die die Zuständigkeit der Verwaltungsgerichte auch im Subordinationsverhältnis enumerativ regelten, findet sich keine strenge Trennung nach Rechts- und Ermessensfragen. In Preußen etwa erstreckte sich die Überprüfbarkeit in einigen (wenigen) Fällen auch auf die Notwendigkeit, Angemessenheit und Zweckmäßigkeit[70]. Dennoch blieb die Ermessenskontrolle

64 Einen kurzen Überblick gibt Rüfner in: DÖV 1963, 719 ff.
65 Held-Daab, S. 102.
66 Österr. RGBl. 1876, Nr. 36.
67 Zitiert bei Held-Daab, S. 103.
68 Bekanntmachung des Geheimen Rats vom 3. Mai 1837, RegBl. 264.
69 Held-Daab, S. 102.
70 Beispielhaft sei hier die Überprüfbarkeit der Notwendigkeit von Schul- und Wegebauten genannt (§ 135 Kreisordnung vom 13. Dezember 1872 (PrGS 1872, 661) und § 78 Abs. 1 Nr. 1 des Gesetzes betreffend die zuständigkeit der Verwaltungsbehörden und

die Ausnahme[71]. Vor allem im Polizeibereich ließ die Ausweitung der gerichtlichen Überprüfbarkeit auf sich warten: Nach wie vor konnten gemäß § 17 des Polizeiverwaltungsgesetzes vom 11. März 1850[72] Zuwiderhandlungen gegen polizeiliche Vorschriften nur auf ihre gesetzliche Gültigkeit, nicht auf ihre Notwendigkeit und Zweckmäßigkeit überprüft werden.

In Österreich entwickelten sich wegen des vom Gesetzgeber gewollten Ausschlusses jeglicher Ermessenskontrolle sogenannte Ermessensbegriffe. Der Verwaltungsgerichtshof erkannte ein Ermessen nicht nur auf der Rechtsfolgenseite, sondern auch auf der Tatbestandsebene an. Als Ermessensbegriffe wurden etwa das „öffentliche Interesse“ oder das „Bedürfnis“ eingeordnet. In der Zeit von 1888 bis 1967 nahm das Gericht eine große Zahl solcher Ermessensbegriffe an[73]. Die sich hierzu entwickelnde Lehre von den Ermessensbegriffen wurde wissenschaftlich von (dem Österreicher) Bernatzik begründet. Schon von Beginn an erfuhren die Praxis des Gerichtshofs und ihre Anhänger im Schrifttum erhebliche Kritik. Beispielhaft herauszuheben ist Gluth[74], der die Qualifizierung des Begriffs „Einschichte“ als Ermessensbegriff ablehnte. Einschichte ist nach heutigem Verständnis ein Bauvorhaben im Außenbereich, bei dem die Erteilung der Baugenehmigung wegen seiner Außenbereichseigenschaft verweigert werden konnte. Der Verwaltungsgerichtshof sah in der Beurteilung des Bauvorhabens als Einschichte eine Ermesssensfrage. Hierzu führte Gluth aus: „Mag es auch unmöglich sein, den Begriff der Einschichte derart scharf abzugrenzen, dass gesagt werden könnte: bis zu dieser Entfernung“ eines Gebäudes vom Ort liegt keine Einschichte vor, „so ist doch andererseits klar, dass ein wirklich freies Ermessen der Behörde in dieser Rücksicht nicht Platz greift, und der Verwaltungsgerichtshof würde gewiss diesem Ermessen Schranken ziehen, wenn sich eine Behörde etwa einfallen ließe, ein mitten in der Ortschaft zu erbauendes Haus für eine Einschichte zu erklären.“

Man kann sagen, dass mit der Lehre vom Ermessensbegriff auch die Lehre vom unbestimmten Rechtsbegriff entstand (zu nennen ist hier das Drei-Sphären-Modell von Walter Jellinek[75], auf das unten näher eingegangen wird).

---

der Verwaltungsgerichtsbehörden im Geltungsbereiche der Provinzialordnung vom 29. Juni 1875 (PrGS 1876, 297)).

71 Held-Daab, S. 109.

72 PrGS 1850, 265.

73 Bullinger, JZ 1984, 1001 (1002).

74 AöR 3 (1888), 569 (615).

75 Gesetz, S. 37 f.

Diese Lehre legte schon vor dem Ende der Monarchie den Grundstein für die Reduzierung des Ermessens auf die Rechtsfolgenseite[76].

Bis 1918 bildete sich auch eine Ermessensfehlerlehre heraus, die als Ersatz für die zu Unrecht verweigerte Rechtskontrolle des Ermessens empfunden wurde[77]. Unter anderem wurde der Grundsatz der Verhältnismäßigkeit als Ermessensgrenze anerkannt und in einem Verstoß gegen diesen Grundsatz eine Ermessensüberschreitung gesehen. Motor dieser Entwicklung war die Rechtsprechung des Preußischen Oberverwaltungsgerichts. Das Gericht überprüfte polizeiliche Maßnahmen nicht nur auf deren Eignung, sondern auch auf ihre Erforderlichkeit[78]. In einigen dieser Fälle stützte sich das Gericht positivistisch auf § 10 II 17 PrALR[79]. Diese Vorschrift hatte schon 1794 den Polizeistaat formell beseitigt, indem den polizeilichen Zweckmäßigkeitsüberlegungen eine gesetzliche Grenze gesetzt wurde[80]. Die Vorschrift lautete:

> „Die nöthigen Anstalten zur Erhaltung der öffentlichen Ruhe, Sicherheit und Ordnung, und zur Abwendung der dem Publico, oder einzelnen Mitgliedern derselben, bevorstehenden Gefahren zu treffen, ist das Amt der Polizey."

Im letzten Jahrzehnt der Monarchie gab es noch einen weiteren wichtigen Ansatz zur Begründung einer Ermessenslehre, der hier kurz zu nennen ist.
Kelsen und Merkl verfolgten einen gänzlich neuen Weg. Kelsen sah die systematische Konstruktion der staatlichen Rechtsordnung allein auf der Grundlage des positiven Rechts. In seinem grundlegenden Werk, seiner Habilitationsschrift „Hauptprobleme der Staatsrechtslehre" von 1911, beschreibt er auch das Ermessen[81]. Er begreift es als Problem des Vollzugs der geltenden Rechtsnormen. Unter Ermessen sind Spielräume zu verstehen, die der Rechtssatz dem Rechtsanwender sowohl auf der Tatbestands- als auch auf der Rechtsfolgenseite eröffnet. Auf der Tatbestandsseite gibt es Ermessen, wenn ein Tatbestandsmerkmal nicht mehr nach den Auslegungsregeln allgemein verbindlich abgegrenzt werden kann: Dann ist die Begriffskonkretisierung dem Rechtsanwender überlassen. Auf der Rechtsfolgenseite findet im Zuge des Normvollzugs Ermessen statt, wenn der Rechtsanwender die sich aus dem ermächtigen-

76 So auch Tezner, Lehre, S. 12 ff., 71.
77 Bühler, Rechte, S. 517.
78 Beispielhaft: PrOVG 1, 324 (326).
79 Vgl. Hattenhauer.
80 Soell, S. 123.
81 S. 503 ff.

den Gesetz und der nach Kelsen gestuften Rechtsordnung ergebenden Ermessensgrenzen bestimmt hat und dann noch alternative und rechtmäßige Rechtsfolgen bestehen. Dieser positivistische Ansatz bedeutete, dass Ermessen auf der Tatbestands- und der Rechtsfolgenseite vorliegen kann, es eine einheitliche Fehlerlehre gibt (im heutigen Sinne der Ermessensüberschreitung als einziger Fallgruppe) und keine Unterscheidung von Ermessen nach der Vollzugsperson (richterliches und Verwaltungsermessen) getroffen werden kann, weil es ja nur einen Rechtsanwender gibt.

II. Die Ermessensdiskussion in der Weimarer Republik

Mit dem Übergang von der Monarchie zum demokratischen Rechtsstaat wäre eine neue Entwicklung in der Ermessenslehre zu erwarten gewesen. Es hätte nahe gelegen, das Ermessen als Ausdruck des Monarchischen Prinzips aus dem größten Teil der Rechtsordnung, namentlich aus der Eingriffsverwaltung, zu verbannen oder jedenfalls den Verwaltungsgerichten die vollständige Überprüfung von Ermessensentscheidungen zu übertragen. Es fand aber nicht nur keine Neuorientierung statt, sondern auch keine intensive Fortentwicklung der Ermessensstandpunkte. Die von Walter Jellinek beschriebene Ermessenskonstruktion verfestigte sich (siehe Lehrbuch des Verwaltungsrechts, 3. Auflage 1931). Eine Auseinandersetzung etwa mit dem positivistischen Entwurf einer Ermessenslehre von Kelsen, die von Merkl[82] weiter ausgebaut wurde, blieb aus[83].

III. Die Ermessensdiskussion in der Zeit des Nationalsozialismus

In der nationalsozialistischen Verwaltungsrechtslehre und de lege lata setzte allmählich eine Umkehr zum Ermessensverständnis der frühkonstitutionellen Zeit ein. Es wurde als mit dem sogenannten Führerprinzip, einem zentralen Element des nationalsozialistischen Staates, als kaum vereinbar angesehen, dass der Führerwille der gerichtlichen Kontrolle unterliegen könne[84]. Diese Grundüberlegung führte zu einem schrittweisen Abbau der Verwaltungsgerichtsbarkeit[85]. Besonders einschneidend waren hier der Führererlass vom 28.

---

82 Allgemeines Verwaltungsrecht, S. 140 ff.

83 Stolleis, Band 3, S. 213 f.

84 Scheerbarth, DÖV 1963, 729.

85 Scheerbarth, DÖV 1963, 729 (730 ff.).

August 1939[86] und eine auf dieser Grundlage erlassene Verordnung vom 6. November 1939[87]. Beide führten zu einer prinzipiellen Ersetzung der verwaltungsgerichtlichen Klageverfahren durch verwaltungsinterne Beschwerdeverfahren[88]. Es bestand unter diesen Bedingungen wenig Interesse an einer präzisen Abgrenzung von Rechtsbindung und Ermessen[89]. Hier ist beispielhaft Drews zu nennen, der sich in seinem Lehrbuch zum Preußischen Polizeirecht[90] bei der Darstellung des Ermessens nur mehr „vorsichtig" zum Verhältnismäßigkeitsgrundsatz äußerte und das Thema Ermessensfehler wegließ.

IV. Die Ermessensdiskussion nach dem Zweiten Weltkrieg

Erst die Änderung der rechtlichen Rahmenbedingungen nach dem Zweiten Weltkrieg führte zu einer Wiederbelebung der Ermessensdiskussion. Freiräumen der Verwaltung stand man jetzt nach den Erfahrungen aus der Zeit des Nationalsozialismus sehr kritisch gegenüber. Zunächst wurde in den westlichen Besatzungszonen Deutschlands der Rechtsweg für Streitigkeiten des öffentlichen Rechts eingerichtet. So schuf etwa § 22 Abs. 1 der Militärregierungsverordnung Nr. 165 für die Britische Zone die Zuständigkeit der Landesverwaltungsgerichte für die Anfechtung[91] von Verwaltungsakten sowie für andere Streitigkeiten des öffentlichen Rechts mit Ausnahme von Verfassungsstreitigkeiten. Damit war gewährleistet, dass jetzt (wieder) alle Maßnahmen öffentlicher Gewalt, jedenfalls solche, die in die Rechtssphäre des Einzelnen eingriffen, uneingeschränkt der gerichtlichen Überprüfung unterlagen.
Mit dem Grundgesetz vom 25. Mai 1949 wurden für die kurz darauf entstandene Bundesrepublik neue verfassungsrechtliche Grundlagen geschaffen, die auch Vorgaben für die Freiräume des Verwaltungshandelns und die Gerichtskontrolle aufstellten. Die Betonung des Rechtsstaatsprinzips mit seinen Ausflüssen (Vorrang und Vorbehalt des Gesetzes sowie die Rechtsschutzgarantie des Art. 19 Abs. 4 GG) führte dazu, Freiräume der Verwaltung aus dem Tatbe-

86 Erlass des Führers und Reichskanzlers über die Vereinfachung der Verwaltung, RGBl. 1939, 1535; IV. Abs. 2 Satz 1 lautet: „An die Stelle der Anfechtung einer Verfügung im verwaltungsgerichtlichen Verfahren tritt die Anfechtung im Beschwerdewege bei der vorgesetzten Behörde oder der Aufsichtsbehörde."
87 Zweite Verordnung über die Vereinfachung der Verwaltung, RGBl. 1939, 2168.
88 Menger, DÖV 1963, 726 (729); Scheerbarth, DÖV 1963, 729 (732).
89 Held-Daab, S. 256.
90 Allgemeiner Teil, 5. Aufl., S. 6 f.
91 Gemäß § 24 Abs. 1 wurde der Rechtsweg auch für Klagen auf *Vornahme* von Verwaltungsakten eröffnet.

stand zu verbannen. Ermessen sollte es bei der Auslegung von Begriffen nicht geben, die Rechtsanwendung also vollständig überprüfbar sein. Gleichwohl bejahte das 1951 errichtete Bundesverwaltungsgericht zu Beginn seiner Rechtsprechung noch vereinzelt Ermessensspielräume auf der Tatbestandsseite und knüpfte insoweit an die Rechtsprechung der nach dem Krieg errichteten Landesverwaltungsgerichte an, die zwischen voll nachprüfbaren unbestimmten Rechtsbegriffen und nur beschränkt nachprüfbaren Ermessensbegriffen unterschied. Als Ermessensbegriffe wurden etwa angesehen: „öffentliches Bedürfnis“[92], „dienstliches Bedürfnis“[93], „Interessen des Verkehrs“[94], „besondere Verhältnisse“[95] und “allgemeinverkehrspolizeiliche Gesichtspunkte“[96]. Das Bundesverwaltungsgericht, das hier ebenfalls an die Rechtsprechung des österreichischen Verwaltungsgerichtshofes anzuknüpfen schien, erkannte solche Ermessensbegriffe zuerst in der Formulierung „schiffahrtspolitisch förderungswürdig“[97] und dann in den „öffentlichen Verkehrsinteressen“ des § 9 PBefG a.F[98]. Kurze Zeit später, nämlich ab 1955/56, griff es dann die in der Literatur vertretene Unterscheidung zwischen Ermessen und unbestimmtem Rechtsbegriff mit Beurteilungsspielraum auf.

Die neue Ermessenskonzeption – in dieser Arbeit zum besseren Verständnis „Nachkriegskonzeption“ genannt –, nach der das Ermessen auf die Rechtsfolgenseite beschränkt wurde und bei der Ausfüllung von unbestimmten Tatbestandsmerkmalen der Verwaltung ein Vorrecht zur Inhaltsbestimmung zustehen sollte, ist auf eine Abhandlung von Reuß[99] aus dem Jahr 1953 zurückzuführen. Er forderte zugunsten der Verwaltung in engen Grenzen einen Freiraum bei der Ausfüllung von Tatbestandsmerkmalen. Dieser Freiraum sollte die Schwankungsbreite subjektiver Deutung des Gesetzessinns umfassen, wobei das Gericht der von der Verwaltung gewählten Deutung den Vorrang zuerkennen sollte, wenn sie vertretbar war. Bachof[100] und Ule[101] schlossen sich 1955 an und entwickelten die Lehre vom Beurteilungsspielraum bzw. die Vertretbarkeitslehre.

92 OVG Münster, DVBl. 1954, 229.
93 OVG Münster, NJW 1953, 160; VGH Kassel, DÖV 1948/49, 121.
94 VGH Freiburg, DÖV 1953, 636.
95 VGH Freiburg, VerwRspr. 8 (1956), 223.
96 VGH Mannheim, DVBl. 1950, 476.
97 BVerwGE 1, 66.
98 BVerwGE 1, 92 (95).
99 DVBl. 1953, 585 ff.
100 JZ 1955, 97 ff.; später noch: JZ 1972, 641 ff.
101 Gedächtnisschrift für Walter Jellinek, S. 309 ff.

Die verwaltungsgerichtliche Rechtsprechung[102] und das Bundesverfassungsgericht[103] griffen diese Unterscheidung schnell auf. Auch die Literatur folgte dieser Konzeption, jedoch nicht ausnahmslos. Zwischen 1965 und 1969 entwikkelte sich eine viel beachtete Mindermeinung, die sich gegen die Nachkriegskonzeption, also die Gleichsetzung von Ermessen mit Rechtsfolgeermessen und die Gegenüberstellung von Ermessensausübung und Rechtsanwendung, wandte. Zu ihr gehörten Rupp[104], Czermak[105] und Soell[106].
Trotz der Beachtung, die diese Autoren erhielten, war die Wirkung auf Rechtsprechung und Literatur nicht durchschlagend. Grund mag auch der Kalkar-Beschluss des Bundesverfassungsgerichts vom 8. August 1978[107] gewesen sein, der dem Ermessen der Verwaltung einen Raum freier Gestaltung zubilligte und eine positive Funktion beim Schutz des Gemeinwesens wie des einzelnen Bürgers zuerkannte[108].

Bis heute hat es noch zwei besondere Ereignisse in der Ermessensdiskussion gegeben. Der Gemeinsame Senat der obersten Gerichtshöfe des Bundes hat mit seiner Entscheidung vom 19. Oktober 1971[109] den Begriff „unbillig" in § 131 AO 1961 (heute § 227 AO 1977) als Ermessensdirektive und nicht als unbestimmten Rechtsbegriff der Tatbestandsseite qualifiziert und § 131 AO 1961 als Rechtsnorm für eine einheitliche Ermessensentscheidung angesehen. Diese Entscheidung, die sich über die im Vorlagebeschluss dargelegte Auffassung des Bundesverwaltungsgerichts[110] hinwegsetzte, hat für viel Unruhe gesorgt. In ihr wurde eine Wiederbelebung der Ermessensbegriffe gesehen und eine Rückkehr zu dem Ausgangspunkt der spätkonstitutionellen Ermessensdiskussion befürchtet[111]. W. Schmidt[112] führte noch 1975 aus, dass mit dieser Rechtsprechung das Erreichte, nämlich die Schaffung des unbestimmten Rechtsbegriffs mit Beurteilungsspielraum als Kontrastfigur zum Ermessen, preisgegeben werde, also die gelungene Unterscheidung zwischen „volitivem" und „kognitivem"

102 BVerwGE 8, 272 (275).
103 BVerfGE 9, 137 (148); siehe auch BVerfGE 11, 168 (192): „Interessen des öffentlichen Verkehrs" sind voll überprüfbar.
104 Grundfragen, S. 220 f.; NJW 1969, 1273 (1278); ZRP 1971, 233 (234).
105 DÖV 1966, 750 (752 f.).
106 S. 116 f.
107 BVerfGE 49, 89 (137-140).
108 Bullinger, JZ 1984, 1001 (1005).
109 GmS-OGB, BVerwGE 39, 355 ff.
110 BVerwGE 35, 69 ff.
111 Faber, § 14 I.
112 NJW 1975, 1753 (1755).

Ermessen verwischt worden sei. Die Kritik in der Literatur verstummte dann aber, als sich abzeichnete, dass es sich um einen seltenen Sonderfall handeln sollte, der sich – soweit ersichtlich – nur noch zweimal[113] wiederholen[114] sollte.

Vorläufiger Abschluss der Ermessensentwicklung ist die mit einzelnen Judikaten ab 1980 vom Bundesverwaltungsgericht[115] geschaffene Rechtsfigur des intendierten Ermessens, die besagt, dass es Ermessensnormen gibt, die die Ermessensbetätigung für den Regelfall in einer bestimmten Richtung vorzeichnen. Ist dies der Fall, erübrigt sich eine Abwägung des Für und Wider, und insofern bedarf es dann auch keiner Begründung.

C. Der Inhalt der (herkömmlichen) Ermessenslehre

Wie die geschichtliche Entwicklung zeigt, hat es bisher noch keinen Versuch einer Gesamtdarstellung der herkömmlichen Ermessenslehre im Sinne eines vollständigen und in sich logischen aufgebauten Gebildes gegeben. Dieser Versuch soll hier unternommen werden. Ausgangspunkt ist der Begriff des Ermessens, dessen Inhalt zunächst zu klären ist. Anschließend ist das Wesen des Ermessens zu ergründen, das die Gesamtheit aller Anwendungs- und Abgrenzungsfragen im Zusammenhang mit der Ermessensbetätigung ausmacht.

I. Der Begriff Ermessen

Einen in unserer Rechtsordnung allgemein akzeptierten, das heißt feststehenden Begriff des Ermessens[116] gibt es nicht. Gesetzgeber und Rechtsprechung

113 BVerwGE 72, 1 (4f.), in Bezug auf § 5 Abs. 1 Satz 2 lit. c WoBindG; BSG 34, 269 (271) = NJW 1973, 344 f.; siehe Anmerkung von Müller-Helle, NJW 1973, 1063 f., in Bezug auf § 602 RVO.

114 Die Entscheidung des GmS-OGB hat unverändert Bestand. Hier kann aufgrund mehrerer Judikate von einer ständigen Rechtsprechung gesprochen werden: BVerwG, NJW 1991, 1073 ff.; OVG Münster, NVwZ-RR 1993, 521 ff.; BFH, NVwZ-RR 1993, 5 f.

115 BVerwG BRS 36, Nr. 93 – Urteil vom 28. August 1980; im Übrigen insbesondere: BVerwGE 105, 55 ff.

116 Zu betonen ist noch einmal, dass die Wendungen „Begriff des Ermessens“ und „Ermessensbegriff“ nicht synonym sind. Unter Ermessensbegriffen werden (andere) Begriffe verstanden, deren Anwendung durch die Verwaltung Ermessensbetätigung sein soll.

halten sich nach wie vor mit einer Begriffsdefinition zurück. Das juristische Schrifttum verhält sich in diesem Punkt uneinheitlich. Es gibt Autoren wie etwa Maurer[117] und Ossenbühl[118], die präzise Begriffsbestimmungen aufstellen, aber der größte Teil des Schrifttums begnügt sich mit Umschreibungen zu Inhalt und Wesen des Ermessens. Feste Begriffskonturen lassen sich der Gesamtheit dieser Beschreibungen nicht entnehmen. Völlige Übereinstimmung besteht heute nach wie vor nur darin, dass unter Ermessen der Gegensatz zur strikten, strengen oder gesetzesakzessorischen Gebundenheit verstanden wird. Strenge Gesetzesbindung liegt vor, wenn die Verwaltung in ihrem Handeln an die Vorgaben des Gesetzes in der Weise gebunden ist, dass ihr kein eigener Entscheidungsspielraum belassen ist[119]. In diesem Zusammenhang bedeutet Ermessen ein Zuwachsen von Entscheidungsfreiheit bei gleichzeitiger Abschwächung der Gesetzesbindung.

1. Verständnis des Gesetzgebers

Es existiert keine gesetzliche Vorschrift, die den Begriff des Ermessens definiert[120]. Die vom Ermessen handelnden Vorschriften des § 40 VwVfG und des § 114 VwGO sowie die Entsprechungen im Sozial- und Steuerrecht[121] definieren nicht, sondern setzen den Begriff Ermessen voraus. Auch § 73 LVwG SchlH[122], der im Gegensatz zu § 40 VwVfG ausführlicher ausgestaltet ist, enthält entgegen Hill[123] und Sachs[124] keine Begriffsbestimmung. Die Vorschrift lautet wie folgt:

> „Die Behörde entscheidet, soweit Rechtsvorschriften nicht bestimmen, daß und in welcher Weise sie tätig zu werden hat, im Rahmen der ihr erteilten

117 Allgemeines Verwaltungsrecht, § 7 Rdnr. 7.

118 DÖV 1968, 618 (619).

119 Ossenbühl, in Erichsen/Martens, § 10 Rdnr. 2; Detterbeck, Öffentliches Recht, Rdnr. 1095; Gerhardt, in: Schoch/Schmidt-Aßmann/Pietzner, VwGO, § 114 Rdnr. 13.

120 Von Groll, in: Gräber, FGO, § 102 Rdnr. 5.

121 Entsprechende Regeln enthalten AO 1977, SGB X und FGO. § 5 AO 1977 ist mit § 40 VwVfG wortgleich. § 39 SGB X begrenzt den Anwendungsbereich auf „Entscheidungen über Sozialleistungen" und legt in Satz 2 einen Anspruch auf pflichtgemäße Ermessensausübung fest. § 102 FGO ist wiederum wortgleich mit § 114 VwGO.

122 Vom 18. April 1967 (GVOBl. S. 131).

123 Hill, NVwZ 1985, 449 (450).

124 Sachs, in: Stelkens/Bonk/Sachs, VwVfG, § 40 Rdnr. 1.

> Ermächtigung nach sachlichen Gesichtspunkten unter Abwägung der öffentlichen Belange und der Interessen des einzelnen über die von ihr zu treffenden Maßnahmen (pflichtgemäßes Ermessen).
> Die Maßnahme darf nicht zu einer Beeinträchtigung des einzelnen oder der Allgemeinheit führen, die zu dem beabsichtigten Erfolg in einem offenbaren Missverhältnis steht.
> Die Behörde hat unter mehreren zulässigen und geeigneten Maßnahmen tunlichst diejenigen anzuwenden, die die Allgemeinheit und den einzelnen am wenigsten beeinträchtigen".

Sie ist nach Bull als ausführliche Beschreibung zur „richtigen" Ermessensausübung[125] zu verstehen. Der Klammerzusatz am Ende des ersten Absatzes darf nicht vorschnell als Legaldefinition aufgefasst werden. Die Betonung der Begriffsbildung liegt hier auf dem Wort „pflichtgemäß". Es wird – wie Bull richtig hervorhebt – beschrieben, wie die Behörde bei der Betätigung ihres Ermessens vorzugehen und was sie dabei zu beachten hat.
Hill meint, eine Definition ergebe sich daraus, dass in § 73 LVwG SchlH neben dem „Kontrollproblem" zwei weitere Aspekte berücksichtigt worden seien: zum einen die Ermächtigung zum eigenverantwortlichen Entscheiden zur Verwirklichung der Einzelfallgerechtigkeit und zum anderen die auf Interessenausgleich bedachte Abwägung.
Die Würdigung des Wortlauts zeigt aber, dass die in § 73 LVwG SH aufgestellten Maßgaben für die Ermessensbetätigung – im Hinblick auf ihren (materiellen) Gehalt – nur graduell im Sinne einer Konkretisierung über die Maßgaben des § 40 VwVfG hinausgehen. Die genaue Betrachtung der drei Sätze des § 73 LVwG SH zeigt folgendes:
Satz 1 besagt zunächst, dass Ermessen ausgeübt wird, wenn Rechtsvorschriften nicht bestimmen, dass und in welcher Weise die Verwaltung tätig zu werden hat. Außerdem kommt die Unterscheidung zwischen Ermessen als Wahlfreiheit im Gegensatz zur gesetzlichen Gebundenheit zum Ausdruck. Das ist nicht mehr, als § 40 VwVfG auch sagt: § 40 VwVfG gilt nur bei Einräumung eines Ermessensspielraums. § 73 Satz 1 sagt weiter, dass zwischen den Belangen der Allgemeinheit und des Einzelnen nach sachlichen Gesichtspunkten abzuwägen ist. Hier werden Auswahlkriterien für die Ermessensbetätigung genannt. Dies ist eine Vorgabe für das Wie der Ermessensbetätigung und – weil § 40 VwVfG insoweit schweigt – eine Präzisierung. Diese (sachlichen) Gesichtspunkte müssen sich im Rahmen der erteilten Ermächtigung halten: Nichts anderes sagt

125 Bull, Rdnr. 405.

§ 40 VwVfG mit seiner Vorgabe, dass das Ermessen entsprechend dem Zweck der Ermächtigung auszuüben ist.
§ 73 Satz 2 stellt ein Übermaßverbot auf, das eine gesetzliche Grenze darstellt und insoweit auch von § 40 VwVfG durch die Formulierung „gesetzliche Grenzen des Ermessens“ erfasst ist.
Satz 3 stellt ebenso wie Satz 1 eine Vorgabe für die Ermessensbetätigung dar. Es ist diejenige Maßnahme zu treffen, die die Allgemeinheit und den Einzelnen am wenigsten beeinträchtigt. Hierin kann auf den ersten Blick eine Ermessensgrenze erkannt werden: Es soll eine Vorteils-Nachteils-Bewertung stattfinden in der Weise, dass die Maßnahme mit den größten Vorteilen und den geringsten Nachteilen zu wählen ist. Das deutet auf den Grundsatz der Verhältnismäßigkeit hin, der die Angemessenheit der Maßnahme fordert. Auf den zweiten Blick erscheint Satz 3 jedoch von seiner Aussage her zweifelhaft. Die Vorgabe der Angemessenheit bezieht sich dem Wortlaut nach auf die „zulässigen“ Maßnahmen. Hier scheint ein Widerspruch in sich zu entstehen: Wenn feststeht, dass die Maßnahme „zulässig“ ist, ist sie zugleich auch angemessen. Ist sie nicht angemessen, ist sie unverhältnismäßig und daher rechtswidrig. Der Gesichtspunkt der Angemessenheit kann also denklogisch nicht mehr Auswahlkriterium unter mehreren (rechtmäßigen) Maßnahmen sein.
Festzuhalten ist damit, dass § 73 LVwG SchlH die Vorstellung des Gesetzgebers von der richtigen Ermessensbetätigung präzisiert, aber nicht eine Begriffbestimmung des Ermessens im Sinne einer Definition enthält.

2. Verständnis der Rechtsprechung

Die Frage des Verständnisses der Rechtsprechung bezieht sich auf den Zeitraum nach 1945. Der I. Senat des Bundesverwaltungsgerichts knüpfte mit zwei Entscheidungen zunächst an die frühere verwaltungsgerichtliche Rechtsprechung an und erkannte Ermessensspielräume auch auf der Tatbestandsseite[126]. Mit der Entscheidung des III. Senates vom 9. Mai 1956[127] zu §§ 253, 254 und 257 LAG wurde – entgegen einiger Stimmen in der Literatur[128] – jedoch schon eine Wende eingeläutet. Die genannte Entscheidung lag schon nicht mehr auf der Linie der Rechtsprechung des I. Senates. In der erwähnten Entscheidung begehrte die Klägerin die Gewährung eines Aufbaudarlehens zur finanziellen Sicherung eines kürzlich erworbenen Tabakwaren-Einzelhandelsgeschäfts. Das

126 BVerwGE 1, 92 (96); 1, 171 (173).
127 BVerwGE 3, 279 ff.
128 Varadinek, S. 99; Hüttl, DVBl. 1965, 61 (66 Fn. 46).

beklagte Ausgleichsamt lehnte den Antrag mit der Begründung ab, das von der Klägerin gewählte Geschäft könne nicht als förderungswürdig angesehen werden, da sich in der Nähe des Geschäfts vier weitere Unternehmen befänden. Der III. Senat hat nicht etwa den Begriff der Förderungswürdigkeit als auf der Tatbestandsseite angesiedelten Ermessensbegriff gewertet, sondern die Erwägungen des Ausgleichsamtes zur Förderungswürdigkeit als Rechtsfolgeüberlegungen angesehen. Das ergibt sich aus dem besonderen Zusammenspiel der hier einschlägigen Vorschriften des LAG: Nach § 254 Abs. 1 LAG kann an einzelne Geschädigte, die Vertreibungs- oder Kriegssachschäden geltend machen können, ein Aufbaudarlehen gewährt werden, wenn sie ein Vorhaben nachweisen, das sie in den Stand setzt, an Stelle einer durch die Schädigung verlorenen Lebensgrundlage eine neue gesicherte Lebensgrundlage, für die sie die erforderlichen persönlichen und fachlichen Voraussetzungen erfüllen, zu schaffen oder eine bereits wieder geschaffene, aber noch gefährdete Lebensgrundlage zu sichern. Die Reihenfolge der Gewährung derartiger Aufbaudarlehen bestimmt sich nach der sozialen Dringlichkeit und nach der volkswirtschaftlichen Förderungswürdigkeit der Vorhaben (§ 257 LAG). Die Frage der Förderungswürdigkeit ist damit kein Tatbestandsmerkmal, das erfüllt sein muss, damit ein Darlehen überhaupt gewährt werden darf. Wie der III. Senat ausführt[129], steht es im Ermessen der Ausgleichsbehörden, ob bei Fehlen der volkswirtschaftlichen Förderungswürdigkeit eine an sich nach § 254 LAG zulässige Darlehensbewilligung abgelehnt werden soll. Die Erwägungen insoweit sind also Ermessenserwägungen. Nicht der Begriff der Förderungswürdigkeit eröffnet das Ermessen, sondern allein die Vorschrift des § 254 LAG. Das Kriterium der Förderungswürdigkeit ist ein bei der Ermessensausübung zu berücksichtigender Belang.

Auch die Entscheidung des VII. Senates vom 24. April 1959[130] zur Nichtversetzung einer Schülerin knüpfte nicht an die Entscheidungen des I. Senates an. Der VII. Senat ließ ganz bewusst offen, ob die Entscheidung über die Versetzung oder das dahinter stehende pädagogische Urteil eine Frage des wertenden (=kognitiven) Ermessens im Sinne der Überprüfung eines Begriffs mit Beurteilungsspielraum oder im Sinne des handelnden (=volitiven) Ermessens sei. Weil die bisherigen Judikate des Bundesverwaltungsgerichts[131] auch im Hinblick auf Begriffe im Tatbestand Spielräume der Verwaltung anerkannt hätten, die einer eingeschränkten Überprüfung unterlägen, gelte für die Überprüfung

129 BVerwGE 3, 279 (284).
130 BVerwGE 8, 272 ff.
131 BVerwGE 5, 153 (162); 6, 177 (179, 182); 8, 192 (195).

pädagogischer Urteile der Maßstab des § 23 Abs. 3 der Militärverordnung Nr. 165 für die Britische Zone[132] – der Vorläufervorschrift des § 114 VwGO. Der VII. Senat sah also wegen der einheitlichen Überprüfungspraxis in Bezug auf unbestimmte Rechtsbegriffe mit Beurteilungsspielraum und Ermessen keine Unterschiede und damit auch keinen Grund zu der Festlegung, ob es sich bei dem pädagogischen Urteil um eine Beurteilungs- oder Ermessensfrage handelte.

Die nachfolgende Rechtsprechung des Bundesverwaltungsgerichts rezipierte schnell die Unterscheidung zwischen unbestimmtem Rechtsbegriff einerseits und der Betätigung von Ermessen auf der Rechtsfolgenseite andererseits. Auch an Beschreibungen der Ermessensbetätigung mangelt es inzwischen nicht. So führte der VIII. Senat in seiner Entscheidung vom 27. Mai 1981 aus, dass der Ermessensgebrauch dadurch gekennzeichnet sei, dass die dazu ermächtigte Behörde rechtmäßig auch zu einer anderen Entscheidung kommen könne, wenn sie wolle[133]. Eine Definition des Ermessens im Sinne von: „Ermessen ist ...“ fehlt bis heute allerdings. Nur aus einer Gesamtschau der Entscheidungen des Bundesverwaltungsgerichts lässt sich folgern, dass mit Ermessen Rechtsfolgeermessen gemeint ist.

3. Verständnis der Verwaltungsrechtslehre

Das Fehlen einer präzisen Definition in Gesetz und höchstrichterlicher Rechtsprechung verursacht auch heute noch begriffliche Unsicherheiten und führt zu einer terminologischen Vielfalt bei den Erklärungsversuchen. Diesen Befund vermittelt die Anzahl der in den vergangenen Jahrzehnten entwickelten Begriffsbeschreibungen. Im Gegensatz zur Rechtsprechung hat gerade die Literatur immer wieder Definitionsversuche unternommen. Auch wenn ihre Anzahl überschaubar ist, geben sie im Hinblick auf den Inhalt ihrer Beschreibungen ein uneinheitliches Bild ab.

---

132 Amtsblatt, S. 799. Der Text lautet: Sind die Verwaltungsbehörden ermächtigt, nach ihrem Ermessen zu handeln, so kann die Anfechtung insoweit nur darauf gestützt werden, dass die gesetzlichen Grenzen des Ermessens überschritten seien oder von dem Ermessen in einer dem Zweck der Ermächtigung nicht entsprechenden Weise Gebrauch gemacht worden sei.“

133 BVerwGE 62, 230 (241).

a) Einzelne Begriffsbeschreibungen

Historischer Ausgangspunkt für die Darstellung einzelner Definitionsversuche sind aus der Zeit vor dem Zweiten Weltkrieg Beschreibungen von Adolf Merkl und Walter Jellinek. Merkl formulierte 1927: „Ermessen bedeutet Mangel der verbindlichen Bestimmung durch einen fremden Willen; rechtliche Fähigkeit, den eigenen Willen sprechen zu lassen.“ [134] Jellinek definierte 1931 das (freie) Ermessen „als die vom Gesetze für maßgeblich erklärte, fehlerfrei zustande gekommene, individuelle Abgrenzung eines unbestimmten Begriffs innerhalb seiner beiden äußersten Grenzen, insbesondere die individuelle Auffassung über den inneren Wert oder Unwert einer Verwirklichung“.[135]

Die Ereignisse von 1933 und vor allem der Zweite Weltkrieg führten zu einem Stillstand rechtswissenschaftlicher Entwicklung auch auf dem Gebiet des Allgemeinen Verwaltungsrechts. Nach dem Zweiten Weltkrieg gewann das Verwaltungsrecht allmählich und dann mit dem Inkrafttreten des Grundgesetzes 1949 zunehmend an Bedeutung. So wurde auch die Auseinandersetzung mit Ermessensfragen wieder aufgenommen, was sich in der juristischen Literatur deutlich niederschlug.
1950 erschien das erste Lehrbuch des Allgemeinen Verwaltungsrechts nach dem Krieg, verfasst von Ernst Forsthoff. Dort beschrieb dieser das Ermessen als „wählendes Verhalten im Rahmen der Werteverwirklichung“[136]. Im Zuge der sich Anfang der fünfziger Jahre weiter intensivierenden Ermessensdiskussion folgten weitere Beschreibungen. Für die sechziger Jahre sind die Versuche von Czermak und Ossenbühl anzuführen: Ermessen liege vor, wenn eine „Rechtsnorm bestimmt, daß die Verwaltungsbehörden unter den näher bezeichneten tatbestandlichen Voraussetzungen eine der vorgesehenen Entscheidungen treffen können oder dürfen“ [137] und „Ermessen wird verstanden als gesetzesakzessorische und gesetzesgelenkte Wahlfreiheit der Verwaltung bei der Rechtsfolgenbestimmung“ [138]. Koch[139] reduzierte diese langen Beschreibungen 1979 auf drei Worte: „Ermessen ist Tatbestandsergänzung.“

---

134 S. 152.

135 Verwaltungsrecht, S. 32.

136 Lehrbuch des Verwaltungsrechts, 1. Aufl., § 5 (S. 68); so übernommen von v. Groll, in: Gräber, FGO, § 102 Rdnr. 5 und der Rechtsprechung des BFH (Nachweise siehe dort); zustimmend: Klein, AöR 82 (1957), 75 (121).

137 DÖV 1966, 750 (751).

138 DÖV 1968, 618 (619).

139 Unbestimmte Rechtsbegriffe, S. 186.

Fünfzig Jahre nach Forsthoff hat Maurer[140] eine Beschreibung entwickelt, die im Kern die Formulierung von Forsthoff wieder aufgreift: „Ermessen liegt vor, wenn die Verwaltung bei Verwirklichung eines gesetzlichen Tatbestandes zwischen verschiedenen Verhaltensweisen wählen kann."

b) Bewertung

Die vergleichende Betrachtung der soeben zitierten Definitionsversuche zeigt auf den ersten Blick bei aller Unterschiedlichkeit der Formulierungen eine weitgehende Übereinstimmung, was das „Wählen nach eigenen Vorstellungen" anbelangt.
Bei vertiefender Betrachtung werden jedoch Unterschiede offenbar. Bei einigen Definitionen wird der Bezugspunkt der Wahlfreiheit nicht genannt. Das Fehlen einer Lokalisierung lässt damit die Möglichkeit von Entscheidungsspielräumen auf der Tatbestandsseite zu.
Beurteilungsspielraum bedeutet, dass es im Hinblick auf die Ausfüllung von unbestimmten Rechtsbegriffen zwei oder mehrere vertretbare Auslegungsergebnisse gibt, unter denen die Behörde wählen kann. Den Definitionen ist die Beschränkung auf die Rechtsfolgenseite aufgrund der gewählten Formulierung nicht zu entnehmen. Diese Abgrenzung wäre zum Beispiel gerade von Bachof zu erwarten gewesen, der zwischen Beurteilungsspielraum und Rechtsfolgeermessen unterscheidet.

Lediglich die Definition von Maurer beschreibt Ermessen ganz ausdrücklich als Rechtsfolgeermessen nach Verwirklichung des Tatbestandes. Im Gegensatz zu Ossenbühl verzichtet Maurer dann aber auf einen Hinweis hinsichtlich der Gebundenheit des Ermessens. Schließlich ist festzuhalten, dass keine der Definitionen die Kriterien präzisiert, nach denen die Verwaltung wählen kann. Hier könnte die Einbeziehung von § 68 VwGO ebenfalls erwartet werden, der zwischen Recht- und Zweckmäßigkeit unterscheidet und in Verbindung mit §§ 113, 114 VwGO zum Ausdruck bringt, dass sich die Rechtmäßigkeitsfrage auf gebundene und die Zweckmäßigkeitsprüfung auf Ermessensentscheidungen bezieht. Folglich ist die Ermessensbetätigung ein Auswählen nach Zweckmäßigkeitsgesichtspunkten.

---

140 Allgemeines Verwaltungsrecht, § 7 Rdnr. 7; so auch inzwischen die überwiegende Literatur: Detterbeck, Ermessen, B.; Treptow, NJW 1978, 2227; Engisch, S. 143 (Fn. 15).

Es bleibt noch festzuhalten, dass die hier zum Ausdruck kommende These vom Ermessen als Rechtsfolgeermessen auch heutzutage kritisch gesehen wird. Bull[141] akzeptiert diese These nur deswegen, weil er den seiner Auffassung nach verfestigten Terminus „Rechtsfolgeermessen“ zur Vermeidung weiterer Verunsicherung nicht in Frage stellen will.

II. Erscheinungsformen des Ermessens

Von der Definition des Ermessens zu trennen ist die Frage nach der Existenz besonderer Erscheinungsformen, Arten oder Typen des Ermessens. Nach Durchsicht der hier verarbeiteten Rechtsprechung und Literatur lassen sich insgesamt 75 Begriffsbildungen und Begriffszusammensetzungen zusammentragen. Es ist nicht ausgeschlossen, dass sich noch weitere Begriffe finden lassen. Einen Anspruch auf Vollständigkeit kann es wegen der anhaltenden Schöpfungslaune von Rechtsprechung und Literatur nicht geben.

1. Überblick

Die 73 Begriffsbildungen können zu ihrer Darstellung und für eine spätere Bestandsanalyse unter dem Blickwinkel des § 40 VwVfG nicht einfach nach dem Alphabet aufgezählt werden. Zum einen würde nicht erkennbar werden, ob und gegebenenfalls welche Begriffe synonym verwendet werden (können). Zum anderen lassen sich Sinn und Aussagewert des einen Begriffs nur durch die Gegenüberstellung mit einem anderen Begriff erschließen.
Die hier folgende Bestandsaufnahme geht bei ihrer ordnenden Darstellung von der Zuordnung der Ermessensformen zu den drei Gewalten aus. Diese Vorgehensweise dient auch der Abgrenzung von Ermessensformen, die nicht dem Verwaltungsermessen – dem Gegenstand dieser Untersuchung – zuzuordnen sind.

141 Rdnr. 403.

a) Zuordnung zu den Staatsgewalten

(1) Exekutive: Das Verwaltungsermessen im weiteren Sinne

Bei der Zuordnung von Erscheinungsformen des Ermessens zum Bereich der Exekutive ist die Unterscheidung zwischen Regierung und Verwaltung zu beachten[142]. Die Tätigkeit der Regierung, die sich vornehmlich im Treffen politischer Entscheidungen ausdrückt, ist keine Verwaltungstätigkeit[143]; es handelt sich um Maßnahmen eines Verfassungsorgans.
Hiervon ausgehend ist folgende Einordnung vorzunehmen:

(a) Verwaltungsermessen

Im Bereich der Exekutive ist als erstes das *Verwaltungsermessen*[144] anzuführen. Verwaltungsermessen ist nach Ossenbühl[145] das Ermessen bei der Anwendung einer Verwaltungsrechtsnorm, die einen Mindesttatbestand aufweist, der seinerseits erfüllt sein muss, bevor eine Ermessensentscheidung einsetzen kann. Diese Definition des Verwaltungsermessens erfasst nur das Ermessen in Bezug auf den Rechtsnormvollzug. Insoweit soll hier von Verwaltungsermessen im engeren Sinne gesprochen werden. Als deckungsgleich mit dem Verwaltungsermessen im engeren Sinne sind das *verwaltungsbehördliche* oder *behördliche Ermessen* und das *administrative Ermessen*[146] anzusehen.
Zum Verwaltungsermessen im weiteren Sinne gehören alle Spielräume der Verwaltung schlechthin. Hier ist das *Verfahrensermessen*[147], das *Ermessen der*

---

142 Maurer, Allgemeines Verwaltungsrecht, § 1 Rdnr. 6 1. Spiegelstrich; Detterbeck, Allgemeines Verwaltungsrecht, Rdnr. 3.

143 Detterbeck, Allgemeines Verwaltungsrecht, Rdnr. 4.

144 GmS-OBG, BVerwGE 39, 355 (365); Wahl/Schütz, in: Schoch/Schmidt-Aßmann/Pietzner, VwGO, § 42 Abs. 2 Rdnr. 86.

145 Ossenbühl, in: Erichsen/Martens, § 10 Rdnr. 11 (Auch hier gibt es unterschiedliche Definitionsansätze: Nach (dem Schweizer) Rhinow (S. 62) zum Beispiel liegt Verwaltungsermessen vor, wenn die Exekutivbehörde vom Gesetzgeber ermächtigt wird, „ausführende" Vorschriften zu erlassen.).

146 Ossenbühl, DÖV 1968, 618 (625); ders. NJW 1986, 2805 (2808); Stern, Ermessensausübung, S. 11.

147 Hill, NVwZ 1985, 449 ff.; Badura, in: Festschrift BayVerfGH 1972, S. 157 ff.: Schmidt-Aßmann, in: Ernst-Zinkahn-Bielenberg, BBauG, § 1 Rdnr. 306; Hoppe, in: Ernst/Hoppe, Rdnr. 299; Kopp/Ramsauer, § 40 Rdnr. 1; Rothkegel, DÖV 1982, 511 (512).

Verwaltungsbeamten[148], das *Maßnahmeermessen*[149] und das *verwaltungspolitisches Ermessen*[150] zu nennen.

(b) Regierungsermessen

Handelt die Verwaltungsspitze als (politisches) Verfassungsorgan, liegt keine verwaltende Tätigkeit vor. Für die hier bestehenden Handlungsspielräume wird zunächst der Begriff des *politischen Ermessens*[151] gebraucht. Als politisches Ermessen werden die Handlungsspielräume von Verfassungsorganen der Exekutive oder Teilen von ihnen im Hinblick auf politische Leitentscheidungen bezeichnet[152]. Zum politischen Ermessen sind wiederum das *Regierungsermessen*[153] und das *gubernative* Ermessen[154] zu rechnen.

(2) Legislative: Ermessen bei der Rechtssetzung

Bei der Zuordnung von Ermessensformen zur Legislative wird von der Gesetzgebung in einem weitergehenden Sinne gesprochen. Legislative meint hier den gesamten Bereich der Rechtssetzung (auch der Erlass von Rechtsverordnung

148 Engisch, S. 143.

149 Rupp, Grundfragen, S. 199.

150 Kellner, DÖV 1969, 309 (311 f.); ders. DÖV 1972, 801 (808).

151 BVerfGE 62, 1 (62 f.); BVerwG JZ 1981, 390 (391) – Der Fall „Heß"; Schenke, in: Bonner Kommentar zum Grundgesetz, Art. 68 Rdnr. 169.

152 Das politische Ermessen wird als ein weites (BVerfGE 62, 1 (62 f.), aber dennoch als ein pflichtgemäßes (Herzog, in: Maunz/Dürig/Herzog/Scholz, GG, Art. 68 Rdnrn. 23, 45, 60) Ermessen charakterisiert. Die Spielräume sind hier größer als im Hinblick auf Rechtsetzung und Normvollzug. Begrenzt wird das politische Ermessen durch rechtliche Grenzen innerhalb der Verfassung und das Missbrauchsverbot. Als Beispiele seien hier genannt das durch Art. 68 GG dem Bundespräsidenten eingeräumte Ermessen bei seiner Entscheidung über die Auflösung des Bundestages oder das Ermessen der Bundesregierung hinsichtlich der Frage, ob und gegebenenfalls welche Maßnahmen sie zum Schutze eigener Staatsbürger gegenüber ausländischen Staaten oder Terroristen ergreifen wird. Die Bundesregierung hat kürzlich dargelegt, dass ihr politisches Ermessen „nur durch das stets geltende Missbrauchsverbot begrenzt" sei (Antragsschrift der Bundesregierung auf Feststellung der Verfassungswidrigkeit der NPD vom 29. Januar 2001, verfasst von Bull und Quack; http//: www.extremismus.de).

153 Stern, Ermessensausübung, S. 11.

154 Stern, Ermessensausübung, S. 11.

und Satzung findet seinen Ursprung in einem Gesetz). Zu nennen sind folgende Formen des Ermessens bei der Normsetzung: das *Gesetzgebungsermessen*[155], das mit dem *legislativen Ermessen*[156] bei Entscheidungen des parlamentarischen Gesetzgebers[157] gleichzusetzen sein dürfte, in Abgrenzung dazu das *normative Ermessen*[158] für die Gestaltungsfreiheit des Verordnungs- und Satzungsgebers (*Verordnungsermessen*[159] und *Satzungsermessen*[160]).

(3) Judikative: Richterliches Ermessen im weiteren Sinne

Auch im Bereich der Judikative werden Begriffe zur Beschreibung von Ermessen gebildet. Hier ist das *judikative*[161], *richterliche*[162] oder *gerichtliche Ermessen*[163] einzuordnen. Es bezieht sich auf richterliches Handeln in mehrfacher Sicht: Es gibt eine richterliche Entscheidungsfreiheit zum einen in Bezug auf die Verfahrensgestaltung (z.B. § 91 a ZPO; §§ 86, 87 VwGO)[164] und zum anderen in Bezug auf prozessentscheidende Beschlüsse oder Urteile (zum Beispiel: § 80 Abs. 5 VwGO[165], § 94 Satz 2 VwGO[166], Selbstentscheidung statt Zurückweisung gemäß § 540 ZPO[167] oder das *Zurückweisungsermessen* des

---

155 BVerfGE 1, 264 (279); Soell, S. 63 Fn. 2; (heute auch: Gestaltungsfreiheit des Gesetzgebers).

156 Stern, Ermessensausübung, S. 11.

157 Kopp/Ramsauer, VwVfG, § 40 Rdnr. 5.

158 Kopp/Ramsauer, VwVfG, § 40 Rdnr. 5.

159 Hill, NVwZ 1985, 449 ff.; Ossenbühl, NJW 1986, 2805 (2808); ders. Festschrift für Hans Huber, S. 283 (292); Zuleeg, DVBl. 1970, 157; Sendler, UPR 1981, 1 (11); Spanner, BayVBl. 1986, 225 (227).

160 Maurer, DÖV 1993, 184 (192 – Fn. 51); Hill, DÖV 1987, 885 (888); BayVGH, NVwZ 1983, 423; NJW 1985, 1663; Stober, S. 134.

161 Stern, Ermessensausübung, S. 11.

162 Engisch, S. 143, der auch auf das *strafrichterliche* Ermessen eingeht.

163 Siehe u.a. Bettermann, S. 361 (365); es wird aber bestritten, dass es sich hier um Ermessen im Sinne einer Wahlfreiheit hinsichtlich mehrerer rechtmäßiger Entscheidungen handelt; Creifelds, Stichwort „Ermessen": „Der Richter wählt hier nicht zwischen mehreren möglichen Entscheidungen, sondern trifft innerhalb des ihm vom Gesetz zur Verfügung gestellten Rahmens die „allein richtige" Entscheidung".

164 Henneke, in: Knack, VwVfG, § 40 Rdnr. 4.

165 Finkelnburg/Jank, Rdnr. 646; OVG Münster, NWVBl. 1994, 424 (425); Rode, Kommunalpraxis 2000, 167.

166 Im Gesetzgebungsverfahren zum 6. VwGO-Änderungsgesetz war überlegt worden, diese Vorschrift als gebundene auszugestalten. Dies ist jedoch fallen gelassen worden (Heinrich, Fn. 788 und 789).

167 BGH, NJW 2001, 2551 f.

Revisionsgerichts[168]). Schließlich wird die Freiheit des Richters, bei der Entscheidung des einzelnen Falles die „besonderen“, individuellen, das heißt im Gesetz nicht genau bestimmten und abschließend genannten Umstände des zugrundeliegenden Sachverhaltes im Tatbestand oder in der Rechtsfolge zu berücksichtigen, als richterliches Ermessen gekennzeichnet[169]. Diese Freiheit wird insbesondere in den Fällen anzunehmen sein, in denen das Gesetz dem Richter *„materielles“ Ermessen* einräumt. Dieses ist anzunehmen, wenn das Gesetz eine Entscheidung „nach *billigem Ermessen*“[170] fordert (siehe §§ 319, 660, 2048, 2156 BGB; §§ 343, 745 Abs. 2, 971 Abs. 1 Satz 2, 1024, 1246; § 744 Abs. 1 HGB; nach Billigkeit: § 847 (früher auch: § 1300) BGB). Hierher gehört auch das *Parteiermessen* nach § 315 BGB, das zwar einer Vertragspartei Ermessen einräumt und nicht etwa dem Richter, das aber die gerichtliche Kontrolle im Bereich der Vertragsgestaltung und –ausführung beschränkt.

b) Unterscheidungen innerhalb des Verwaltungsermessens

Neben einer vergleichenden Betrachtung nach dem Standort in der Rechtsordnung kann für die Fallgruppe des Verwaltungsermessens der Versuch einer Ordnung nach der Reichweite oder Richtung der Ermessensbetätigung unternommen werden. Ausgangspunkt soll hier das *freie Ermessen* sein. Es steht in der Entwicklung der Ermessenslehre(n) für eine zentrale Erklärungsfigur. Das Verständnis vom freien Ermessen war denselben Wandlungen unterworfen wie die Ermessenslehre selbst. Früher, das heißt schon zu Beginn des 19. Jahrhunderts, wurde mit freiem Ermessen die rechtliche Ungebundenheit der Landesherrschaft bei der Verwirklichung des Wohlfahrtsstaates beschrieben, während heute darunter ein Entscheidungsspielraum verstanden wird, bei dem die rechtlichen Bindungen nicht von vornherein konkretisiert sind[171], es also an Maßstäben für die Ermessensbetätigung fehlt.
Als Beispiel kann man die Entscheidung anführen, welcher von mehreren Gesamtschuldnern analog § 421 BGB in Anspruch genommen werden soll[172]. Zum freien Ermessen ließe sich noch das *offene Ermessen* rechnen.

168 BVerwG, DVBl. 1997, 1176 (1177).
169 Rittner, S. 21 (27).
170 GmS-OBG, BVerwGE 39, 355 (368).
171 Reuß, DVBl. 1959, 533 (534); ähnlich: von Groll, in: Gräber, FGO, § 102 Rdnr. 7; schon Walter Jellinek, Verwaltungsrecht, § 2 II. 2., sagte, dass „auch das freieste Ermessen pflichtgemäßes Ermessen“ sei; in diesem Sinne auch GmS-OGB BVerwGE 39, 355 (365).
172 Kopp/Ramsauer, VwVfG, § 40 Rdnr. 47.

Dagegen liegt kein freies Ermessen vor, wenn das Ermessen in eine Richtung gebunden oder vorgezeichnet ist, beispielsweise bei Soll-Vorschriften[173], beim Eingreifen ermessenslenkender Verwaltungsvorschriften oder in den Fällen, in denen das Ermessen wie folgt beschrieben wird: *intendiertes Ermessen*[174], *Versagungsermessen*[175], *Dispens-*[176] oder *Dispensationsermessen*[177], *Zuteilungs-* oder *Bewirtschaftungsermessen*[178], *bedarfsorientiertes Ermessen*[179], *Überleitungsermessen* nach § 90 BSHG[180] und das *Zulassungsermessen*[181].

---

173 Varadinek, S. 103.

174 V. 4. d).

175 Gerhardt, in: Schoch/Schmidt-Aßmann/Pietzner, VwGO, § 114 Rdnr. 29; Schmalz, S. 185; Keppeler, S. 53, 56 ff. Hierunter ist die Freiheit zu verstehen, zwischen Erteilung und Nichterteilung eines Verwaltungsaktes zu wählen, wobei der Spielraum eher zugunsten der Erteilung eingeschränkt ist. Versagungsermessen gibt es bei Rechtsnormen, die die Ausübung von Grundrechten von der Erteilung einer im Ermessen der Behörde liegenden Erlaubnis abhängig machen. Der Gesetzgeber kann die Grundrechtsausübung so von der Erfüllung von (tatbestandlichen) Voraussetzungen einerseits und der Ermessensentscheidung andererseits abhängig machen. Die verfassungsrechtliche Problematik dieser Ermessenseinräumung liegt darin begründet, dass die Grundrechtsausübung letztlich noch von einer Wollensentscheidung der Behörde abhängig gemacht wird. Daher ist ein Ermessensspielraum zuungunsten der Grundrechtsausübung erheblich eingeschränkt. Die Behörde soll nur in Grenzbereichen nach Zweckmäßigkeitsgesichtspunkten entscheiden dürfen, so wenn es um die Zulassung sozialschädlichen Verhaltens geht.

176 Kellner, DÖV 1969, 309 (311); Ossenbühl, NJW 1968, 618 (625). Das Verständnis vom Dispensermessen ist nicht einheitlich. Dispensermessen meint nach Kellner und Ossenbühl ein Ermessen im Schutzbereich der Baufreiheit und betrifft die Zulässigkeit und Reichweite des Ermessens bei baurechtlichen Ausnahmebewilligungen und Dispensen im Bauplanungsrecht zur Gegenüberstellung von Ermessen, das die planerische Gestaltungsbefugnis der mit Planungshoheit ausgestatteten Gemeinde beschreibt. Wolff/Bachof/Stober, Band I., § 31 Rdnr. 34: „Die Verwaltung ist ermächtigt, in atypischen Fällen, also in angebbaren, besonderen, überwiegenden Gründen von der Verwirklichung der gesetzlichen Rechtsfolge abzusehen".

177 Hoppe, DVBl. 1969, 340; Mußgnug, S. 93 ff.

178 Salzwedel, ZfW 1983, 13 (15); Schmalz, S. 185; BVerwG, NJW 1981, 472. Es ist nicht als solches im Gesetz gekennzeichnet, aber anzunehmen, wenn durch das Ermessen ein begrenztes Gut zu verteilen ist. Beispiele: Erlaubnis oder Bewilligung der Benutzung des Wassers (§ 6 WHG); die Gewährung der Benutzung öffentlicher Räume; die Regelungen über Sondernutzungen in den Straßengesetzen; sie haben die Aufgabe, die begrenzten Nutzungsmöglichkeiten an der öffentlichen Straße gerecht zu verteilen.

179 Sachs, in: Stelkens/Bonk/Sachs, § 40, Rdnr. 24: Verneinung eines bedarfsorientierten Ermessens bei § 93 Abs. 2 Satz 1 1. HS BSHG – BVerwGE 94, 202 (204 ff.).

180 BVerwGE 92, 281 (286) = DVBl. 1993, 1269.

181 Gerhardt, in: Schoch/Schmidt-Aßmann/Pietzner, VwGO, § 114 Rdnr. 29.

Weiterhin lassen sich Beschreibungen für Abgrenzungen im Sinne von Gegensatzpaaren nutzen. Das klassische Einteilungspaar ist im Bereich der Gefahrenabwehr das *Entschließungs-*[182] und *Auswahlermessen*[183], das sich etwa aus der polizeilichen Generalklausel ergibt[184]. Zum Entschließungsermessen gehört auch das *Wiederaufgreifensermessen*[185]. Ein weiteres wichtiges Begriffspaar ist, weil es einen fortgesetzten historischen Streitpunkt in der Ermessenslehre beschreibt, die Unterscheidung von *kognitivem*[186] und *volitivem*[187] Ermessen. Während das volitive Ermessen mit *Handlungsermessen*[188] (das vom *Verhaltensermessen*[189] umfasst wird) gleichgesetzt[190] werden kann, sind im Bereich des kognitiven (wertenden) Ermessens folgende Ermessensformen zusammenzufassen: *Beurteilungsermessen*[191], *Konkretisierungsermessen*[192], *Prognoseermessen*[193], *Risikobeurteilungsermessen*[194], *Tatbestandsermessen*[195], *Abwägungsermessen*[196], *Einschätzungsermessen*[197], *Subsumtionsermessen*[198] und *Rechtsanwendungsermessen*[199].

---

182 Maurer, Allgemeines Verwaltungsrecht, § 7 Rdnr. 7.

183 Maurer, Allgemeines Verwaltungsrecht, § 7 Rdnr. 7.

184 Beispiel: § 13 SOG LSA. Im früheren Polizeirecht beispielsweise aus § 14 PrPVG – siehe OVG Lüneburg, DÖV 1963, 769. Die polizeilichen Generalklauseln existieren auch in den Fachgesetzen, wie zum Beispiel in § 29 Abs. 1 LuftVG.

185 Schoch, in: Schoch/Schmidt-Aßmann/Pietzner, VwGO, § 114 Fn. 77.

186 Klein, AöR 82 (1957), 75 (96); Rupp, Grundfragen, S. 206 f.

187 Reuß, DVBl. 1953, 585.

188 Hoppe, DVBl. 1969, 340 (342), Reuß, DVBl. 1953, 585.

189 Schmidt, SGb 1984, 550.

190 Wolff/Bachof/Stober, Band I., § 31 Rdnr. 31.

191 Starck, Festschrift für Horst Sendler, S. 171.

192 Hofer-Zeni, S. 7.

193 Krüger, LKV 1991, 73; Kopp/Schenke, VwGO, § 114 Rdnr. 23.

194 Kopp/Schenke, VwGO, § 114 Rdnr. 23.

195 Pietzcker, JuS 1986, 102 (103); Nagel, S. 91; Smeddinck, DÖV 1998, 370 (374).

196 Würkner/Kerst-Würkner, NJW 1993, 1446 (1447 f.). Es beschreibt den Entscheidungsvorrang der Behörde hinsichtlich einer Abwägungsentscheidung. Hier ist der Behörde ein der gerichtlichen Nachprüfung entzogener Wertungs- und Abwägungsspielraum belassen, innerhalb dessen sie in wertender und abwägender Erkenntnis aller für und gegen eine Maßnahme sprechende Gründe (zum Beispiel des Wohls der Allgemeinheit) nach Ermessen entscheiden kann. OVG Bautzen, DÖV 1996, 882 (883) – für den Wertungs- und Abwägungsspielraum der Rechtsaufsichtsbehörde hinsichtlich der Genehmigung von Gebietsänderungen.

197 BVerwGE 64, 238 (242).

198 Achterberg, 2. Aufl., § 17 Rdnr. 37.

199 Hofer-Zeni, S. 8; Rhinow, S. 62.

Im Schnittbereich von kognitivem und volitivem Ermessen liegt das *Planungsermessen*: Mit diesem Begriff wird die gestaltende Verwaltung im Raumordnungs- und Fachplanungsrecht beschrieben.[200] Hierzu gehören auch das *Fachplanungsermessen*[201] oder das *Planfeststellungsermessen*[202]. Wegen der Besonderheiten des Planungsermessens wird es dem *normalen*[203] bzw. *gewöhnlichen*[204] Ermessen gegenübergestellt.

Für den Bereich der Gestaltung von organisatorischen und rechtlichen Bereichen lassen sich folgende Ermessensformen zusammenfassen: *Gestaltungsermessen*[205], *Optionenermessen*[206], *Organisationsermessen*[207], *Managementermessen*[208], *pädagogisches*, *personalpolitisches*[209], *experimentelles*[210] und *taktisches*[211] Ermessen einerseits und *technisches*[212] sowie *wissenschaftlich-technisches*[213] Ermessen und *Standardisierungsermessen*[214] andererseits.

---

200 BVerwGE 34, 301; 62, 86 (93).

201 Gerhardt, in: Schoch/Schmidt-Aßmann/Pietzner, VwGO, § 114 Rdnr. 29.

202 Gerhardt, in: Schoch/Schmidt-Aßmann/Pietzner, VwGO, § 114 Rdnr. 29.

203 Bull, Rdnr. 392; v. Mutius, Jura 1987, 92 (101 Fn. 130).

204 Bull, Rdnr. 413.

205 Cromme, DVBl. 2001, 757 (761).

206 Hoffmann-Riem, DVBl. 1994, 605 (609 f.). Mit dieser Rechtsfigur unterbreitet Hoffmann-Riem206 einen Vorschlag zur Optimierung der Interessen im Umweltbereich. Die Verwaltung soll im Bereich der antragsgebundenen Erlaubnisse, hier etwa im BImSchG, durch Änderung der Normlage das Recht zur Alternativenprüfung und so die rechtliche Möglichkeit erhalten, die in ihrem Ermessen liegende Versagung der (ganz konkret) beantragten Erlaubnis mit dem Vorschlag einer Alternative zu koppeln, die als genehmigt gilt, es sei denn, der Antragsteller erklärt binnen einer gesetzten Frist, er erstrebe keine Genehmigung für diese Alternative (konsertiertes Optio-nenermessen).

207 BGH NJW 1996, 123 (124); VGH München, NVwZ-RR 1993, 355 f.; Sachs, in: Stelkens/Bonk/Sachs, VwVfG, § 40 Rdnr. 47 – instruktiv: BVerwGE 95, 15 (17); Bullinger, JZ 1984, 1001 (1007). Zum Organisationsermessen lässt sich die frei gestaltende Verwaltung bei öffentlichen Einrichtungen zählen. Hierunter fallen etwa die Programmgestaltung bei den Rundfunkanstalten (BVerwGE 83, 238 (324, 334, 337) und die Aufstellung der Bildungspläne (Redeker, DVBl. 1971, 369 (370)).

208 Bullinger, JZ 1984, 1001 (1009); Hill, DÖV 1987, 885 (889).

209 Nagel, S. 68 (Fn. 439); BVerwGE 32, 148 (154).

210 Faber, § 14 IV c.

211 Starck, Landesberichte, S. 33; Bullinger, JZ 1984, 1001 (1007).

212 RGZ 62, 278 (281 f.); Bernatzik bezieht das technische Ermessen auf die Sachverhaltsebene; siehe auch: Held-Daab, S. 149, 151 f.

213 Bullinger, JZ 1984, 1001 (1008).

214 Besser: Standardisierungsspielraum, Jarass, JuS 1999, 105 (108).

Ohne Zuordnung sind zum Abschluss anzuführen: *Aufklärungsermessen*[215], *Spielraumermessen*[216], *Rechtsetzungsermessen*[217], *echtes*[218] und *richtiges*[219] Ermessen sowie *Aufhebungsermessen*[220] (bei Rücknahme – *Rücknahmeermessen*[221] – und Widerruf von Verwaltungsakten) und *Einberufungsermessen*[222] (im Wehrpflichtbereich). Die meisten dieser Begriffsschöpfungen erfolgen im Zusammenhang mit der Auseinandersetzung mit dem Ermessen einer speziellen Rechtsmaterie.

2. Zum Problem einer Typologie der Erscheinungsformen des Ermessens

Einen Versuch, die Erscheinungsformen des Ermessens zu systematisieren, haben zunächst Bullinger[223] und Starck[224] unternommen. Hierbei entstand ein Fragenkatalog, der Grundlage eines Symposiums in Göttingen im Jahre 1985 wurde, das sich rechtsvergleichend mit dem Verwaltungsermessen in der Schweiz, England, Frankreich und der Bundesrepublik auseinandersetzte. Bullinger hatte in diesem Fragenkatalog sechs an allgemeinen Zwecksetzungen orientierte typische Erscheinungsformen des Ermessens herausgearbeitet mit dem Ziel, dass sich die Landesberichterstatter darüber aussprechen, inwieweit sich diese Ermessenstypen in der Rechtspraxis ihres Landes nachweisen lassen und inwieweit diese Typen Ausgangspunkt für Differenzierungen bei der Konstruktion der Ermessenseinräumung, bei der Ermessensausübung und bei der Ermessenskontrolle sind. Es handelt sich um folgende Typen:

215 OVG Münster, NVwZ 1999, 1120.
216 Hoffmann-Riem, DVBl. 1994, 605 (606).
217 Obermeyer, BayVBl. 1975, 257 (262); Rhinow, S. 62.
218 Detterbeck, Ermessen, B. II.; Bühler, JZ 1953, 127.
219 Siehe § 46 des hamburgischen Gesetzes über Verwaltungsgerichtsbarkeit vom 2. November 1921.
220 Oldiges, NVwZ 2001, 626 (629).
221 OVG Münster, NVwZ-RR 1997, 585 (586).
222 BVerwG, Buchholz 448.0 § 9 WPflG Nr. 11; Volkmann, DÖV 1996, 282 (284 Fn. 12).
223 JZ 1984, 1001 ff. = Landesberichte, S. 131 ff.
224 Landesberichte, S. 15 ff.

(1) Ermessen als Freiraum für taktische Überlegungen zur Erreichung des gesetzlich festgelegten Ziels.
(2) Ermessen als Dispensgewalt zur Anpassung des Gesetzes an besondere Gegebenheiten.
(3) Ermessen als Freiraum für die Entfaltung besonderen Sachverstandes.
(4) Ermessen zur Anpassung des Rechts an veränderte gesellschaftliche Wertungen.
(5) Ermessen als Freiraum zur gestaltenden Abwägung gesetzlich vorgeschriebener Zwecke und Interessen in einem konkreten Raum (Planungsermessen).
(6) Ermessen als Freiraum zur flexiblen Optimierung gesamtwirtschaftlicher oder betriebswirtschaftlicher Zielsetzungen (Managementermessen)[225].

Starck und Bullinger haben dabei hervorgehoben, dass dieser Katalog nicht abschließend sei. Dass dies auch nicht der Fall ist, hat die vorausgegangene Bestandsaufnahme gezeigt.

Eine Ordnung verschiedener Arten von Ermessen hat in neuerer Zeit auch Brinktrine versucht[226]. Er unterscheidet drei Kategorien.
Die erste Kategorie klassifiziert Ermessen nach der Form der Einräumung des Ermessens und nach kognitiven oder volitiven Elementen des Entscheidungsprozesses. Die zweite Kategorie bilden Ermessensformen, die die Ermessensentscheidung charakterisieren, also den Vorgang, den Gegenstand oder das Ergebnis näher beschreiben; beispielhaft ist hier das Verfahrensermessen im Gegensatz zu dem materiellen Ermessen anzuführen. Schließlich umfasst die letzte Kategorie („Klassifizierung von Ermessen nach dem Grad der rechtlichen Bindung") Kennzeichnungen, die den Umfang der rechtlichen Bindung und die Intensität gerichtlicher Kontrolle der Ermessensentscheidung angeben. Hierzu zählen beispielsweise Gegensatzpaare wie „freies und pflichtgemäßes" sowie „intendiertes und offenes" Ermessen.

III. Die Bedeutung des Verwaltungsermessens in der deutschen Gesamtrechtsordnung

Mit der Einräumung von Ermessen im Sinne von Wahlfreiheit und Entscheidungsspielraum wird der Verwaltung und damit der vollziehenden Gewalt die

225 Starck, Landesberichte, S. 32.
226 S. 84 ff.

Letztentscheidungskompetenz oder -befugnis übertragen[227]. Das bedeutet, dass der Gesetzgeber die zu treffenden Entscheidungen der Behörde nicht genau vorgibt.

Der Einräumung behördlichen Ermessens liegt die Überzeugung zugrunde, dass zum einen der Gesetzgeber keine bis in alle Einzelheiten gehende und allen Eventualitäten Rechnung tragende Regelung treffen kann[228] oder muss (Eindämmung der Gesetzesflut) und dass zum anderen die Behörden entsprechend den jeweiligen Besonderheiten der zum Teil ganz unterschiedlichen Einzelfälle möglichst flexibel handeln können (Praktikabilität und Effektivität des Verwaltungshandelns)[229]. Diese Funktionen behördlichen Ermessens werden zunehmend bedeutender, weil die Entwicklung der Lebensverhältnisse und die Modalitäten des Einzelfalles nicht in allen Punkten vorhergesehen werden können[230]. Hervorgehoben wird, dass der Verwaltung die Aufgabe zukommt, (einzelfall-) gerechte Entscheidungen zu treffen[231]. Die Bedeutung des Ermessens wird also in dem Ideal der Schaffung gerechter Verhältnisse gesehen[232]. Demgemäß kommt der Verwaltung bei der Ausübung des Ermessens ein erhebliches Maß an Verantwortung zu.

1. Verfassungsrechtliche Zulässigkeit

Die Bedeutung des Ermessens im Rahmen der (deutschen) Rechtsordnung ist auch daran zu messen, inwieweit das Grundgesetz der Verwaltung nicht nur ein Ermessen zugesteht, sondern zur Verwirklichung gerechter Verhältnisse sogar fordert. Die verfassungsrechtlichen Rahmenbedingungen ergeben sich aus Art. 20 Abs. 3 GG und Art. 19 Abs. 4 GG. Die Einräumung von Ermessen ist also unbedenklich, soweit das Rechtsstaatsgebot und die Rechtsschutzgarantie Freiräume zugunsten der Verwaltung zulassen.
Nach Art. 20 Abs. 3 GG ist die Gesetzgebung an die verfassungsmäßige Ordnung gebunden. Die hierin zum Ausdruck kommende Rechtsstaatsgarantie

227 Henneke, in: Knack, VwVfG, § 40 Rdnr. 10.

228 Nagel, S. 89: bei einem begrenzten Programmierungsvermögen oder sonstiger Sachferne.

229 Detterbeck, Ermessen, A.

230 Stern, Ermessensausübung, S. 22.

231 Bull, Rdnr. 402; Bullinger, JZ 1984, 1001 (1006); Klein, AöR 82 (1957), 75 (120). Herzog, in: Maunz/Dürig/Herzog/Scholz, GG, Art. 20 Rdnr. 91: Hier „zeigt das Ermessen seine großartige Seite."

232 Rupp, Festschrift für Wolfgang Zeidler, S. 455 (459).

wird durch einzelne Elemente ausgeprägt, so unter anderem durch die prinzipielle Gewährleistung persönlicher Grundrechte zur Absicherung von Freiheitsräumen, die Gesetzmäßigkeit der Verwaltung, die Messbarkeit und Voraussehbarkeit staatlichen Handelns und der Rechtsschutz bei Rechtsverletzungen durch die öffentliche Gewalt[233].

Die nach dem Inkrafttreten des Grundgesetzes allgemein erhobene Forderung, dass der Rechtsstaat möglichst lückenlos sein müsse, hat durch die vom Bundesverfassungsgericht entwickelte „Wesentlichkeitstheorie“ eine inhaltliche Präzision erfahren[234]. In seinem „Kalkar“-Urteil[235] hat es ausgeführt, dass der parlamentarische Gesetzgeber zwar auch außerhalb des klassischen Kernbereichs des Gesetzesvorbehalts, das heißt der Eingriffe in Freiheit und Eigentum, die Leitentscheidungen selbst treffen müsse. Der Gesetzesvorbehalt erstarkt hier zum sogenannten Parlamentsvorbehalt[236]. Der Gesetzgeber darf aber auch in diesem Bereich das Nähere der Verwaltung überlassen, soweit die Eigenart einer Verwaltungsmaterie dies rechtfertigt oder erfordert[237]. Diesen Ausführungen des Bundesverfassungsgerichts liegt die Überzeugung zugrunde, dass Vielzahl, Vielfalt und Komplexität der Verwaltungsaufgaben und der sich damit stellenden Probleme eine abschließende gesetzliche Determinierung des Verwaltungshandelns, der Verwaltungsziele und der Mittel der Verwaltung zur Erreichung dieser Ziele weitgehend ausschließen[238]. Für die Zulässigkeit von Ermessen heißt dies, dass eine Freistellung von gesetzlicher Gebundenheit nur zulässig ist, wenn dem Gesetz ein genau ermittelbarer Zweck zugrunde liegt[239] oder die Voraussetzungen und Maßstäbe für die Ermessensausübung jedenfalls im Bereich der Überwachungs-, Leistungs- oder Abgabengesetze mindestens bestimmbar sind[240].
Freilich ist der Gesetzgeber im Schutzbereich von Grundrechten in der Einräumung von Ermessen beschränkt. Dabei lassen sich detaillierte Erkenntnisse zum Problem der Ermessensausübung im Grundrechtsbereich nur im Hinblick

233 Schnapp, in: v. Münch, Grundgesetz, Art. 20 Rdnr. 23.
234 Bullinger, JZ 1984, 1001 (1005).
235 BVerfGE 49, 89 (137-140).
236 Detterbeck, Öffentliches Recht, Rdnr. 63.
237 BVerfGE 49, 89 (126).
238 v. Mutius, Jura 1987, 92 (98).
239 Meyn, JA 1980, 327 (332); Gestaltungsfreiheit räumt das Grundgesetz durch Art. 80 selbst ein.
240 Wolff/Bachof/Stober, Band I., § 31 Rdnr. 33.

auf ein bestimmtes Grundrecht gewinnen[241]. Beispielsweise verlangt die grundsätzliche Freiheitsvermutung des Art. 12 Abs. 1 GG die Beachtung des Grundsatzes, dass ein Rechtsanspruch auf Erteilung der Genehmigung besteht, wenn die Schutzzwecke des Verbots nicht nachweisbar beeinträchtigt werden[242]. Bezogen auf Art. 2 Abs. 1 GG führt das Bundesverfassungsgericht aus, dass das Grundrecht „aber nicht nur die allgemeine Handlungsfreiheit als solche, sondern auch die Ausübung der in ihr enthaltenen Befugnisse gewährleistet." Deshalb müsse der Grundrechtsträger „notwendigerweise einen Rechtsanspruch auf die Erlaubnis haben, wenn die gesetzlichen Voraussetzungen des objektiven Rechts vorliegen"[243].

Die Einräumung von Ermessen wird daneben unter bestimmten Gesichtspunkten sogar für verfassungsrechtlich geboten gehalten. Einerseits wird der Behörde im Bereich der Eingriffsverwaltung so die Möglichkeit gegeben, von einem Eingriff abzusehen[244]. Andererseits kann die Einräumung von Ermessen zur Sicherung überragender Allgemeininteressen auch in grundrechtsrelevanten Bereichen sogar verfassungsrechtlich erforderlich sein[245].

Abschließend wird man heute sagen können, dass die kurz nach dem Inkrafttreten des Grundgesetzes geäußerte Befürchtung, das Verwaltungsermessen könne sich als das trojanische Pferd des rechtsstaatlichen Verwaltungsrechts erweisen[246], unbegründet war.

2. Der Anspruch auf fehlerfreie Ermessensausübung

Ist der Verwaltung Ermessen eingeräumt, bedeutet dies auf Seiten des Bürgers, dass er auf eine behördliche Maßnahme keinen Anspruch hat. Es stellt sich aber die Frage, ob der Bürger, soweit dies gesetzlich nicht wie im SGB X gere-

---

241 Ossenbühl, DÖV 1968, 618 (623 Nr. 47); Friauf, JuS 1962, 422 (426); Hoppe, DVBl. 1969, 340 (343).
242 BVerfGE 18, 353 (364).
243 BVerfGE 20, 150 (155).
244 v. Mutius, Jura 1987, 92 (98).
245 Beckmann, DÖV 1986, 505 (510); Salzwedel, ZfW 1983, 13 (15): „Ohne ein Bewirtschaftungsermessen der Wasserbehörden wäre die optimale Nutzung des verfügbaren Wasserangebots nicht erreichbar."
246 Hans Huber, S. 59 (66).

gelt ist, wenigstens einen Anspruch auf (fehlerfreie) Ausübung des Ermessens[247] hat.

Die Rechtsprechung[248] bejaht diese Frage mit einer Einschränkung. Das Bundesverwaltungsgericht[249] hat insoweit ausgeführt, dass rechtliche Regelungen, die der Verwaltung ein Ermessen einräumen, dem einzelnen Interessenten einen Anspruch auf ermessensfehlerfreie Verwaltungsentscheidung nur gewähren, wenn und soweit diese Regelungen erlassen sind, um – zumindest auch – s e i n e m (Hervorhebung dort) individuellen Interesse zu dienen[250]. Aus Regelungen dagegen, die nicht dem individuellen Interesse bestimmter Personen zu dienen bestimmt sind, könnten diese weder einen Anspruch auf ein bestimmtes Verwaltungshandeln noch auch nur einen Anspruch auf ermessensfehlerfreie Verwaltungsentscheidung herleiten.

Deutlich werden die Anwendung dieser Grundsätze und die gebotene Differenzierung in dem „Schleusen-Fall"[251] des IV. Senats des Bundesverwaltungsgerichts vom 7. Januar 1972. Dort begehrte der klagende Schiffsausrüster, auf einem Schleusengelände technische Gegenstände an die Besatzungsmitglieder der den Nord-Ostsee-Kanal befahrenden Schiffe zu verkaufen. Das Gericht hat ihm weder einen Anspruch auf Zulassung zum Gelände eingeräumt noch einen Anspruch auf fehlerfreie Ermessensentscheidung zugestanden. Ein Anspruch bestehe deshalb nicht, weil der Kläger das Gelände außerhalb des Anstaltszwecks, nämlich des bloßen Befahrens, nutzen wolle. Der Anspruch könne auch nicht dadurch begründet werden, dass die beklagte Anstalt bereits andere Gewerbetreibende zugelassen habe. Dies habe die Beklagte im Rahmen ihres Ermessens, aber auch ihnen gegenüber grundsätzlich ohne eine Verpflichtung zu ermessensfehlerfreier Entscheidung getan. Daher könne sich der Kläger auch nicht auf Art. 3 GG berufen. Denn obschon der Gleichheitssatz die Ausübung des Verwaltungsermessens eingrenze, seien die Verwaltungsbehörden dem Einzelnen gegenüber nur insoweit zur Beachtung des Gleichheitssatzes verpflichtet, als sie ihm gegenüber überhaupt zur Ermessensausübung verpflichtet seien. Unter Berufung auf diese Entscheidung haben mehrere Gerich-

247 Es wird auch vom Recht auf fehlerfreie Ermessensbetätigung gesprochen (zum Beispiel: Wahl/Schütz, in: Schoch/Schmidt-Aßmann/Pietzner, VwGO, § 42 Abs. 2 Rdnr. 82).

248 BVerwGE 48, 66; 368; 69, 278.

249 BVerwGE 39, 235 (237).

250 Ebenso BVerfGE 27, 297 (307).

251 BVerwGE 39, 235 ff.; kritisch: Pietzcker, JZ 1989, 305 (305 f.).

te[252], darunter das OVG Münster[253], einen Anspruch auf ermessensfehlerfreie Entscheidung über den Antrag auf vorzeitige Versetzung in den Ruhestand nach dem Gesetz zur Verbesserung der Personalstruktur der Streitkräfte abgelehnt. Das behördliche Ermessen sei nur im öffentlichen Interesse eingeräumt, deshalb scheide auch eine Berufung auf den Gleichheitssatz aus.

Die Anwendung dieser Grundsätze erscheint in einigen Abgrenzungsbereichen schwierig. Beispielhaft ist die Entscheidung des VII. Senats des Bundesverwaltungsgerichts vom 29. Oktober 1992[254] heranzuziehen. Das Gericht hatte einen Streit über die Zulassung einer Großdemonstration auf der Hofgartenwiese der Bonner Universität zu entscheiden. Die beklagte Universität hatte in ihrer Zweckbestimmung die Zulassung von Großveranstaltungen ausgeschlossen. Das Gericht versagte dem Kläger einen Anspruch auf Zulassung aus Art. 8 GG, wies aber darauf hin, dass der Kläger als Antragsteller einen Anspruch auf pflichtgemäße Ermessensentscheidung gehabt habe. Die Universität dürfe – so ausdrücklich das Gericht – entsprechende Anträge nicht mit dem bloßen Hinweis auf die Zweckbestimmung der Wiese zurückweisen[255].

Es ist zu fragen, wie sich der Schleusenfall und der Hofgartenfall zueinander verhalten. Zunächst ist festzuhalten, dass der VII. Senat die Entscheidung des IV. Senats nicht in Bezug genommen hat und folglich auch nicht bewusst von ihr abgewichen ist. Auf einen weiteren Blick lassen sich die Entscheidungen dann widerspruchsfrei einander zuordnen, wenn sich der Anspruch auf fehlerfreie Ermessensentscheidung darauf bezieht, dass der Antrag auf Zulassung einer Großveranstaltung zugleich als Antrag auf Erweiterung des Widmungszweckes, wie er vorher bestand, aufgefasst und beschieden wird. Damit kann weiterhin von einheitlichen Grundsätzen zum Anspruch auf fehlerfreie Ermessensbetätigung ohne Durchbrechungen ausgegangen werden.

Wann und inwieweit einer Norm zu entnehmen ist, ob sie zumindest auch dem Schutz bzw. den Interessen des Bürgers dient, ist anhand des Tatbestandes der Ermessensermächtigung und gegebenenfalls im Wege der Auslegung festzustellen. Hat die gesetzliche Vorschrift Schutznormcharakter, besteht zugunsten des Betroffenen der Anspruch auf eine am Zweck des Gesetzes orientierte er-

---

252 VG Freiburg, DVBl. 1986, 1168; VG Schleswig, NVwZ 1987, 527.
253 NVwZ 1987, 723.
254 BVerwGE 91, 135 ff.
255 BVerwGE 91, 135 (140).

messensgerechte bzw. beurteilungsgerechte Berücksichtigung und Würdigung seiner Belange[256].
Der Schutznormcharakter selbst und die Reichweite des Schutzes können durch den Wortlaut und die aus ihm erkennbare Hauptzielrichtung verdeckt werden. Beispiel ist hier § 45 Abs. 1 Satz 2 Nr. 3 StVO[257], dessen Schutzgut der öffentlichen Sicherheit und Ordnung nicht nur die Grundrechte wie körperliche Unversehrtheit (Art. 2 Abs. 2 Satz 1 GG), sondern auch berechtigte Individualinteressen im Vorfeld von Rechtsgutsverletzungen in Bezug auf Einwirkungen des Straßenverkehrs umfasst, die das nach allgemeiner Anschauung zumutbare Maß übersteigen[258].

Ein weiteres Problem stellt sich beim Fehlen eines normativen Maßstabs. Ist also das begehrte Verwaltungshandeln gesetzlich nicht geregelt, ist für die Annahme eines Anspruchs auf fehlerfreie Ermessensausübung danach zu fragen, ob der Betroffene ein berechtigtes Interesse darlegen kann. Entschieden hat dies die Rechtsprechung etwa für Auskunftsverlangen[259].

Der Anspruch auf fehlerfreie Ausübung des Ermessens ist in der Literatur allgemein anerkannt[260], wobei insbesondere auf zwei Elemente hingewiesen wird, nämlich dass die Verwaltung überhaupt entscheidet (Bescheidungsanspruch) und dass dabei Ermessensfehler vermieden werden[261]. Auch wird in der Literatur die Auffassung mitgetragen, dass nicht jeder Ermessensausübung ein Anspruch auf fehlerfreie Ausübung dieses Ermessens gegenübersteht[262], nämlich dann nicht, wenn das Ermessen der Verwaltung im öffentlichen Interesse ein-

256 BVerwGE 78, 44 = NJW 1988, 434 = NVwZ 1988, 250; VGH München, NVwZ 1991, 22; Ossenbühl, in: Erichsen/Martens, § 10 Rdnr. 22.

257 § 45 Abs. 1 Satz 1 und Satz 2 Nr. 3 StVO lautet: Die Straßenverkehrsbehörden können die Benutzung bestimmter Straßen oder Straßenstrecken aus Gründen der Sicherheit oder Ordnung des Verkehrs beschränken oder verbieten und den Verkehr umleiten. Das gleiche Recht haben sie .. 3. zum Schutz der Wohnbevölkerung vor Lärm und Abgasen.

258 BVerwGE 74, 234 = NJW 1986, 2655; VGH Mannheim, NVwZ-RR 1998, 682; VBlBW 1994, 415.

259 BVerwG NJW 1990, 2761 (2764); OVG Lüneburg, NJW 1994, 2634 (2635); OVG Münster, NWVBl. 1992, 360 (361).

260 Wahl/Schütz, in: Schoch/Schmidt-Aßmann/Pietzner, VwGO, § 42 Abs. 2 Rdnrn. 82 – 90; Hain/Schlette/Schmitz, AöR 122 (1997), 32 ff.; Pietzcker, JuS 1982, 106 ff.; Hoffmann-Becking, DVBl. 1970, 850 ff.

261 Ossenbühl, in: Erichsen/Martens, § 10 Rdnr. 22; Pietzcker, JuS 1982, 106 (108).

262 Maurer, Allgemeines Verwaltungsrecht, § 8 Rdnr. 15; Pietzcker, JZ 1989, 305 (307); ders. JuS 1982, 106; Randelzhofer, BayVBl. 1975, 573 ff.

geräumt wird. Dagegen soll nach Auffassung von Pietzcker[263], der die Rechtsprechung des Bundesverwaltungsgerichts vehement angreift, ein Anspruch bestehen, wenn in Ermessensfällen der Betroffene im Gegensatz zu anderen von der Begünstigung ausgeschlossen ist, wie in dem oben beschriebenen Schleusenfall.

Trotz ihres Anspruchscharakters wird diese Rechtsfigur nicht als subjektiv-öffentliches Recht eingeordnet. Ein subjektiv-öffentliches Recht ist nach allgemeiner Auffassung gegeben, wenn eine Rechtsnorm dem Betroffenen die Rechtsmacht einräumt, von der Verwaltung ein bestimmtes Handeln zu verlangen[264]. Hierunter fällt der Anspruch auf fehlerfreie Ausübung des Ermessens nach Auffassung der Literatur deshalb nicht, weil ein bestimmtes Verhalten von der Verwaltung gerade nicht verlangt werden könne. Weil jedoch mit dem Anspruch auf fehlerfreie Ausübung des Ermessens ein rechtmäßiges Verhalten bei der Ermessensbetätigung beansprucht werden könne, spricht man in Abgrenzung vom (materiellen) subjektiv-öffentlichen Recht auch von einem „formellen Anspruch“[265]. Der so verstandene formelle Anspruch wandelt sich aber in ein subjektiv-öffentliches Recht um, wenn bei Ausübung des Ermessens nur eine einzige rechtmäßige Entscheidung übrig bleibt (Fall der sogenannten Ermessensreduzierung auf Null[266]).

IV. Wesen des Ermessens

Begriffsbestimmungen und Definitionen werden synonym[267] für Worterklärungen verwendet. Solche Worterklärungen beschreiben regelmäßig den Inhalt des Begriffs und gehen selten auf die (besondere) Eigenart des Beschriebenen ein. Die Summe der Eigenarten oder auch Funktionen macht das Wesen eines Begriffs in einem bestimmten Sach- und Funktionszusammenhang aus. Über das Wesen des Ermessens ist sich das Schrifttum insofern einig, als es seiner Eigenart nach eine Entscheidungsfreiheit mit der Funktion zur Bestimmung der

263 JZ 1989, 305 (308).
264 Wahl/Schütz, in: Schoch/Schmidt-Aßmann/Pietzner, VwGO, § 42 Abs. 2 Rdnr. 82; Detterbeck, Öffentliches Recht, Rdnr. 1143; Maurer, Allgemeines Verwaltungsrecht, § 8 Rdnr. 2.
265 Pietzcker, JuS 1982, 106 (108).
266 Seewald, Jura 1980, 175 (180).
267 Siehe: Mackensen, Stichwort Definition.

besten oder gerechtesten Lösung kennzeichnet. Es finden sich dagegen auch komplexere Beschreibungen von Eigenart und Funktion des Ermessens.

1. Ermessen als Tatbestandsergänzung (Nagel)

Das Verständnis des Ermessens als Tatbestandsergänzung beruht auf der Überlegung, dass mit Erfüllung des Tatbestandes der Ermessensnorm die besonderen Gegebenheiten des Einzelfalles zur Grundlage der Ermessensbetätigung zu machen sind. Die Auswahl und Bewertung dieser besonderen Gegebenheiten soll dazu führen, dass eine Rechtsfolge im Sinne des Gesetzgebers gewählt wird[268]. Anhand einer Vorschrift aus dem Versammlungsgesetz erläutert er dies wie folgt: Gemäß § 15 Abs. 2 VersammlG kann die zuständige Behörde eine Versammlung auflösen, wenn diese nicht angemeldet ist. Erlangt die Behörde von einer nicht angemeldeten Versammlung Kenntnis, darf sie diese keinesfalls schematisch auflösen oder schematisch dulden. Sie hat vielmehr anhand des konkreten Lebenssachverhaltes die noch fehlenden Voraussetzungen zu entwickeln und auf dieser Grundlage zu entscheiden, ob die im Gesetz vorausbestimmte Rechtsfolge (Auflösung der Demonstration) eintreten soll oder nicht. Damit schließt die Behörde im Rahmen der Rechtsfolgenermittlung gleichzeitig den noch offenen Tatbestand von § 15 Abs. 2 VersammlG. Das Ermessen erweist sich somit nicht als Frage der unbestimmten Rechtsfolge, sondern als solche des unbestimmten Tatbestandes.

2. Ermessen als Ausfüllung von „intra-legem-Lücken" (Soell)

Einen beachtlichen Erklärungsversuch unternahm Soell in seinem Werk „Das Ermessen der Eingriffsverwaltung"[269].
Soell[270] erfasst das Wesen des gebundenen Ermessens mit der Lehre von den Lücken *intra legem*. Ausgangspunkt seiner Überlegungen ist die (deutsche) Lückenlehre, die sich mit den Lücken *praeter legem* befasst. Lücken *praeter legem* werden nur dort angenommen, wo das Gesetz überhaupt keine oder jedenfalls keine einschlägige Vorschrift zur rechtlichen Beurteilung des zu entscheidenden Sachverhalts enthält, weil die konkrete Rechtsfrage außerhalb des

268 Nagel, S. 88.
269 Das Werk erschien erst 1973, obwohl das Manuskript bereits 1969 abgeschlossen war. Rechtsprechung und Literatur sind bis 1971 berücksichtigt.
270 S. 150-209.

gesetzlichen Vorstellungsbildes liegt, also vom Gesetzgeber gar nicht bedacht worden ist. Weil also die Füllung solcher Lücken nicht (mehr) durch Auslegung möglich ist, findet eine Fortbildung des Rechts dadurch statt, dass die Rechtsnorm auf einen gleichwertigen Sachverhalt angewendet wird. Diese schöpferische Tätigkeit des Rechtsanwenders ist einerseits durch kognitives Verhalten (Werturteile) und andererseits durch volitives Verhalten (Willensentscheidungen) gekennzeichnet.

Diese Feststellung gibt Soell den Anlass, der Frage möglicher Identität des gebundenen Ermessens mit lückenfüllender Rechtsverwirklichung nachzugehen. Weil auch die Ermessensausübung nach Soell aus kognitiven und volitiven Elementen besteht, liegt wegen der gemeinsamen schöpferischen Tätigkeit auf den ersten Blick die Einordnung in ein und dieselbe Kategorie nahe. Auf den zweiten Blick zeige sich jedoch ein entscheidender Unterschied: Das Ziel der Füllung von Lücken *praeter legem* ist die Generalisierung, während die Ermessensbetätigung auf die Individualisierung ausgerichtet ist. Dieser entscheidende Unterschied führt Soell zu einem Rückgriff auf die (Schweizer) Doktrin der Wesenserfassung der Lücken *intra legem*. Diese Lehre ist vor allem durch die schweizerischen Vertreter der juristischen Methodik entwickelt und ausgebaut worden[271]. Sie hat ihren Ursprung in Art. 4 des Schweizer Zivilgesetzbuches, der folgendermaßen lautet:

> „Wo das Gesetz den Richter auf sein Ermessen oder auf die Würdigung der Umstände oder auf wichtige Gründe verweist, hat er seine Entscheidung nach Recht und Billigkeit zu treffen.“

Kern dieser Lehre ist die Erkenntnis, dass in vielen Fällen durch Interpretation nur das Ziel, das die anwendende Norm verfolgt, feststellbar ist, nicht aber der Umfang, mit dem es im konkreten Fall zu verwirklichen ist, weil der Gesetzgeber nur die Sinnfrage, aber noch nicht die Maßfrage gelöst hat[272].

Den Sitz dieser Lücken *intra legem* verortet Soell zunächst bei den wertausfüllungsbedürftigen Begriffen und Generalklauseln, bei denen es sich um eine bewusste Offenhaltung der Tatbestände durch den Gesetzgeber zwecks voller Berücksichtigung der Fallindividualität handele. Das Wesen dieser Lücken auf der Tatbestandsseite sei in den folgenden Hauptmerkmalen zu finden:

---

271 Nachweise bei Soell, S. 161, Fn. 1.

272 Soell zitiert hier Spiro (Über den Gerichtsgebrauch zum Allgemeinen Teil des revidierten Obligationsrechtes, 130 f.): „Wenn die ratio legis dem Richter das im Einzelfall Erstrebenswerte vor Augen setzt, so vermag sie ihm zwar in der Regel deutlich zu sagen, in welcher Richtung, sehr oft aber nicht, wie weit er dabei zu gehen habe.“

- planmäßige Lockerung der gesetzlichen Bindung und Bestimmtheit mit der Folge von Spielräumen und damit Wahlmöglichkeiten für die konkrete Entscheidung;
- Sicherstellung der Einzelfallgerechtigkeit;
- Bindung des Entscheidungsspielraums durch die Rechtsordnung.

Die so beschriebenen Wesensmerkmale entsprechen nach Soell den Kriterien, die das gebundene Ermessen ausmachen: die Wahlmöglichkeit; die Individualisierung und die Bindung durch die Rechtsordnung.
Aufgrund dieser Übereinstimmung gelangt Soell zu dem Schluss, dass das Wesen des Ermessens in der „lückenfüllenden Rechtsfindung *intra legem*" zu sehen sei.

3. Ermessen als Entscheidungsfreiheit zur Bestimmung der besten Lösung (herrschende Meinung – Kopp)

Kopp[273] beschrieb in der 6. Auflage seines Kommentars zum VwVfG das Wesen des Ermessens unter Auswertung ausgewählter Rechtsprechung und Literatur wie folgt: Ermessen bedeute nicht Wahlfreiheit der Behörde zwischen zwei oder mehreren rechtlich gleichwertigen Entscheidungsmöglichkeiten, sondern nur Freistellung von strikter Gesetzesbindung und Ermöglichen der Lösung, die angesichts der besonderen konkreten Umstände des Falles nach Abwägen des Für und Wider „dem Zweck der Ermächtigungsgrundlage" am besten gerecht werde. Das Besondere und insofern von anderen Betrachtungsweisen Abweichende sei der Blickwinkel. Aus der Sicht der Verwaltungsgerichte stelle sich die Bedeutung des (behördlichen) Ermessens anders dar. Sie dürften das Ermessen im Rahmen des § 114 VwGO nur auf Ermessensfehler überprüfen. Daher sei es möglich, dass das Verwaltungsgericht die von der Behörde unter mehreren rechtlich möglichen Lösungen ausgewählte Entscheidung hinnehmen müsse, auch wenn es der Überzeugung sei, dass in der Sache eine andere Lösung besser, zweckmäßiger und gerechter wäre.

273 VwVfG, 6. Auflage, § 40 Rdnr. 9. In der von Ramsauer bearbeiteten 7. Auflage sind ausdrückliche Ausführungen zum Wesen des Ermessens nicht mehr vorhanden.

V. Anwendungs- und Abgrenzungsfragen der Ermessensbetätigung

Die Anwendungs- und Abgrenzungsfragen, die nicht schon durch Begriff und Wesen des Ermessens erfasst und beschrieben werden, sind nunmehr zu behandeln: Wie weit geht der Ermessensspielraum, wann liegen Ermessensfehler vor, und wie steht es mit der gerichtlichen Überprüfbarkeit?

1. Gleichsetzung der Ermessensbetätigung mit Abwägung

Rechtsprechung[274] und Literatur[275] beschreiben die Betätigung des Ermessens als „Abwägen" und sehen das Wesen des Ermessens am treffendsten mit dem Umstand umschrieben, dass die Ermessensbetätigung stets auf die Entscheidung eines Konfliktes zwischen im Einzelfall konkurrierenden – privaten wie öffentlichen[276] – Interessen bezogen sei und es damit zuförderst um die Verwirklichung der in den ausführenden Gesetzen zum Ausdruck gebrachten und festgelegten Wertvorstellungen gehe. Frotscher[277] beschreibt dies am Beispiel des Widerrufs eines Zuwendungsbescheides. Hier habe die Widerrufsbehörde das Interesse der Allgemeinheit an einer wirtschaftlichen und sparsamen Verwendung der staatlichen Haushaltsmittel gegen die Belange des Zuwendungsempfängers abzuwägen.

Der Akt der Abwägung stellt nach Auffassung von Rechtsprechung und Literatur das „Herzstück" der Ermessensbetätigung dar. Er wird folglich auch als Pflicht der Behörde angesehen[278]. Gestützt wird diese Auffassung durch § 73 LVwG SchlH[279]. Nach dieser Vorschrift sind die Behörden im Lande Schleswig-Holstein verpflichtet, das Ermessen nach sachlichen Gesichtspunkten

---

274 Auch heute noch uneingeschränkt, trotz Einführung der Rechtsfigur des intendierten Ermessens: BVerwGE 105, 55 (57) = DVBl. 1998, 146; zuvor schon: BVerwGE 31, 301 (306); 60, 75 (78); 78, 285 (290); KG WuW/E OLG 4341 (4342); „Für und Wider", so BverwG, DVBl. 1962, 562.

275 Sachs, in: Stelkens/Bonk/Sachs, § 40 Rdnr. 13; Kopp/Ramsauer, VwVfG, § 40 Rdnr. 52; Häberle, S. 195; Wolff/Bachof/Stober, Band I § 31 II c) 3.; Oldiges, NVwZ 2001, 626 (628); Frotscher, Rdnr. 412; Hofer-Zeni, S. 9; Klein, 82 (1957); 75 (83); Brühl, JuS 1995, 249; Soell, S. 211; Creifelds, Stichwort „Ermessen"; Wolff/Bachof/Stober, Band I, § 31 Rdnr. 32; Peters, DÖV 2001, 749 (750).

276 Bull, Rdnr. 406.

277 Rdnr. 412.

278 Bull, Rdnr. 406; Soell, S. 211.

279 Text: siehe oben I. 1.

„unter Abwägung der öffentlichen Belange und der Interessen des Einzelnen" auszuüben.

Festzuhalten ist jedoch, dass eine Abwägung nicht zwingend ist. Eine Abwägung kommt etwa dann nicht in Betracht, wenn es keinen Belang gibt, der der beabsichtigten Ermessensentscheidung entgegengehalten werden könnte[280].

2. Ermessen als Rechtsfolgeermessen

Endlich ist die Kernfrage der historischen Ermessensdiskussion aufzugreifen. Sie betrifft den Streit, ob mit Ermessen Entscheidungsfreiheit nur auf der Rechtsfolgenseite oder auch Entscheidungsfreiheit auf der Tatbestandsseite gemeint ist. Gekennzeichnet ist diese Auseinandersetzung durch das Begriffspaar Ermessen und unbestimmter Rechtsbegriff – trotz deutlicher Hinweise der Rechtsprechung bilden sie nach wie vor einen der umstrittensten Bereiche des Verwaltungsrechts[281].

a) Der unbestimmte Rechtsbegriff

Die Rechtsfigur des unbestimmten Rechtsbegriffs betrifft Fragen der Bestimmtheit auf der Tatbestandsseite[282] und hat die Erkenntnis zur Grundlage, dass es Merkmale bzw. Begriffe von unterschiedlicher inhaltlicher Präzision gibt[283], das heißt deren Inhalt und Umfang also weitgehend ungewiss sind. Das betrifft zunächst den Begriff selbst. Dieser kann in dem Sinne mehrdeutig sein, dass er verschiedene Sachverhalte beschreibt (Beispiel: Zuverlässigkeit).

Die unbestimmten Rechtsbegriffe zeichnen sich dadurch aus, dass ihr Inhalt mit den zur Verfügung stehenden juristischen Auslegungsmethoden nicht mehr zweifelsfrei ausgeleuchtet werden kann, sondern nur noch durch Dezision. Die Rechtsfigur „unbestimmter Rechtsbegriff" – erstmals erwähnt von Reuß 1953[284] - hat sich längst durchgesetzt. Noch in den fünfziger Jahren sprach man von Ermessensbegriffen. Gestützt wurde dieser Sprachgebrauch auf einzelne

280 Scheffler, DÖD 1994, 80 (82).
281 Maurer, Allgemeines Verwaltungsrecht, § 7 Rdnr. 47.
282 Allgemein siehe: Koch, Unbestimmte Rechtsbegriffe.
283 Maurer, Allgemeines Verwaltungsrecht, § 7 Rdnr. 27.
284 DVBl. 1953, 585 (586).

Judikate wie zum Beispiel die Entscheidung des I. Senates des Bundesverwaltungsgerichts vom 10. März 1954[285]. Hierzu führte das Gericht aus, dass es im Ermessen der Verwaltung liege, ob im Einzelfall den Interessen des öffentlichen Verkehrs Genüge geleistet sei:

> „Was im Einzelfall den Interessen des öffentlichen Verkehrs entspricht oder widerspricht, richtet sich nicht allein nach Umfang, Bevölkerungszahl und wirtschaftlicher Struktur des zu betreuenden Verkehrsgebietes; hinzu kommt vielmehr die von der Verwaltung zu lösende Frage, mit welchen Verkehrsmitteln die Interessen des öffentlichen Verkehrs befriedigt werden sollen, ob durch Einrichtung oder Ausbau von Schienenbahnen oder sonstigen Linienverkehrsmitteln oder durch Zulassung anderer öffentlicher Verkehrsmittel. Die Entscheidung hierüber muß dem Willensentschluß der Verwaltungsbehörde überlassen bleiben."

Zum unbestimmten Rechtsbegriff haben sich im Laufe der Zeit verschiedene Erklärungsmodelle entwickelt. Von diesen sollen nur die beiden bedeutendsten[286] besonders vorgestellt werden.

(1) Begriffskern und Begriffshof

Diese auf Philipp Heck[287] zurückgehende Beschreibung[288] knüpft an die Erkenntnis an, dass „mit verschwindender Ausnahme jedes Wort mehrdeutig ist. Ein sicherer Bedeutungskern ist von einem allmählich verschwindenden Bedeutungshof umgeben". Die Unterscheidung zwischen Begriffskern und Begriffshof hat unter der Geltung des Grundgesetzes insbesondere Jesch[289] aufgegriffen und fortentwickelt. Unter den Begriffskern fallen nach seiner – Jeschs – Auffassung die „unzweifelhaften Fälle", das seien diejenigen, die den „zweifelsfreien Inhalt des Begriffs" ausmachten. „Der Begriffshof ist ein diffuser Bereich, der am Rand des Begriffskernes beginnt. Er ist nach außen nicht fest abgrenzbar, sondern wird durch jede Subsumtion oder Exzeption (...) an der

---

285 BVerwGE 1, 92 (96 f.).

286 Zu den weiteren Erklärungsmodellen siehe Koch: Dispositionsbegriffe (S. 16 ff.); Wertbegriffe (S. 21 ff.); mehrdeutige Ausdrücke (S. 29 ff.); Typusbegriffe (S. 31 ff.); Generalklauseln (S. 32 f.) und Leerformeln (S. 42 f.).

287 AcP 112 (1912), S. 107 ff.

288 Allgemein: Koch, Unbestimmte Rechtsbegriffe, II. 1 a), S. 40 ff.

289 AöR 82 (1957), 163 (176).

betreffenden Stelle näher bestimmt"[290]. So wie Heck geht auch Jesch davon aus, dass nahezu alle Gesetzesbegriffe „mehrdeutig seien" und daher diese Begriffsstruktur aufwiesen. Die unbestimmten Rechtsbegriffe unterschieden sich von den bestimmten nur dadurch, „daß bei ihnen der Begriffshof ungewöhnlich groß und diffus ist und der Kernbereich im Vergleich dazu außerordentlich klein"[291].

Als bekanntester Anhänger dieser Erklärungsfigur nach dem Zweiten Weltkrieg ist Engisch[292] zu nennen. Zu den aktuellen Anhängern zählen Bleckmann[293] und wohl auch v. Mutius[294].

(2) Vage Begriffe

Unmittelbar vor Heck hatte Walter Jellinek[295] 1913 eine ähnliche Beschreibung des Problems[296] vorgenommen. Sie lautet:

„Aber während der bestimmte Begriff eine einzige Grenze hat, die ein sicheres Urteil über die Zugehörigkeit oder Nichtzugehörigkeit einer Entscheidung zum Begriffe ermöglicht, hat der unbestimmte Begriff deren zwei. Auch beim unbestimmten Begriff gibt es daher sichere Urteile; aber zwischen dem bejahenden und dem verneinenden Urteil liegt ein Grenzgebiet der bloßen Möglichkeit (problematisches Urteil) (...) Der unbestimmte Begriff hat also gewiß zwei Grenzen, aber auch die Lage dieser Grenzen ist wieder unbestimmt. Eine badische Verordnung vom 25. Januar 1908 verbietet das Zusammenreisen von Zigeunern in Horden; wie viele Menschen zu einer Horde gehören, sagt die Verordnung nicht; sie läßt es bei dem unbestimmten Begriffe bewenden. Trotzdem ist so viel sicher, daß ein Zigeuner nie, dass 50 Zigeuner immer eine Horde bilden. Zwischen diesen Zahlen liegen die beiden Grenzen notwendig. Wer gibt sie aber zahlenmäßig an?"[297].

Mit diesem Beispiel beschreibt er den Umstand, dass es Erscheinungen gibt, die ganz sicher unter den Begriff fallen, und solche, die ganz sicher nicht dar-

290 Jesch, S. 177.
291 Jesch, S. 177.
292 S. 139.
293 S. 9.
294 Jura 1987, 92 (94).
295 Gesetz, S. 37 f.
296 Allgemein: Koch, Unbestimmte Rechtsbegriffe, II. 1 f.
297 Verwaltungsrecht, S. 37 f.

unter fallen. Hierdurch entstehen die Sphären der positiven und der negativen Gewissheit und diejenigen des möglichen Zweifels.
Diese Beschreibung des unbestimmten Rechtsbegriffs entspricht derjenigen, die in der analytischen Sprachphilosophie regelmäßig für sogenannte vage Begriffe verwendet wird. „Vage“ nennt man Begriffe, bei denen sich die Subsumtionsergebnisse in drei Kategorien einteilen und wie folgt systematisieren lassen[298]:

- „positive Kandidaten“: das sind Gegenstände, die unzweifelhaft unter den Begriff fallen
- „negative Kandidaten“: das sind Gegenstände, die unzweifelhaft nicht unter den Begriff fallen
- „neutrale Kandidaten“: das sind schließlich Gegenstände, hinsichtlich deren nicht entschieden werden kann, ob sie unter den Begriff fallen oder nicht.

Die These von der Vagheit der Begriffe wird mitvertreten von Erichsen[299] und Soell[300].

(3) Bestandsaufnahme

Es ist das besondere Verdienst von Koch[301], dass er die im Laufe der Zeit entwickelten Erklärungsmodelle beschrieben und analysiert hat. Dabei hat er mit überzeugenden Ausführungen dargelegt, dass das Erklärungsmodell Walter Jellineks von den „vagen Begriffen“ das Treffendste sei. Nichts desto trotz ist der Erkenntniswert der Kochschen Analyse für Rechtsprechung und Literatur sehr gering geblieben. Beschreibungen des unbestimmten Rechtsbegriffs finden in der Lehrbuch- und Kommentarliteratur in der Weise statt, dass die üblichen Beispiele aufgeführt werden. Solche sind etwa: „öffentliches Interesse, Gemeinwohl, wichtiger Grund, Verkehrsinteressen, Zuverlässigkeit, Eignung, Bedürfnis, besonderer Härtefall, Verunstaltung, Beeinträchtigung des Landschaftsbildes usw.“ Auf jeden Fall ist der unbestimmte Rechtsbegriff zum festen Bestandteil unserer Rechtsordnung geworden.

---

298 Koch, Unbestimmte Rechtsbegriffe, II. 1. f.; Die Terminologie geht zurück auf Körner, Stephan, Erfahrung und Theorie, 1970 (englische Originalausgabe 1966), S. 44, 49.

299 VerwArch. 1972, 337 (341).

300 S. 165.

301 Unbestimmte Rechtsbegriffe, S. 37 f.

b) Der Beurteilungsspielraum

Stellt man auf Rechtsprechung[302] und Schrifttum[303] nach 1980 ab, herrscht beinahe absolute Übereinstimmung in der Ansicht, dass es bei der Auslegung und Anwendung unbestimmter Rechtsbegriffe grundsätzlich keinen Beurteilungsspielraum gibt. Damit steht fest, dass an dem Dogma der einzig richtigen Entscheidung allgemein festgehalten wird. Dies hat Auswirkungen auf die gerichtliche Kontrolldichte. In der Auslegung eines unbestimmten Rechtsbegriffes gibt es für die Behörde dann keine Freiheit. Das Gericht überprüft, ob die Verwaltung den Begriff richtig angewendet hat.

(1) Vorliegen eines Beurteilungsspielraums als Ausnahmefall

Allerdings hat die Rechtsprechung[304] in einigen Fällen Ausnahmen anerkannt. Wegen erkenntnistheoretischer Schwierigkeiten waren in einigen Bereichen Zweifel aufgetreten, ob das Gericht die Feststellungen der Behörden selbst nachvollziehen kann[305]. Die Rechtsprechung kam zu dem Ergebnis, in solchen Fällen der Verwaltung doch eine Art Letztentscheidungskompetenz zu belassen. Diese vereinzelte Rechtsprechung führte dazu, dass es unbestimmte Rechtsbegriffe mit Beurteilungsspielraum gibt. Synonym werden unter anderem die Begriffe Einschätzungsprärogative und Beurteilungsermächtigung gebraucht. Die Anerkennung eines Beurteilungs-, Planungs-, Prognose- oder Risikobeurteilungsspielraums hängt nach der Rechtsprechung[306] davon ab, ob der Gesetzgeber – ausdrücklich oder sonst für die Behörde erkennbar –, also nach dem Zusammenhang und offensichtlichen Sinn und Zweck einer Regelung, die Zuordnung des Einzelfalls zu einem unbestimmten Rechtsbegriff der Entscheidung der Behörde überträgt. Beispiele für eine durch Gesetz ausdrücklich eingeräumte Einschätzungsprärogative sind selten. Zu nennen sind § 71 Abs. 4

---

302 BVerfGE 88, 40 (56 f.); BVerwGE 94, 307 (309); 100, 221 (225).

303 Jörn Ipsen, Rdnr. 475; Detterbeck, Ermessen, C. III.; Braun, VerwArch. 1985, 158 (182 f.); Erichsen, DVBl. 1985, 22 (26); Bull, Rdnr. 381 f., Gerhardt, in: Schoch/Schmidt-Aßmann/Pietzner, VwGO, § 114 Rdnr. 57: „Beurteilungsspielräume sind selten"; Schmidt-Aßmann, in: Maunz/Dürig/Herzog/Scholz, Art. 19 Abs. 4 Rdnr. 191.

304 BVerfGE 64, 261 (279); 84, 34 (49 f.).

305 BVerwGE 62, 336; BVerwG, DVBl. 1981, 976.

306 BVerwGE 94, 307 (310) = NVwZ 1995, 708; BVerwG, NVwZ 1991, 268; 568 – siehe auch: Schmidt-Aßmann/Groß, NVwZ 1993, 617; Schulze-Fielitz, JZ 1993, 772; Maurer, Allgemeines Verwaltungsrecht, § 7 Rdnrn. 35 ff.

Satz 2 GWB, wonach die Würdigung der gesamtwirtschaftlichen Lage und Entwicklung durch die Kartellbehörde der gerichtlichen Nachprüfung entzogen ist, und § 8 Abs. 3 Satz 1 MühlenstrukturG[307] sowie § 12 Abs. 1 AWG[308]. Für eine gesetzliche Einschätzungsprärogative spricht etwa die Formulierung „Nach Auffassung der Behörde ...“[309]. Allerdings ist allein durch die Verwendung eines unbestimmten Rechtsbegriffs, wie zum Beispiel „Gründe des Wohls der Allgemeinheit“ oder „überwiegende Gründe des Gemeinwohls“ in § 31 Abs. 2 Satz 1 Nr. 2 BNatSchG, noch nicht die Einräumung eines Beurteilungsspielraumes anzunehmen. Im Zweifel besteht volle Überprüfbarkeit[310]. Die Einräumung eines Beurteilungsspielraumes ist verfassungsrechtlich nicht zu beanstanden, wie das Bundesverfassungsgericht[311] vereinzelt ausgesprochen hat.

Für die vom Bundesverwaltungsgericht bisher angenommenen Fälle eines „gerichtsfreien Beurteilungsspielraums“ lassen sich vier Hauptgruppen bilden:

(a) Beurteilungen im Öffentlichen Dienstrecht

Die erste Gruppe betrifft die Beurteilungen im Öffentlichen Dienstrecht, insbesondere die beamtenrechtliche Beurteilung[312] der Eignung, Befähigung und fachlichen Leistung des Beamten bzw. des Beamtenbewerbers. Bei einer solchen dienstlichen Beurteilung handelt es sich nicht um eine rein schematische Subsumtion eines Sachverhaltes unter eine gesetzliche Vorschrift, sondern um einen höchstpersönlichen Akt wertender Erkenntnis, der nicht nach allgemeinen objektiven Wertmaßstäben getroffen wird. Eine solche persönlichkeitsbedingte Beurteilung erfolgt aufgrund einer Fülle von Wertungsgesichtspunkten und -erwägungen, so dass die Beurteilung wegen dieser Komplexität weder vollständig mitteilbar noch im ganzen Umfang nachvollziehbar ist. Die Ersetzung derartiger Entscheidungen durch das Gericht ist daher mit dem Gesetzeszweck nicht zu vereinbaren.

---

307 BVerwG, DVBl. 1979, 877 (878 f.).
308 BVerwG, DVBl. 1972, 895.
309 Krüger, LKV 1991, 73 (74).
310 Kopp/Schenke, VwGO, § 114 Rdr. 24 a.
311 NVwZ 1993, 670 = DVBl. 1993, 485 mit Anm. Goerlich, DVBl. 1993, 490 f.
312 BVerwGE 92, 147 (149); BVerwG, DVBl. 1993, 956; BVerwG, RiA 1995, 31; Maurer, Allgemeines Verwaltungsrecht, § 7 Rdnr. 39.

(b) Pädagogisch-wissenschaftliche Entscheidungen

Die zweite Gruppe erfasst die pädagogisch-wissenschaftlichen Entscheidungen wie Prüfungsentscheidungen (Abitur, Staatsexamen, etc.)[313] und prüfungsähnliche Entscheidungen (Schulbereich)[314]. Auch bei diesen Entscheidungen handelt es sich um einen Akt wertender Erkenntnis, bei denen die „Unvertretbarkeit“ und Unwiederholbarkeit der entscheidungserheblichen Situation noch hinzukommt[315].

(c) Entscheidungen durch unabhängige und weisungsfreie Kollegialorgane

Eine dritte Gruppe erfasst Entscheidungen wertender Art durch unabhängige und weisungsfreie Kollegialorgane, die nach besonderen Grundsätzen gebildet und mit Sachverständigen und/oder Interessenvertretern besetzt sind[316]. Der Gesetzgeber hat durch die Einrichtung solcher Ausschüsse und durch die Ausgestaltung des jeweiligen Verwaltungsverfahrens die Behörde bzw. den Ausschuss bei der Anwendung unbestimmter Rechtsbegriffe zu einer Entscheidung ermächtigt, die wegen Fehlens eindeutig objektiver Kriterien mit Unsicherheit belastet ist und daher einer gerichtlichen Kontrolle nur beschränkt unterliegen kann[317]. Dieser Gedanke ist nicht neu: Schon Otto Bähr[318] hat in der Zeit des Beginns der Ermessenslehre ausgeführt, dass dem Spruchgremium ein Beurteilungsspielraum zustehe.
Ein solcher Beurteilungsspielraum wurde bisher in folgenden Fällen anerkannt:

- Senat von Berlin bei der Feststellung, dass ein Gebiet außergewöhnliche stadtpolitische Bedeutung hat[319];

- Personalgutachter-Ausschuss bei der Entscheidung über die „persönliche Eignung“ des vorgesehenen Bewerbers für die Einstellung in die Bundeswehr[320];

---

313 Maurer, Allgemeines Verwaltungsrecht, § 7 Rdnr. 37.
314 Maurer, Allgemeines Verwaltungsrecht, § 7 Rdnr. 38.
315 BVerwGE 91, 262; 92, 133 (137); 99, 74 (76); DVBl. 1996, 1381; v. Mutius, Jura 1987, 92 (94).
316 Ossenbühl, DVBl. 1972, 401 (404 f.); Peine, Rdnr. 75.
317 BVerwGE 99, 371 (377 f.).
318 S. 60.
319 VG Berlin, LKV 1996, 106 (107).

- Bundesprüfstelle nach dem Gesetz über die Verbreitung jugendgefährdender Schriften bei der Entscheidung über die „Jugendgefährdung“ durch eine Schrift[321];

- Filmbewertungsstelle der Länder bei der Prädikatisierung von Filmen mit „wertvoll“ und „besonders wertvoll“[322];

- Eintragungsausschuss nach dem Architektengesetz BW bei der Prüfung der Berufsbefähigung und sonstiger Bewerber[323];

- Ausschuss des Bundessortenamtes nach dem Saatgutverkehrsgesetz bei der Frage, ob eine angemeldete Sorte „landeskulturellen Wert“ hat bzw. „ob eine deutliche Verbesserung zu erwarten ist“[324];

- Prüfungsausschüsse bei den Industrie- und Handelskammern hinsichtlich fachlich-pädagogischer Leistungsbeurteilungen nach dem Berufsbildungsgesetz[325];

- Börsenvorstand bei der Entscheidung über die berufliche Eignung eines Bewerbers, der die Zulassung zum Besuch der Börse begehrt[326];

- Richterwahlausschüsse in den neuen Bundesländern in Bezug auf die Prognoseentscheidung hinsichtlich des zukünftigen Verhaltens des Bewerbers für das Richteramt[327];

Einige der hier unter der Fallgruppe „Kollegialorgane“ zusammengefassten Entscheidungen betreffen Wertungsfragen, die als solche – also unter Weglassung der Tatsache, dass sie von einem Gremium vorgenommen wurden – den Fallgruppen „Beurteilungen“ und „pädagogische Entscheidungen“ zugeordnet werden könnten. Es ist aber hervorzuheben, dass in den hier aufgeführten Judikaten nicht die Beurteilung oder das pädagogische Urteil den Grund für die

---

320 BVerwGE 12, 20 (26 f.).
321 BVerwGE 39, 197 (203 f.); auch BVerwGE 23, 112; 27, 14; 27, 21; BVerwG, DÖV 1987, 731; auch BVerfGE 67, 213 (225).
322 VGH Kassel, DÖV 1986, 661 (663).
323 BVerwGE 59, 213 (216 ff.).
324 BVerwGE 62, 330 (339); 72, 339 – noch ablehnend: BVerwGE 8, 85.
325 BVerwGE 70, 4 (9 ff.).
326 BVerwGE 72, 195 (200 f.).
327 BVerwG 99, 371 (377 f.).

Annahme eines Beurteilungsspielraums gaben, sondern erst die Wertung durch ein Gremium.
So führte das Bundesverwaltungsgericht im Falle der Eignungsentscheidung eines Bewerbers für die Bundeswehr aus[328], dass der die Eignung beurteilende Gutachterausschuss seine Entscheidung nach „durchaus unterschiedlichen Vorstellungen der einzelnen Mitglieder über die persönliche Eignung“ treffe. Hier solle nach den Erwägungen des Gesetzgebers die Eignungsfeststellung ausschließlich einem Gutachterausschuss von Persönlichkeiten vorbehalten bleiben, die nach i h r e m (Hervorhebung im Urteil) Leitbild von einem hohen Offizier der Bundeswehr zu prüfen habe, ob sie den zur Einstellung vorgesehenen Bewerber für persönlich geeignet hielten.
Gleiches gilt für die Annahme eines (nur beschränkt überprüfbaren) Beurteilungsspielraums hinsichtlich der Überprüfung von Entscheidungen der IHK-Prüfungsausschüsse[329]. Wenn der Gesetzgeber diese Ausschüsse nach besonderen gesellschaftspolitisch begründeten Paritätsgedanken zusammensetzt und hierin ein besonderes Element für eine ausgewogene Leistungsbeurteilung ansehe, sei eine volle inhaltliche Überprüfung der Leistungsbeurteilung rechtlich ausgeschlossen[330]

Allerdings berechtigen die hier aufgeführten Beispiele nicht zur Aufstellung eines Grundsatz des Inhalts, dass immer dann, wenn ein Gremium eine Wertungsentscheidung trifft, ein Beurteilungsspielraum anzunehmen ist. So hat das Bundesverwaltungsgericht die sensorische Beurteilung durch sachverständige Prüfer, ob ein Wein die für ein bestimmtes Prädikat typischen Bewertungsmerkmale aufweist und ob er in Aussehen, Geruch und Geschmack frei von Fehlern ist, sowie die hierauf gestützte behördliche Entscheidung als gerichtlich uneingeschränkt überprüfbar erachtet[331]. Anzuführen sind zwei weitere Entscheidungen des Bundesverwaltungsgerichts, in denen einem Kollegium kein Beurteilungsspielraum zukommt: dem Fachausschuss der Industrie- und Handelskammer für die Feststellung der besonderen Fachkunde nach § 36 Abs. 1 GewO[332] und der Körbehörde bei der Beurteilung eines Bullen nach dem TierzuchtG[333].

---

328 BVerwGE 12, 20 (27).
329 BVerwGE 70, 4 ff.
330 BVerwGE 70, 4 (10f.).
331 BVerwGE 94, 307 ff.
332 NVwZ 1991, 268 ff.
333 NVwZ 1991, 568 ff.

(d) Prognose- und Risikoentscheidungen

Eine weitere Fallgruppe lässt sich in einem Bereich bilden, in dem Behördenentscheidungen im Wesentlichen auf Grund einer Prognose getroffen werden. Bundesverfassungsgericht und Bundesverwaltungsgericht haben hier der Verwaltung wegen der einer jeden Prognose anhaftenden Ungewissheit künftiger Abläufe einen gerichtlich nur eingeschränkt nachprüfbaren Beurteilungsspielraum zugestanden[334]. Beispiele sind „Bedrohung der Funktionsfähigkeit des Taxengewerbes und Beeinträchtigung der öffentlichen Verkehrsinteressen durch Neuzulassung von Taxen"[335], die Bedarfsprognose bei der Zulassung zum qualifizierten Krankentransport[336] oder Prognosen im Bereich der Gentechnik[337]. Aber auch hier ist gegenüber Verallgemeinerungen Vorsicht geboten. Ob ein der gerichtlichen Kontrolle nur eingeschränkt zugänglicher Prognosespielraum anzunehmen ist, ist eine Frage materiellen Rechts[338]. Es bleibt (noch) bei der Einzelfallprüfung[339]. So hat das Bundesverwaltungsgericht keinen Beurteilungsspielraum hinsichtlich der wissenschaftlichen Vertretbarkeit der sonstigen Auswirkungen gemäß § 15 Abs. 1 PflSchG anerkannt[340].

(e) Ergebnis

Die Einräumung eines Beurteilungsspielraums bei der Anwendung unbestimmter Rechtsbegriffe bildet trotz der über Jahrzehnte fortdauernden intensiven Diskussion die Ausnahme. Anhaltspunkte für eine Änderung dieser Entwicklung sind nicht ersichtlich. Soweit Beurteilungsspielräume ausnahmsweise eingeräumt werden, geschieht dies vorschriften- und sachverhaltsbezogen. Trotz der hier vorgenommenen Fallgruppenbildung kann nicht davon gesprochen werden, dass die Annahme eines Beurteilungsspielraums einem einheitlichen Prinzip unterliegt[341].

---

334 BVerfGE 61, 82 (114 f.); BVerwGE 81, 185 (190 ff.); 80, 270 (275); 72, 300 (317); 39, 329 (334).

335 BVerwGE 79, 208 (213 ff.); 82, 295 (299 ff.).

336 BVerwG, NVwZ-RR 2000, 213 (215).

337 BVerwG, DVBl. 1999, 1138 zu § 13 Abs. 1 Nr. 4 GenTG.

338 BVerwG, NVwZ-RR 2000, 213 (215).

339 Zum Beispiel: Vorliegen eines Prognosespielraums bei § 81 b StPO hinsichtlich der Notwendigkeit der Aufbewahrung erkennungsdienstlicher Unterlagen – offengelassen von VG Braunschweig, NVwZ-RR 2000, 217 (218).

340 BVerwGE 81, 12 (17).

341 Ebenso Wilke, Jura 1992, 186 (188).

(2) Gerichtlicher Überprüfungsmaßstab bei Vorliegen eines Beurteilungsspielraums

Der Grundsatz, wonach die Gerichte die Rechtsanwendung durch die Verwaltungsbehörden in vollem Umfang zu überprüfen haben, ist nicht allein aus Art. 19 Abs. 4 und Art. 20 Abs. 3 GG abzuleiten. Auch die jeweiligen materiellen Grundrechte beschränken die Einräumung eines Beurteilungsspielraums[342]. Auch aus diesen verfassungsrechtlichen Gründen hat sich letztlich die Lehre vom Beurteilungsspielraum nicht durchsetzen können[343]. Dennoch haben sich unter Beachtung der Wertentscheidungen der Grundrechte und von Art. 19 Abs. 4, 20 Abs. 3 GG Einschränkungen der richterlichen Kontrolldichte herausgebildet. Dies sind die oben unter (1) (a) – (d) herausgearbeiteten Fallgruppen.

Das Fehlen einer einfach-gesetzlichen Vorgabe für die Überprüfung der unbestimmten Rechtsbegriffe mit Beurteilungsspielraum hat gelegentlich Überlegungen ausgelöst, in die VwGO einen dem § 114 VwGO für die Ermessensüberprüfung entsprechenden Maßstab auch für den Umgang mit bestimmten Rechtsbegriffen aufzunehmen. Hervorzuheben sind zwei Gesetzesinitiativen Mitte der fünfziger Jahre und Mitte der neunziger Jahre des vorigen Jahrhunderts.

Im Rahmen der Beratungen zum Regierungsentwurf der Verwaltungsgerichtsordnung hat 1954 der Bundesratsausschuss für innere Angelegenheiten vorgeschlagen, den vom Ermessen handelnden § 114 Abs. 5 durch einen neuen § 114 a zu ersetzen, der seinerzeit wie folgt lauten sollte[344]:

§ 114 a

> (1) Ist die Verwaltungsbehörde durch eine gesetzliche Kann-Vorschrift ermächtigt, frei zu entscheiden oder durch eine Soll-Vorschrift gehalten, so liegt Rechtswidrigkeit nur insoweit vor, als die gesetzlichen Grenzen des Ermessens überschritten sind oder die Anwendung des Ermessens dem Zweck der Ermächtigung oder der Soll-Vorschrift widerspricht.

---

342 BVerfG, NJW 1991, 1471; NVwZ 1993, 666; BVerfGE 84, 34 = NJW 1991, 2005; Redeker, DÖV 1993, 10; Reidt, DÖV 1992, 916; Goerlich, DVBl. 1993, 490.

343 Brohm, DVBl. 1986, 321 (325).

344 BT-Drs. II Nr. 462.

(2) Ist die Verwaltungsbehörde durch einen unbestimmten Gesetzesbegriff eingeschränkt oder gebunden, so liegt Rechtswidrigkeit nur insoweit vor, als die Beurteilung dieser Begriffe dem Sinn des Gesetzes widerspricht.

1994 unternahm das Land Mecklenburg-Vorpommern den Vorstoß, im Rahmen der Verabschiedung der Beschleunigungsgesetze auch die Verwaltungsgerichtsordnung im Hinblick auf die Überprüfung unbestimmter Rechtsbegriffe zu ergänzen. Dies sollte ebenfalls durch einen § 114 a geschehen, der im Vorschlag folgenden Wortlaut hatte[345]:

§ 114 a

(1) Erfordert die Anwendung eines unbestimmten Rechtsbegriffs Abwägungen, Prognosen oder Wertungen, so steht der Verwaltungsbehörde dabei ein Beurteilungsspielraum zu.

(2) Das Gericht prüft, ob der Verwaltungsbehörde ein Beurteilungsspielraum zusteht sowie, ob die gesetzlichen Grenzen der Beurteilungsermächtigung überschritten sind oder von ihr in einer dem Zweck der Ermächtigung nicht entsprechenden Weise Gebrauch gemacht wurde.

Bachof hatte seinerzeit eine solche Vorschrift begrüßt, weil sie seiner Lehre vom Beurteilungsspielraum eine gesetzliche Stütze gegeben hätte, indem die Unterscheidung von Spielräumen auf Tatbestands- und Rechtsfolgenseite im Sinne von Beurteilungsspielräumen einerseits und Ermessensspielräumen andererseits klargestellt worden wäre. Er hatte den Bundesratsvorschlag noch in seinem Sinne präzisiert[346]:

§ 114 a

(1) Sind die Voraussetzungen des Verwaltungshandelns durch einen unbestimmten Gesetzesbegriff gekennzeichnet und ist dem Sinn des Gesetzes zu entnehmen, dass der Verwaltungsbehörde damit ein Spielraum in der Beurteilung des Sachverhaltes eingeräumt werden soll, so liegt Rechtswidrigkeit nur vor, wenn die Beurteilung die Grenzen dieses Spielraums überschreitet.

345 Abgedruckt bei: Ewer, NVwZ 1994, 140.
346 JZ 1955, 97 (102).

Der Vorschlag ist – wie wir wissen – nicht in der am 1. April 1960 in Kraft getretenen Fassung der VwGO umgesetzt worden. Gleichwohl ist immer wieder erwogen worden, in die VwGO einen § 114 a einzufügen[347]
Aber auch der Vorstoß Mecklenburg-Vorpommerns scheiterte. Der Grund des Scheiterns wird nach Ewer[348], der diesen Vorschlag kommentiert, in seiner Verfassungsproblematik zu sehen sein. Der Wortlaut des § 114 a stellte nach seiner Ansicht auch unbestimmte Rechtsbegriffe von der gerichtlichen Kontrolle frei, die nach der Rechtsprechung eine volle Überprüfung erforderten. Im übrigen stellt Ewer die Frage, inwieweit § 114 a tauglich sei, Verwaltungsverfahren zu beschleunigen (zum Beispiel reduziere sich der behördliche Aufwand aufgrund der Amtsermittlungspflicht des § 24 VwVfG nicht).

c) Sogenannte Koppelungsvorschriften

Die Grundsätze zum Ermessensspielraum und zur Rechtsfigur des unbestimmten Rechtsbegriffs treffen bei Vorschriften zusammen, die auf der Tatbestandsseite einen unbestimmten Rechtsbegriff und auf der Rechtsfolgenseite eine Ermessensermächtigung enthalten. Vorschriften, die diese Voraussetzungen erfüllen, werden Koppelungsvorschriften oder Mischtatbestände genannt[349]. Hier stellen sich gleich mehrere Fragen bei dem Vorschriftenvollzug und der gerichtlichen Kontrolle. Welche Wirkung hat der unbestimmte Rechtsbegriff auf die Ermessensausübung? Gibt der unbestimmte Rechtsbegriff die Ermessensausübung vor oder findet die Ermessensausübung ungeachtet der Ausfüllung des unbestimmten Rechtsbegriffs statt? Welche Folgen hat die Verbindung von unbestimmtem Rechtsbegriff und Ermessensermächtigung auf das Maß der gerichtlichen Kontrolle?
Die Auswertung der Rechtsprechung lässt folgende Systematik erkennen:

---

347 Brohm, DVBl. 1986, 321 (325); Schmidt-Eichstaedt, DVBl. 1985, 645 (649), weist auf entsprechende Vorschläge eines Teils der Mitglieder der „Unabhängigen Kommission des Bundes zur Rechts- und Verwaltungsvereinfachung" hin.

348 NVwZ 1994, 140 (141).

349 Maurer, Allgemeines Verwaltungsrecht, § 7 Rdnr. 48; Liebetanz, in: Obermayer, VwVfG, § 40 Rdnr. 17.

(1) Der Grundfall

Der Grundfall betrifft die Verbindung von unbestimmtem Rechtsbegriff auf der Tatbestandsseite und Ermessensermächtigung auf der Rechtsfolgenseite in der Weise, dass die Grundsätze zur Auslegung und Überprüfung von unbestimmten Rechtsbegriffen einerseits und die Grundsätze zur Ermessensausübung andererseits Anwendung finden, ohne sich einseitig oder wechselseitig zu beeinflussen[350]. Diesen Grundfall hat der I. Senat des Bundesverwaltungsgerichts bei § 3 Abs. 3 Satz 1 BÄO in der Fassung vom 4. Februar 1970 angenommen. Nach dieser Vorschrift kann einem Antragsteller, der nicht Deutscher im Sinne des Art. 116 GG oder heimatloser Ausländer im Sinne des Gesetzes über die Rechtsstellung heimatloser Ausländer im Bundesgebiet vom 25. April 1951 ist, die Approbation als Arzt in besonderen Einzelfällen oder aus Gründen des öffentlichen Gesundheitsinteresses erteilt werden. Hier ist der Begriff des Einzelfalles ein gerichtlich voll nachprüfbarer unbestimmter Rechtsbegriff, und die Erteilung der Approbation liegt bei Vorliegen dieser Voraussetzung sowie der weiteren, auch für Deutsche geltenden Zulassungsvoraussetzungen im Ermessen der Behörde.

(2) Die einheitliche Ermessensentscheidung

Der Gemeinsame Senat hatte sich mit der Frage auseinanderzusetzen, ob die für den Grundfall bestehenden Grundsätze für Koppelungsvorschriften auch für § 131 AO 1961 zu gelten haben, der seinem Wortlaut nach auf der Tatbestandsseite mit „unbillig“ einen unbestimmten Rechtsbegriff aufweist und dann mit „kann“ eine Ermessensermächtigung enthält. Die Vorschrift (heute textidentisch mit § 227 AO 1977) lautet:

> „Im Einzelfall können Steuern und sonstige Geldleistungen ganz oder zum Teil erlassen werden, wenn ihre Einziehung nach Lage des einzelnen Falles unbillig wäre; unter der gleichen Voraussetzung können bereits entrichtete Steuern und sonstige Geldleistungen erstattet oder angerechnet werden.“[351]

Der Gemeinsame Senat kam zu dem Ergebnis, dass es sich hier um einen Fall einheitlicher Ermessensausübung handelt. Eine Zerlegung der Vorschrift in ih-

350 GmS-OGB, BVerwGE 39, 355 (364, 366); BVerwGE 45, 162 (165).

351 Fassung des Art. 17 Nr. 5 des Steueränderungsgesetzes 1961 (StÄndG 1961) vom 13. Juli 1961 (BGBl. I. 981, BStBl. I. 444).

re Bestandteile würde hier – so der Gemeinsame Senat – dazu führen, dass die Vorschrift entgegen dem manifestierten Willen des historischen Gesetzgebers von einer Ermessensnorm in eine Rechtsnorm mit einer an die Tatbestandserfüllung bzw. Nichterfüllung gebundenen Rechtsfolge umfunktioniert würde. Denn wenn ein Verwaltungsgericht den unbestimmten Rechtsbegriff „unbillig" voll überprüft und danach die Steuerforderung als unbillig ansieht, kann es kein Ermessen dahin geben, von der Steuerforderung dennoch nicht abzusehen. In diesem Fall wäre die Rechtsfolge an die Bejahung oder Verneinung des Tatbestandes gebunden. Die Ermessensbetätigung ist also in einer die Umstände des Einzelfalles nach dem Billigkeitsempfinden würdigenden Handeln zu sehen.
Die Entscheidung des Gemeinsamen Senates ist nicht die einzige dieser Art geblieben. Allerdings hat sich etwa das Bundesverwaltungsgericht mit der Annahme einheitlicher Ermessensentscheidungen sehr zurückgehalten und nur einen weiteren Fall angenommen. Diese Entscheidung betraf § 5 Abs. 1 Satz 2 lit. c WoBindG. Hiernach kann ein Wohnberechtigungsschein erteilt werden, wenn seine Versagung eine besondere Härte bedeuten würde. Das Bundesverwaltungsgericht[352] hat die von der Vorinstanz noch der Tatbestandsseite zugeordnete „Härte" dem Ermessensbereich zugeordnet und eine einheitliche Ermessensentscheidung angenommen.
Im übrigen wird das Bundesverwaltungsgericht kaum Veranlassung haben, ohne einen besonderen Grund in weiteren Fällen einheitliche Ermessensentscheidungen anzunehmen. Es stand dieser Rechtsfigur von Anfang an kritisch gegenüber, wie der Vorlagebeschluss[353] in der Parallelsache zur oben behandelten Entscheidung des Gemeinsamen Senats zeigt, als der vorlegende Senat den Begriff „unbillig" als voll überprüfbaren unbestimmten Rechtsbegriff ansehen wollte. Unmittelbar nach der Entscheidung des Gemeinsamen Senats führte der I. Senat[354] zur Anwendung des § 3 Abs. 3 BÄO in der unter (1) angeführten Grundfallentscheidung aus, dass – trotz der Bejahung eines Einzelfalles – der Behörde regelmäßig noch genug Raum bleibe für eine Ermessensbetätigung, der andere Erwägungen zugrunde lägen als jene, die bei Anwendung des unbestimmten Rechtsbegriffes anzustellen seien. Trotz Anerkennung eines besonderen Einzelfalles könne die Behörde die Approbation versagen, etwa wenn ihre Erteilung öffentliche Gesundheitsinteressen oder andere öffentliche Belange entgegenstünden. Als solche kämen beispielsweise in Betracht: Gründe der Entwicklungshilfepolitik, fehlende Verbürgung der Gegenseitigkeit durch den Heimatstaat, zu hoher Bestand deutscher Ärzte. Unter Umständen habe die Be-

352 BVerwGE 72, 1 (4 f.).
353 BVerwGE 35, 69 ff.
354 BVerwGE 45, 162 (165).

hörde auch ein Auswahlermessen unter mehreren ausländischen Bewerbern, wenn öffentliche Gesundheitsinteressen nur die Erteilung der Approbation an einen von ihnen erfordern sollten.

Neben dem Bundesverwaltungsgericht haben sich auch andere Gerichte nur in seltenen Einzelfällen zur Annahme einheitlicher Ermessensvorschriften entschlossen. Das Bundessozialgericht[355] hat bei § 602 RVO dieselbe Problemlage wie bei § 131 AO 1961 (§ 227 AO 1977) gesehen und hier eine unlösbare Verbindung zwischen dem unbestimmten Rechtsbegriff des „Härtefalls" und dem das Ermessen ausdrückenden „Können" angenommen.

(3) Mussvorschriften

Es gibt noch eine weitere Fallgruppe von Rechtsnormen, die nach ihrem äußeren Erscheinungsbild einen unbestimmten Rechtsbegriff und eine Ermessensermächtigung enthalten. Es handelt sich hierbei um Vorschriften, bei denen nach Erfüllung des Tatbestandes kein Raum mehr für eine wählende Entscheidung vorhanden ist. Das Schrifttum[356] nennt solche Vorschriften „Mussvorschriften". Hiermit wird zum Ausdruck gebracht, dass die Rechtsnorm trotz ihres Wortlautes eine gebundene Rechtsnorm ist, also kein Ermessen eröffnet. Ist dort der Tatbestand erfüllt, „muss" die Behörde die beschriebene Rechtsfolge „wählen".
Die klassische Demonstrationsnorm ist § 35 Abs. 2 BBauG, der mit dem heutigen § 35 Abs. 2 BauGB bis auf den Klammerzusatz wortidentisch ist. Er lautet(e):

> „Sonstige Vorhaben können im Einzelfall zugelassen werden, wenn ihre Ausführung oder Benutzung öffentliche Belange nicht beeinträchtigt (und ihre Erschließung gesichert ist)."

Auch hier ist zu erkennen, dass zunächst ein unbestimmter Rechtsbegriff auf der Tatbestandsseite vorliegt („öffentliche Belange") und als Rechtsfolge dann ein Ermessen vorgesehen ist. Mit dem Begriff „öffentliche Belange" werden alle Besonderheiten des Einzelfalles erfasst, die für das Bauen im Außenbe-

---

355 BSG 34, 269 (271) = NJW 1973, 344, mit Anmerkung von Müller-Helle, NJW 1973, 1063 f.

356 Maurer, Allgemeines Verwaltungsrecht, § 7 Rdnr. 49; Volkmann, DÖV 1996, 282 (286), mit Verweis auf VGH Kassel, DÖV 1972, 834.

reich irgendwie rechtserheblich sind. Das bedeutet letztlich, dass sämtliche in Frage stehenden öffentlichen und privaten Belange gegeneinander abzuwägen sind. Kommt die Behörde zu dem Ergebnis, dass das Vorhaben keine öffentlichen Belange beeinträchtigt, so wäre es mit der durch Art. 14 GG verfassungsmäßig gewährleisteten Eigentumsgarantie unvereinbar, wenn das Vorhaben dennoch nicht zugelassen würde. Das Bundesverwaltungsgericht[357] folgerte hieraus, dass für ein Ermessen der Behörde kein Raum besteht, wenn das Vorhaben öffentliche Belange nicht beeinträchtigt.

Das Bundesverwaltungsgericht hatte aber schon zuvor eine Reihe von Vorschriften im Sinne von Mussvorschriften ausgelegt: Es hat zum Beispiel anerkannt, dass ein Bewerber einen Rechtsanspruch auf Berufszulassung bei Erfüllung aller Zulassungsvoraussetzungen auch dann hat, wenn die Zulassung in das pflichtgemäße Ermessen der Behörde gestellt ist (§ 9 Abs. 1 PBefG[358], Nr. 1 DVEHSchG[359], Vorschriften der Berufsordnung der öffentlich bestellten Vermessungsingenieure i.V.m. Art. 3, 12 GG[360], § 2 Abs. 1 Heilpraktikergesetz[361]). Es hat weiter entschieden, dass Kleingartenvereine beim Vorliegen der tatbestandsmäßigen Voraussetzungen einen Anspruch auf Anerkennung ihrer Gemeinnützigkeit haben, obwohl das Gesetz über einen derartigen Anspruch schweigt (§ 5 Abs. 1 KGO[362]). Es hat aus dem Recht des Mieters auf Stellung eines Antrages auf Mietherabsetzung gefolgert, dass dem Mieter ein Anspruch auf eine dem Gesetz entsprechende Mietherabsetzung zusteht (§ 2 Abs. 1 BMG[363]). Es hat aus der Verpflichtung der Bundesregierung zum Erlass von Verordnungen über die Gewährung bestimmter Leistungen den Schluss gezogen, dass beim Vorliegen der tatbestandsmäßigen Voraussetzungen ein Anspruch auf diese Leistungen gegeben ist (§ 27 BVG[364]). Schließlich ist § 2 Abs. 4 der (Fleisch)Aus-gleichsabgabenverordnung als Anspruchsnorm aufzufassen, weil die Freistellung von der Ausgleichsabgabe bei Erfüllung der tatbestandli-

357 BVerwGE 18, 247 (251) = NJW 1964, 1973.
358 BVerwGE 1, 165 = NJW 1954, 1660 mit Anm. von Heinze.
359 BVerwGE 2, 295 = NJW 1956, 196; DVEHSchG = Durchführungsverordnung zum Einzelhandelsschutzgesetz
360 BVerwGE 2, 349 = NJW 1956, 198 L.
361 BVerwGE 4, 250.
362 BVerwGE 1, 321 = NJW 1955, 962.
363 BVerwGE 3, 121 = NJW 1956, 644.
364 BVerwGE 3, 288; BVG = Bundesversorgungsgesetz.

chen Voraussetzungen nicht mehr von der (freien) Entscheidung des Bürgermeisters abhängen kann[365].

Von den „moderneren" Vorschriften wäre hier noch beispielhaft § 31 Abs. 1 Nr. 2 BNatSchG als eine solche Mussvorschrift[366] anzuführen. Nach dieser Vorschrift kann eine Befreiung von Naturschutzvorschriften gewährt werden, wenn überwiegende Gründe des Wohls der Allgemeinheit die Befreiung erfordern. Wenn solche Gründe die Befreiung erfordern, kann daneben nicht noch ein Ermessensspielraum bestehen[367]. Der Behörde kann nicht ein Ermessen dahin zustehen, das im öffentlichen Interesse Erforderliche zu unterlassen.

(4) Verständnis und Kritik des Schrifttums

Im Schrifttum hat sich der Begriff Koppelungsvorschriften zur Erfassung von Vorschriften, die einen unbestimmten Rechtsbegriff auf der Tatbestandsseite und eine Ermessensermächtigung auf der Rechtsfolgenseite enthalten, trotz kritischer Stimmen[368] durchgesetzt[369]. Nach herrschender Auffassung wird bei der Qualifizierung einer Vorschrift als Koppelungsvorschrift allein auf das äußere Erscheinungsbild abgestellt[370]. Folglich werden auch solche Vorschriften den Koppelungsvorschriften zugeordnet, bei denen der unbestimmte Rechtsbegriff und die Ermessensbetätigung nicht gesondert nach ihren jeweiligen

---

365 BVerwGE 7, 304; § 2 Abs. 4 lautet: Fleisch, das in der Gemeinde, in die es eingebracht wird, nicht verbleibt, kann der Bürgermeister von der Ausgleichsabgabe freistellen.

366 Faber, § 14 III b.

367 So auch für den damaligen § 31 Abs. 2 BBauG: Ossenbühl, DÖV 1968, 618 (622).

368 Faber, § 14 III b; Sachs, in: Stelkens/Bonk/Sachs, VwVfG, § 40 Rdnr. 36; Gerhardt, in: Schoch/Schmidt-Aßmann/Pietzner, VwGO, § 114 Rdnr. 13.

369 Koch, Unbestimmte Rechtsbegriffe, S. 182; Maurer, Allgemeines Verwaltungsrecht, § 7 Rdnr. 48; auch Kopp/Ramsauer, VwVfG, § 40 Rdnr. 21; Jörn Ipsen, Rdnr. 532; Bull, Rdnr. 404.

370 Koch, Unbestimmte Rechtsbegriffe S. 182; Maurer, Allgemeines Verwaltungsrecht, § 7 Rdnr. 48; auch Kopp/Ramsauer, VwVfG, § 40 Rdnr. 21; Bull, Rdnr. 404. Jörn Ipsen, Rdnr. 532, will unter Koppelungsvorschriften nur solche fassen, bei denen unbestimmte Rechtsbegriffe mit dem Ermessen in der Weise gekoppelt, dass im Tatbestand ähnliche Erwägungen angestellt werden müssen wie bei der Ermessensentscheidung. Dieses Verständnis stellt auf einen inneren Zusammenhang ab und scheidet dann solche Vorschriften aus, bei denen auf der jeweiligen Normseite verschiedene Erwägungen vorgenommen werden. Dieses einschränkende Verständnis hat auch Schulze-Fielitz (JZ 1993, 772 (774)).

Grundsätzen beurteilt werden. Das gilt also ebenso für die Fälle einheitlicher Ermessensentscheidungen als auch für die Mussvorschriften.

Letzteres ist der Ansatzpunkt deutlicher Kritik. Nach Faber[371] und Sachs[372] sollten unter Koppelungsvorschriften nur solche Vorschriften zusammengefasst werden, bei denen die jeweiligen Grundsätze zu den unbestimmten Rechtsbegriffen und der Ermessensausübung zur Anwendung kommen. Bei den Vorschriften einheitlicher Ermessensausübung und den Mussvorschriften dürfe im Zusammenhang mit Koppelungsvorschriften allenfalls von „scheinbaren" Koppelungstatbeständen gesprochen werden. Gerhardt[373] lehnt den Begriff Koppelungsvorschriften sogar ab, weil er unscharf sei und zur Erfassung der (inneren) Normstruktur nichts beitrage.

(5) Stellungnahme

Die hier vorgenommen Systematisierung der Koppelungsvorschriften in drei Fallgruppen ist unter dem Gesichtspunkt der gerichtlichen Überprüfbarkeit in sich begründbar. Im Grundfall ist der unbestimmte Rechtsbegriff (grundsätzlich) voll überprüfbar und die Ermessensbetätigung im Rahmen des § 114 VwGO. Im Falle einheitlicher Ermessensentscheidung wird der unbestimmte Rechtsbegriff Bestandteil der Ermessensbetätigung, so dass sich die Überprüfbarkeit allein nach § 114 VwGO richtet. Im Falle der Mussvorschriften schlägt die Ermessensnorm in eine gebundene um mit der Folge, dass wegen des faktischen Entfalls der Rechtsfolge Ermessen nur eine Subsumtion (Rechtsanwendung) stattfindet und diese dann voll überprüfbar ist.

Jedoch ist die Wahl des Begriffs Koppelungsvorschriften unglücklich. Dem Wortsinne nach meint „Koppeln" ein „Verbinden" von Elementen in der Weise, dass das eine Element durch ein anderes Element bedingt wird oder von diesem abhängt, so wie man sagt: Die Währung x ist an die Währung y gekoppelt; wie sich x ändert, ändert sich auch y. Es wäre folglich für das Verständnis besser gewesen, zwischen Kombination[374] und Koppelung zu unterscheiden.

371 § 14 III b.

372 Sachs, in: Stelkens/Bonk/Sachs, VwVfG, § 40 Rdnr. 36.

373 Gerhardt, in: Schoch/Schmidt-Aßmann/Pietzner, VwGO, § 114 Rdnr. 13.

374 Kopp/Ramsauer, VwVfG, § 40 Rdnr. 21, nennt als einziger in diesem Zusammenhang den Begriff „Kombination", setzt aber Kombinationsvorschriften mit Koppelungsvorschriften gleich.

Danach wären Kombinationsvorschriften solche einer bloßen Verbindung von unbestimmtem Rechtsbegriff und Ermessensermächtigung, Koppelungsvorschriften dagegen solche, bei denen das Ergebnis der Ermessensausübung durch die Ausfüllung des unbestimmten Rechtsbegriffs vorgegeben wird. Unter Zugrundelegung dieses jeweiligen Wortverständnisses wäre § 3 Abs. 3 BÄO eine Kombinationsvorschrift und § 131 AO 1961 eine Koppelungsvorschrift. Auch die Mussvorschriften wären nach diesem Verständnis Koppelungsvorschriften, weil hier ebenfalls die Rechtsfolge an das Ergebnis der Tatbestanderfüllung gekoppelt ist.

d) Rechtsanwendung und Rechtsfolgeermessen als Gegensatz

Der Streit um Ermessen und unbestimmtem Rechtsbegriff tritt schließlich am deutlichsten bei der Frage des Verhältnisses der Ermessensbetätigung zur Rechtsanwendung zutage.

Unter Rechtsanwendung wird die Anwendung des Rechts auf einen gegebenen Sachverhalt (Tatbestand) verstanden. Sie unterliegt den gesetzlichen Regeln und den Methoden der Rechtsfindung, die sich im Laufe der Zeit herausgebildet haben. Rechtsanwendung erfolgt in der Weise, dass ein festgestellter oder gedachter Sachverhalt unter einer Rechtsvorschrift eingeordnet wird. Diesen Vorgang nennt man gemeinhin Subsumtion, das heißt Unterordnung[375]. Aus dieser Unterordnung ergeben sich für den Rechtsanwender Schlussfolgerungen: Passt der Sachverhalt unter den Tatbestand einer Rechtsnorm, wird als Ausdruck des „Wenn-Dann-Schemas“ die von der Rechtsvorschrift vorgesehene Rechtsfolge eröffnet; passt der Sachverhalt nicht unter die Rechtsvorschrift, wird die Rechtsfolge nicht ausgelöst.

Von diesem Hintergrund aus stellt sich die Ermessensbetätigung als Gegensatz zur Rechtsanwendung (Subsumtion) dar. Ermessensbetätigung ist nicht Subsumtion. Die Ausübung des Ermessens findet in der Weise statt, dass die Verwaltung ihr Handeln nach dem Zweck der Ermächtigung ausrichtet und nicht nach dem Recht.

Die Gegner der Dichotomie „Ermessen und unbestimmter Rechtsbegriff“ finden ihren Ansatz im strukturellen Vergleich von Beurteilungsspielraum und Ermessensspielraum. Nach Herdegen[376], Rupp[377], Bullinger[378] und anderen

375 Engisch, S. 61 ff.
376 JZ 1991, 747 (748 f.).
377 Festschrift für Wolfgang Zeidler, 455 (459).
378 JZ 1984, 1001 (1009).

Autoren[379] ist sowohl die Ausübung von Ermessen als auch die Ausfüllung eines Beurteilungsspielraums Konkretisierung des objektiven Rechts. Beides sei niemals eine mathematische Operation, sondern stets durch eigene Determinanten ergänzungs- und konkretisierungsbedürftig. Demnach sei der zu erkennende Unterschied nur ein gradueller und kein qualitativer. Die genannten Autoren knüpfen an die klassische Wiener Schule und damit an den weiten Ermessensbegriff an, wonach Ermessen Tatbestandsergänzung ist und Ermessen in der rechtlichen Fähigkeit besteht, den eigenen Willen sprechen zu lassen (so die Definition von Merkl aus dem Jahre 1927[380]).

Die herrschende Auffassung stellt dagegen auf den Gegensatz von Erkenntnis und Willen ab. Die Anwendung des unbestimmten Rechtsbegriffs auf den konkreten Fall ist ein actus cognoscendi, bei dem der Erkennende, Gericht oder Behörde, keinen willensmäßigen Einfluss auf das Ergebnis des Erkennens habe oder doch solchen Einfluss wissentlich nicht nehmen dürfe[381]. Dieses Verständnis der herrschenden Auffassung in Rechtsprechung und Literatur wird jedoch in einigen Fällen durch den Gesetzgeber (zweifelhafte Rechtsnormen) durchbrochen. In manchen – allerdings wenigen – Rechtsnormen finden sich Vorgaben für den Normvollzug, wonach die Würdigung eines Sachverhalts nach Ermessen zu erfolgen hat. Beispiel ist hier § 2 Abs. 2 des Investitionsgesetzes. Dort sollte bei der Feststellung der Förderungswürdigkeit eines Vorhabens die Würdigung der gesamtwirtschaftlichen oder regionalwirtschaftlichen Lage oder Entwicklung nach „pflichtgemäßem Ermessen" erfolgen[382].

Für die Betrachtung der Ermessensbetätigung wurden beide Ansätze verwendet: Ermessensbetätigung soll in zwei Schritten erfolgen[383]. Der eine Schritt kann dem feststellenden (kognitiven) Bereich und damit der Rechtsanwendung zugeordnet werden und der andere dem handelnden (volitiven) Bereich. Ausgehend von der Auffassung, dass Ermessen stets eine Abwägung voraussetzt, ist die Abwägung der Gründe als solche ein Erkenntnisakt, während die Entscheidung über das daraus zu folgernde Verhalten aber einen Willensakt darstellt.

---

379 Lohmann, S. 77 ff. (90); Reiner Schmidt, AöR 99 (1974), 551.
380 Siehe oben: § 2 C. I. 3. a).
381 Reuß, DVBl. 1953, 585 (587).
382 Kritisch daher: Reiner Schmidt, AöR 99 (1974), 551.
383 Schmidt, SGb 1984, 550 (551); Ossenbühl, in: Erichsen/Martens, § 10 Rdnr. 3.

Als Ergebnis ist folglich festzuhalten, dass Rechtsanwendung und Ermessensbetätigung Gegensätze darstellen und damit die Trennung zwischen Ausfüllung des Tatbestands einer Norm einerseits und Rechtsfolge andererseits unterstreichen.

3. Unterschiedliche Weite des Ermessensspielraumes

Schon den vorausgegangenen Ausführungen ist zu entnehmen, dass Ermessen nicht gleich Ermessen ist. Wenn die tatbestandlichen Voraussetzungen einer Rechtsnorm oder eines sonstigen Rechtsinstituts erfüllt sind, steht nicht von vornherein fest, welche und wieviele Rechtsfolgen gesetzt werden können. Der Ermessensspielraum wird von Rechtsnorm zu Rechtsnorm und von Fall zu Fall unterschiedlich sein. Er kann in mehrfacher Hinsicht eingeschränkt sein.

a) Verengung des Ermessensspielraums durch die Art der Ermesseneinräumung (Sollvorschriften)

Hat der Gesetzgeber eine Vorschrift so formuliert, dass eine Behörde in einer bestimmten Weise handeln *soll* (Beispiele: § 23 AsylVfG; § 20 Abs. 2 Satz 1 BImSchG; § 12 Abs. 4 WPflG), bedeutet dies eine strikte Bindung für den Regelfall[384]. Ermessen ist nur in einem eng begrenzten Rahmen eröffnet, nämlich dann, wenn der Regelfall nicht vorliegt. Das Bundesverwaltungsgericht hat in ständiger Rechtsprechung[385] und zuletzt[386] sogar nachdrücklich betont, dass derartige Normen für die mit ihrer Durchführung betraute Behörde rechtlich zwingend sind und diese verpflichten, so zu verfahren, wie es im Gesetz bestimmt ist. Im Regelfall bedeutet das „Soll" ein „Muss"[387]. Das gilt in dieser Stringenz nicht für Verfahrensvorschriften, wie zum Beispiel § 39 Abs. 1 Satz

384 Kopp/Ramsauer, VwVfG, § 40 Rdnr. 44; Driehaus/Pietzner, § 9 Rdnr. 21 (S. 73); Sachs, in: Stelkens/Bonk/Sachs, VwVfG, § 40 Rdnr. 26; Henneke, in: Knack, VwVfG, § 40 Rdnr. 33; Gerhardt, in: Schoch/Schmidt-Aßmann/Pietzner, VwGO, § 114 Rdnr. 16.

385 BVerwGE 12, 284 (285); 16, 224 (226); 20, 117 (118); 42, 26 (28); 49, 16 (23); 56, 220 (223); 62, 242; 64, 318 (323); 68, 241 (242); 78, 101 (105); 88, 1 (8); 90, 88 (93); 90, 275 (278).

386 BVerwGE 90, 275 ff.

387 BVerwGE 90, 275 (278); VGH München, BayVBl. 1977, 700.

3 VwVfG. Dort begründet das „soll“ keinen Anspruch des Bürgers; aus der Verletzung der Verfahrens“soll“vorschrift ergeben sich keine Rechtsfolgen[388].

(1) Vorliegen von Sollvorschriften

Das Vorliegen einer „Soll“-Vorschrift ist in den meisten Fällen daran zu erkennen, dass der Gesetzgeber das Wort „soll“ in Bezug auf die Rechtsfolge in den Gesetzeswortlaut aufgenommen hat[389]. Darüber hinaus können Vorschriften als Sollvorschriften einzuordnen sein, bei denen sich das „gebundene“ Ermessen im Wege der Auslegung ergibt. Das Bundesverwaltungsgericht[390] hat dies in Bezug auf § 68 Abs. 1 und 2 GewO entschieden. Danach ist ein Spezialmarkt eine im Allgemeinen regelmäßig in größeren Zeitabständen wiederkehrende, zeitlich begrenzte Veranstaltung, auf der eine Vielzahl von Anbietern bestimmte Waren feil bietet. Wenn das Bundesverwaltungsgericht in dem zu entscheidenden Fall angenommen hat, dass der größere Zeitabstand ein Monatsabstand ist, heißt dies, dass dieser Abstand nur „im Allgemeinen“, also im Regelfall, einzuhalten ist. Insofern stellt sich das Gebot des „größeren Zeitabstandes“ als Soll-Vorschrift dar. Danach muss die Behörde grundsätzlich auf dem „größeren Zeitabstand“ bestehen. Nur wenn Umstände vorliegen, die einen Sonderfall begründen, darf sie nach pflichtgemäßem Ermessen einen geringeren Zeitabstand genügen lassen. Ein solcher Sonderfall kann sich unter anderem aus örtlichen Besonderheiten ergeben, zum Beispiel aus einer örtlichen Tradition, nach der häufiger als monatlich Spezialmärkte für lebendes Kleinvieh abgehalten werden.

(2) Eröffnung des Ermessensspielraums bei Feststellung eines „atypischen“ Falles

Erst bei Vorliegen von Umständen, die den Fall als atypisch erscheinen lassen, ist die Behörde berechtigt, anders als im Gesetz vorgesehen zu verfahren und den atypischen Fall nach pflichtgemäßem Ermessen zu entscheiden[391]. Wann ein solcher atypischer Fall vorliegt, ist von der Behörde in gerichtlich nachprüfbarer Weise festzustellen. Die Maßstäbe für die Bestimmung der atypi-

---

388 OVG Münster, DÖV 1988, 518.

389 Sachs, in: Stelkens/Bonk/Sachs, VwVfG, § 40 Rdnr. 26.

390 BVerwGE 88, 1 (8).

391 Nagel, S. 27 (Fn. 149).

schen Fallgestaltung sind zunächst der Soll-Vorschrift und gegebenenfalls dem ganzen Gesetz zu entnehmen[392]. Der Sinn und Zweck der Soll-Vorschrift kann anhand ihrer Funktion und der durch sie zum Ausdruck kommenden gesetzlichen Wertungen erschlossen werden. Ist danach festzustellen, dass die Anwendung der Rechtsnorm gerade im Einzelfall nicht den Schutzzweck erreicht, also der Sinngehalt verfehlt würde, ist der atypische Fall gegeben[393].
Schutzzweck und Regelfall ergeben sich beispielsweise im Falle des § 21 Abs. 4 Schwerbehindertengesetz ganz deutlich aus dem Wortlaut. Nach dieser Vorschrift soll die Hauptfürsorgestelle die Zustimmung erteilen, wenn die Kündigung aus einem Grunde erfolgt, der nicht im Zusammenhang mit der Behinderung steht. Das Vorliegen atypischer Besonderheiten muss sich folglich aus Umständen ergeben, die nicht im Zusammenhang mit der Behinderung stehen. Diese Vorschrift bringt die gesetzliche Wertung zum Ausdruck, dass die Gruppe der schwerbehinderten Arbeitnehmer im Falle eines Sachverhaltes, der eine außerordentliche Kündigung rechtfertigt, nicht stärker gegen außerordentliche Kündigungen geschützt ist als Nichtbehinderte. Die Nachteile und Gefahren, die der Gruppe der Schwerbehinderten durch eine außerordentliche Kündigung allgemein für ihre Eingliederung in Arbeit, Beruf und Gesellschaft entstehen, können demnach die Ausnahme eines atypischen Falles nicht begründen. Die außerordentliche Kündigung muss vielmehr den Schwerbehinderten in einer die Schutzzwecke des Schwerbehindertengesetzes berührenden Weise besonders hart treffen, ihm im Vergleich zu den der Gruppe der Schwerbehinderten im Falle außerordentlicher Kündigung allgemein zugemuteten Belastungen ein Sonderopfer abverlangen.

b) Ermessensbindungen durch die Verwaltung

Auch die Verwaltung kann die Ermessensausübung selbst beschränken und damit steuern[394]. Dies kann – bewusst oder unbewusst – durch tatsächliches Verhalten oder durch besondere Maßnahmen mit Erklärungswert geschehen. Die hier denkbaren Ermessensbindungen lassen sich in vier Gruppen unterteilen.

---

392 Sachs, in: Stelkens/Bonk/Sachs, VwVfG, § 40 Rdnr. 27.

393 BVerwGE 90, 275 ff.; Gerhardt, in: Schoch/Schmidt-Aßmann/Pietzner, VwGO, § 114 Rdnr. 16.

394 Allgemein siehe: Ossenbühl, DVBl. 1981, 857 ff.

(1) Verwaltungspraxis

Unter Verwaltungspraxis versteht man eine Vielzahl von Maßnahmen oder Entscheidungen über einen gewissen Zeitraum, die bei Vorliegen eines bestimmten Sachverhaltes stets getroffen wurden. Ist eine Verwaltungspraxis entstanden, wird bei einer Abweichung im Entscheidungsmuster ein Verstoß gegen Artikel 3 Abs. 1 GG gesehen, wenn kein sachlicher Grund die Abweichung rechtfertigt[395]. Eine gleichförmige Verwaltungspraxis führt damit auf Seiten des Bürgers zu einem Anspruch auf Gleichbehandlung: Wenn die Verwaltung das Gesetz stets in einer bestimmten Richtung vollzieht, hat der Bürger einen Anspruch darauf, dass es auch ihm gegenüber so vollzogen wird.
Die Verwaltung ist aber nicht gehindert, von der Verwaltungspraxis abzuweichen[396]. Sie kann ihr Entscheidungsmuster ändern, solange sich die Änderung bezogen auf Einzelfälle nicht als willkürlich herausstellt, etwa wenn aus Sachgründen eine grundsätzlich neue Verwaltungspraxis eingeleitet werden soll[397]. Die Ermessensbindung durch die Verwaltungspraxis stellt, wie Gerhardt[398] formuliert, unter dem Vorbehalt der generellen Abänderung.

(2) Vorangegangenes Tun

Denkbar ist eine Ermessensbindung auch durch ein Verhalten der Behörde in e i n e m Lebenssachverhalt. Hierdurch unterscheidet sich diese Fallgruppe von der der Verwaltungspraxis, die sich auf behördliches Handeln in mehreren (gleichartigen) Lebenssachverhalten bezieht. Die Rechtsprechung hat eine Ermessensbindung durch eigenes Verhalten – soweit ersichtlich – in einem Fall[399] erwogen, aber nicht entschieden. In dem betreffenden Fall hatte der Kläger, ein Soldat, geltend gemacht, jahrelang zielgerecht aufgebaut worden zu sein, wodurch nach seiner Auffassung das Ermessen seines Dienstvorgesetzten im Hinblick auf seine jetzt anstehende Verwendung eingeschränkt (reduziert) worden sei. Das Bundesverwaltungsgericht hat hierzu ausgeführt[400], dass der „Aufbau“ eines Soldaten für einen bestimmten Dienstposten im Rahmen langfristiger Verwendungsplanung nicht das Ermessen des militärischen Vorgesetzten bin-

395 Kopp/Ramsauer, VwVfG, § 40 Rdnr. 25.
396 Gerhardt, in: Schoch/Schmidt-Aßmann/Pietzner, VwGO, § 114 Rdnr. 22.
397 BVerfGE 73, 280 (300); Ossenbühl, in: Erichsen/Martens, § 10 Rdnr. 20.
398 In: Schoch/Schmidt-Aßmann/Pietzner, VwGO, § 114 Rdnr. 22.
399 BVerwGE 53, 23 (27).
400 BVerwGE 53, 23 (27).

de. Wäre es anders, wären langfristige Verwendungsplanungen, die für eine ordnungsgemäße Personalführung unerlässlich seien und für jede herausgehobene Stelle möglichst mehrere Soldaten ins Auge zu fassen hätten, schon deshalb nicht durchführbar, weil dann jeder Soldat, der für einen Dienstposten in die engere Wahl gezogen worden sei, diesen oder einen gleichwertigen Dienstposten beanspruchen könne. Dass dies nicht Rechtens sein könne, liege nach Auffassung des Gerichts auf der Hand.

(3) Verwaltungsvorschriften

Mit der Fallgruppe „Verwaltungspraxis" in engem Zusammenhang stehen die Verwaltungsvorschriften[401]. Sie sind zunächst im Sinne von „Innenrecht" aufzufassen[402]. Ob ihnen Außenrechtswirkung zukommt, hängt von der Verwaltungspraxis ab.

Verwaltungsvorschriften sind generell-abstrakte Anordnungen einer Behörde an nachgeordnete Behörden oder eines Vorgesetzten an die ihm unterstellten Verwaltungsbediensteten[403]. Sie betreffen entweder die innere Ordnung einer Behörde oder das sachliche Verwaltungshandeln.
Die Terminologie ist uneinheitlich: Unter Verwaltungsvorschriften sind auch Richtlinien, Erlasse (Runderlasse), Rundverfügungen und innerdienstliche Weisungen zu verstehen. Hier sind von Bedeutung nur die sogenannten ermessenslenkenden Verwaltungsvorschriften. Sie bestimmen, in welcher Weise von dem der Verwaltung eingeräumten Ermessen Gebrauch gemacht werden soll. Ihre Aufgabe ist es, einen einheitlichen und gleichmäßigen Gesetzesvollzug zu gewährleisten.

Verwaltungsvorschriften entfalten ihre Rechtswirkung im staatlichen Innenbereich im Sinne von Anweisungen an nachgeordnete Stellen und Bedienstete, die wiederum kraft ihrer dienstrechtlichen Gehorsamspflicht[404] die Verwaltungsvorschriften ihrer Tätigkeit zugrunde zulegen haben. Die Verwaltungs-

401 Maurer, Allgemeines Verwaltungsrecht, § 24 Rdnr. 10; Jachmann, Rdnr. 192; Kopp/Ramsauer, VwVfG, § 40 Rdnr. 26 ff., Hamann, VerwArch 1982, 28 ff.

402 Jachmann, Rdnr. 193.

403 Maurer, Allgemeines Verwaltungsrecht, § 24 Rdnr. 1; Wolff/Bachof/Stober, Band I., § 24 Rdnr. 22; Jarass, JuS 1999, 105, Jachmann, Rdnr. 193; Detterbeck, Öffentliches Recht, Rdnr. 36.

404 Jarass, JuS 1999, 105 f.

vorschriften sind also nicht an den Bürger gerichtet und begründen so auch keine Rechte und Pflichten.

Eine nach außen wirkende rechtliche Bindung erhalten die Verwaltungsvorschriften nach Auffassung der Rechtsprechung und der herrschenden Meinung im Schrifttum nur über die Verwaltungspraxis[405] und den Gleichheitssatz[406].

Das Bundesverwaltungsgericht hat in ständiger Rechtsprechung ausgeführt: Die Verwaltungsvorschriften haben unter anderem den Zweck, bei gleichliegenden Sachverhalten eine gleichmäßige Anwendung des Ermessens sicherzustellen. Die Selbstbindung der Verwaltung beruht nicht auf einer normativen Verbindlichkeit der Verwaltungsvorschriften, sondern auf dem Gleichheitssatz des Art. 3 Abs. 1 GG. Letzterer verlangt, dass die Verwaltung ihr Ermessen gleichmäßig ausübt[407]. Richtet sie ihre Ermessensentscheidungen in Anwendung von Verwaltungsvorschriften regelmäßig an den in diesen enthaltenen Vergleichsmaßstäben aus, so verstößt sie gegen den Gleichheitssatz, wenn sie nicht alle dem Gleichheitsmaßstab entsprechenden Einzelfälle gleichmäßig entscheidet[408]. Dem entspricht auf Seiten des Bürgers der Anspruch, dass auch in seinem Fall nicht ohne sachlichen Grund von der üblichen Ermessenshandhabung abgewichen wird.

Zu betrachten bleibt die Außenrechtswirkung einer Verwaltungsvorschrift im Hinblick auf den ersten Fall ihrer Anwendung. Legt man die beiden Kriterien für die Annahme einer Außenrechtswirkung, nämlich Verwaltungspraxis und Gleichheitssatz, zugrunde, stellt sich die Frage, wann von einer Verwaltungspraxis auszugehen ist. Die Literatur antwortet auf diese Frage damit, dass eine ermessenslenkende Verwaltungsvorschrift das Ermessen der Behörde bereits vor dem ersten Anwendungsfall mit Außenwirkung bindet. Das gilt natürlich nur dann, wenn feststeht, dass mit dieser Verwaltungsvorschrift die künftige Verwaltungspraxis festgelegt werden soll. Diese kann dann nicht erst für den tausendsten Anwendungsfall, sondern muss schon für den ersten dieser tausend Anwendungsfälle gelten. Hier wirkt die Verwaltungsvorschrift als „im

405 Gerhardt, in: Schoch/Schmidt-Aßmann/Pietzner, VwGO, § 114 Rdnr. 22.

406 Auf die abweichenden Auffassungen soll hier nicht eingegangen werden. Vertreten wird die Begründung von Außenwirkung durch den Grundsatz des Vertrauensschutzes (siehe Klein, Festgabe für Ernst Forsthoff, S. 179 ff.) oder durch unmittelbare, rechtliche Außenwirkung (Nachweise bei Maurer, Allgemeines Verwaltungsrecht, § 24 Rdnr. 55).

407 BVerwGE 34, 278 (281); 104, 220 (222 f.).

408 Gerhardt, in: Schoch/Schmidt-Aßmann/Pietzner, VwGO, § 114 Rdnr. 22.

Voraus“ bekanntgegebene und antizipierte Verwaltungspraxis[409]. In der Rechtsprechung ist dies vereinzelt auch schon angenommen worden[410]. Beispiel sind hier die VwV zur StVO, die sich durch Besonderheiten auszeichnen: Das VG Berlin[411] spricht sich für eine Bindungswirkung der VwV aus, weil es sich beim Straßenverkehrsrecht um eine bundesrechtlich geregelte Materie handelt, das die Länder gemäß Art. 83 GG eigenveratwortlich auszuführen haben und der Landesvollzug gemäß Art. 84 Abs. 2 GG mit Zustimmung des Bundesrates an allgemeine Verwaltungsvorschriften gebunden wird[412].

Festzuhalten ist also, dass ermessenslenkende Verwaltungsvorschriften schon für den ersten Fall Außenwirkung entfalten und folglich das Ermessen nicht nur nach innen, sondern auch gegenüber dem Bürger binden. Diese Bindung gilt jedoch nicht absolut. Zunächst kann die Verwaltung die Verwaltungsvorschriften jederzeit ändern, soweit dies nicht willkürlich erscheint oder der Vertrauensschutz dem entgegensteht[413]. Der Grundsatz des Vertrauensschutzes greift hier jedoch unter anderem nur ein, wenn der Bürger sein Vertrauen auf den Fortbestand der Verwaltungsvorschriften betätigt hat.
Auch können Verwaltungsvorschriften nicht schematisch auf jeden Sachverhalt angewendet werden. Liegt ein Sachverhalt mit besonderen Umständen vor, der vom Wortlaut der Verwaltungsvorschriften nicht erfasst wird, kann die Ermessensbindung nicht dazu führen, dass unvorhergesehene Fälle von der Ermessensbetätigung ausgenommen werden[414]. Weist ein Fall wesentliche Besonderheiten auf, muss die Behörde dies also bei ihrer Ermessensbetätigung berücksichtigen und eventuell abweichend von den Verwaltungsvorschriften entscheiden[415].

(4) Zusage

Der Ermessensspielraum kann im Sinne der Selbstbindung im Einzelfall auch durch eine „rechtmäßige“ Zusage derart eingeschränkt werden, dass nur eine

---

409 Wolff/Bachof/Stober, § 24 Rdnr. 26; Maurer, Allgemeines Verwaltungsrecht, § 24 Rdnr. 22; Ossenbühl, in: Erichsen/Martens, § 6 Rdnr. 49 ff.

410 BVerwGE 52, 193 (199); DÖV 1971, 748; DVBl. 1982, 197; dazu kritisch: Ossenbühl, in: Isensee/Kirchhof, §65 Rdnr. 49.

411 NZV 2001, 317 ff.

412 Bitter, NZV 2001, 319 (320).

413 BVerwGE 70, 127 (136); 104, 220 (223 f.); BGH, NJW 1987, 1329.

414 Ossenbühl, DÖV 1970, 264; Schmidt, JuS 1971, 184 ff.

415 BVerwGE 31, 212 (214); 70, 127 (142); 85, 164 (167); NJW 1991, 651.

einzige Ermessensbetätigung rechtmäßig ist. Eine spätere, anders lautende Entscheidung wäre rechtswidrig[416]. Mit „rechtsverbindlicher“ Zusage ist die Zusicherung im Sinne von § 38 Abs. 1 VwVfG gemeint: Sie ist die Zusage, einen bestimmten Verwaltungsakt später zu erlassen oder zu unterlassen. Bezogen ist die Zusicherung auf einen bestimmten Erklärungsempfänger[417]. Allgemeine Erklärungen, sogenannte generell abstrakte Zusagen, zum Beispiel zwischen Behörden oder an die Allgemeinheit gerichtet (zum Beispiel nach einer Katastrophe unbürokratische Hilfe zu leisten) oder in Form genereller Subventionsrichtlinien, die also nicht gegenüber bestimmten oder bestimmbaren Adressaten abgegeben worden sind, sind mithin keine Zusicherungen[418].
So hat das Bundesverwaltungsgericht[419] einem Soldaten ein Recht auf eine bestimmte Verwendung zugestanden, weil der zuständige Vorgesetzte diesem zugesichert hatte, ihn auf einer bestimmten, gegebenenfalls auch höherwertigen Stelle zu verwenden.

c) Verengung des Ermessensspielraums durch den Tatbestand

Einschränkungen des Ermessensspielraumes erfolgen auch durch die Norm selbst. Das ist der Fall, wenn sich in ihrem Tatbestand ein unbestimmter Rechtsbegriff befindet. Je mehr Gesichtspunkte des Lebenssachverhaltes bei der Ausfüllung des unbestimmten Rechtsbegriffs zu berücksichtigen sind, desto geringer wird die Möglichkeit, diese oder andere Gesichtspunkte im Rahmen der Entscheidungsfindung auf der Rechtsfolgenseite zu berücksichtigen. Für den hier behandelten Ansatz der Verengung des Ermessensspielraumes muss unterschieden werden zwischen der Schrumpfung im Sinne von Verengung und dem völligen Ermessensschwund.

(1) Ermessensschrumpfung

Starke Einschränkungen bewirkt der unbestimmte Rechtsbegriff des „wichtigen Grundes“. Beispielsweise dürfte es schwer fallen, die begehrte Namensän-

---

416 BVerwGE 15, 3 (7); 53 (26); 76, 243 (246); Gerhardt, in: Schoch/Schmidt-Aßmann/Pietzner, VwGO, § 114 Rdnr. 22.

417 VGH Mannheim, VBlBW 1996, 14.

418 Stelkens, in: Stelkens/Bonk/Sachs, VwVfG, § 38 Rdnr. 1.

419 BVerwGE 53, 23 (27).

derung bei Vorliegen eines wichtigen Grundes für die Änderung dennoch abzulehnen.

(2) Völliger Ermessensschwund bei Mussvorschriften

Einen Ermessensspielraum gibt es nach der Rechtsprechung nicht mehr bei § 35 BBauG und den sonstigen oben unter 2. c. (3) angeführten Vorschriften. Hier verlangt der unbestimmte Rechtsbegriff eine Wertung, die sich auf so viele Gesichtspunkte bezieht, dass für die Anführung von Zweckmäßigkeitsgesichtspunkten im Rahmen der Ermessensbetätigung kein Raum verbleibt.

d) Intendiertes Ermessen

Zu einer „Verengung des Ermessensspielraums" führt auch die Rechtsfigur des intendierten Ermessens.

Seit etwa 1980, also rund einhundert Jahre nach dem Beginn der Ermessensdiskussion in Deutschland, entwickelt sich im Zusammenhang mit der Ermessensausübung eine neue Rechtsfigur, das intendierte Ermessen. Sie ist im System der Ermessenslehre noch nicht eingeordnet, da sich das Schrifttum erst seit einigen Jahren sehr behutsam mit ihr befasst. Wegen ihrer Wirkung ist sie in der Nähe der Sollvorschriften und der Ermessensreduzierung auf Null[420] zu sehen.
Geschaffen hat die Rechtsfigur des intendierten Ermessens das Bundesverwaltungsgericht[421]. Die erste Beschreibung und Ausfüllung erhält sie in einer Entscheidung des IV. Senats auf dem Gebiete des baurechtlichen Gefahrenabwehrrechts vom 28. August 1980, ohne dass der Begriff intendiertes Ermessen verwendet wurde[422]. Dann folgte kurz darauf eine Entscheidung des VIII. Senats vom 5. Juli 1985[423], in der ausgehend von der Frage des Begründungsinhalts und -umfangs von Ermessensentscheidungen folgendes ausgeführt wurde: Es „kann vor allem eine Rolle spielen, ob es sich um eine Ermessensbetätigung handelt, deren Richtung vom Gesetz vorgezeichnet ist (sog. intendiertes Er-

420 Volkmann, DÖV 1996, 282 (284).
421 BVerwGE 72, 1 (6); 91, 82 (90); 105, 55 (57); BVerwG, NJW 1987, 1565; BVerwG, NVwZ 1987, 603; BVerwG, DÖV 1989, 76.
422 BVerwG BRS 36 Nr. 93; es ging um eine bauaufsichtliche Beseitigungsverfügung.
423 BVerwGE 72, 1 ff.

messen), bei der also ein bestimmtes Ergebnis dem Gesetz näher steht, sozusagen im Grundsatz gewollt ist und davon nur ausnahmsweise abgesehen werden darf. Bei einer solchen Konstellation gilt nämlich, daß es für eine die Ausnahme ablehnende Ermessensentscheidung keiner Abwägung des „Für und Wider" bedarf; damit entfällt zugleich auch eine entsprechende Begründungspflicht der Behörde."[424] In dem zugrundeliegenden Fall war § 5 Abs. 1 Satz 2 Buchst. c WoBindG die streitentscheidende Norm. Diese ist nach Auffassung des Gerichts zunächst dahin auszulegen, dass die Behörde nicht „frei" zwischen Erteilung und Nichterteilung einer Ausnahme-Wohnberechtigungsbescheinigung wählen kann, sondern allein die Möglichkeit erhalten soll, von einer von der grundsätzlichen Zielsetzung des Gesetzes an sich gebotenen Versagung der Wohnberechtigungsbescheinigung ausnahmsweise dann abzusehen, wenn dies auf Grund bestimmter besonderer Umstände des Einzelfalles unter Berücksichtigung der Wohnungsnachfrage zur Vermeidung ungewöhnlicher Härten angemessen ist. Daher – so der VIII. Senat des Bundesverwaltungsgerichts – sei das Ermessen zur Nichterteilung „intendiert", und eine Abwägung des Für und Wider müsse nur erfolgen, wenn die Behörde konkrete Anhaltspunkte für die Angemessenheit einer Ausnahme-Wohnberechtigungsbescheinigung festzustellen vermöge; fehle es daran, bedürfe es keiner Abwägung und damit auch nicht einer dahin gehenden Begründung[425].

Es dauerte einige Jahre, bis das Bundesverwaltungsgericht – wiederum der VIII. Senat – in weiteren Entscheidungen[426], zum Beispiel in der Entscheidung vom 25. September 1992[427], erneut das von ihm so formulierte intendierte Ermessen zugrunde legte. Schließlich übernahm auch der III. Senat des Bundesverwaltungsgerichts mit seiner Entscheidung vom 16. Juni 1997[428] diese Rechtsfigur und führte aus: „Ist eine ermessenseinräumende Vorschrift dahin auszulegen, daß sie für den Regelfall von einer Ermessensausübung in einem bestimmten Sinne ausgeht, so müssen besondere Gründe vorliegen, um eine gegenteilige Entscheidung zu rechtfertigen. Liegt ein vom Regelfall abweichender Sachverhalt nicht vor, versteht sich das Ergebnis der Abwägung von selbst. Versteht sich das Ergebnis von selbst, so bedarf es insoweit nach § 39

424 BVerwGE 72, 1 (6).

425 So auch schon in der Entscheidung des IV. Senats vom 28. August 1980, BVerwG BRS 36 Nr. 93.

426 BVerwG, Buchholz 448.0 § 9 WPflG Nr. 11: Rücknahme/Widerruf eines Ausmusterungsbescheides nach §§ 48, 49 Abs. 2 Nr. 3 VwVfG.

427 BVerwGE 91, 82 ff.

428 BVerwGE 105, 55 ff. = DVBl. 1998, 146 = DÖV 1997, 1006 (1007).

Abs. 1 Satz 3 VwVfG auch keiner das Selbstverständliche darstellenden Begründung."[429]

Trotz der nicht wortgleichen Beschreibung des intendierten Ermessens durch den IV. und VIII. Senat einerseits und den III. Senat andererseits handelt es sich um ein und dieselben Grundsätze. Beide Formulierungen lassen sich sprachlich auch wie folgt fassen: Intendiertes Ermessen ist ein Ermessen, dessen Betätigung auf Grund seiner Ermächtigung für den Regelfall in einer bestimmten Richtung festgelegt ist. Eine Abwägung des Für und Wider erübrigt sich und ist folglich nur in den vom Regelfall abweichenden Fällen erforderlich. Braucht eine Abwägung danach nicht stattzufinden, bedarf es dann auch keiner Begründung.

Eine inhaltliche Differenzierbarkeit ist in den nicht deckungsgleichen Beschreibungen nicht angelegt. Dies sieht Borowski[430] anders. Er unterscheidet zwischen einer alten Formel – der des VIII. Senats im 72. und 91. Band – und einer neuen Formel - der des III. Senats im 105. Band.
Die alte Formel zeichne sich – so Borowski – dadurch aus, dass einerseits keine Abwägung und andererseits keine Begründung erforderlich sein solle. Darin komme eine Unterscheidung zwischen „den Anforderungen an die Willensbildung" und der „Begründungspflicht" zum Ausdruck. Nach Borowski sei die Formel zweigliedrig: Sie enthalte einen Abwägungsverzicht und einen Begründungsverzicht.
Die neue Formel unterscheide sich von der alten durch die Aufgabe der These des Abwägungsverzichts, wodurch die Zweigliedrigkeit entfalle. Aus der Formulierung des III. Senates „Liegt ein (...) Regelfall (...) nicht vor, versteht sich das Ergebnis der Abwägung von selbst" schließt Borowski, dass eine Abwägung nicht etwa unterbleiben solle, sondern sich das Ergebnis der Abwägung von selbst verstehe, es also evident sei.
Diese Differenzierung in alte und neue Formel erscheint fragwürdig. Einen inhaltlichen Unterschied legen die zentralen Wortformulierungen: „keiner Abwägung bedarf" und „versteht sich das Ergebnis der Abwägung von selbst" nicht nahe. Beide Formulierungen sind nämlich in ihrer Aussage gleichzusetzen. Die erste Formulierung bedeutet, dass eine Abwägung im konkreten Anwendungsfall unterbleibt; die zweite Formulierung sagt aus, dass sich das Abwägungsergebnis von vornherein ergibt, also im Anwendungsfall ebenfalls nicht erst Belange gesucht und gewichtet werden müssen. So unterbleibt dann

429 BVerwGE 105, 55 (57) = DVBl. 1998, 146 = DÖV 1997, 1006 (1007).
430 DVBl. 2000, 149 (150 f.).

auch hier eine Abwägung. Der VIII. und III. Senat sagen also übereinstimmend, dass eine Abwägung im konkreten Anwendungsfall nicht zu erfolgen braucht. Mit anderen Worten: das Ergebnis der Ermessensbetätigung steht von vornherein fest.

Diese Grundsätze, die das Bundesverwaltungsgericht mit „intendiertem Ermessen" überschreibt, hat es zwischenzeitlich bereits, wenn auch vereinzelt, in weiteren Entscheidungen zur Anwendung gebracht[431]. Daneben haben bis zum Ausgang des 20. Jahrhunderts bereits zahlreiche Instanzgerichte der Verwaltungsgerichtsbarkeit[432] und Gerichte anderer Gerichtszweige[433] diese Grundsätze unter der Bezeichnung „intendiertes Ermessen" übernommen. Kritische Betrachtungen sind der Rechtsprechung selbst nicht zu entnehmen. Es muss daher festgehalten werden, dass sich die „Lehre vom intendierten Ermessen" in der Rechtsprechung etabliert hat.

Dagegen ist diese Rechtsfigur im Schrifttum unterschiedlich aufgenommen worden. Nach Zahl und Gewicht der Autoren dürfte die Ablehnung überwiegen[434].

Uneingeschränkt befürwortet, ja geradezu begrüßt wird diese Entscheidung von Selmer[435] in seiner Anmerkung zu der soeben zitierten Entscheidung des Bundesverwaltungsgerichts vom 16. Juni 1997. Er sieht nur die Begriffsbildung „intendiertes Ermessen" als etwas Neues an. Seiner Auffassung nach gab es schon immer Behörden- und Gerichtsentscheidungen, in denen Ausführungen zur Ermessensausübung fehlten, weil eben das Ergebnis auf Grund der

---

431 BVerwG, NJW 1987, 1565; NVwZ 1987, 601 (603) zu § 135 Abs. 5 BauGB; DÖV 1989, 76; Buchholz 451.53 Sonst. Marktordnungsrecht Nr. 1 S. 13; BVerwG, DÖV 1989, 74 (76) zu § 4 Abs. 1 Satz 1 ZDG.

432 OVG Bautzen, DÖV 1997, 424 f.; VGH Kassel, VRS 83 Nr. 88; DÖV 1996, 973; OVG Münster, Urteil vom 23. Mai 1996, Az. 20 A 298/94; VGH Mannheim, VBlBW 1998, 188; OVG Weimar, ThürVBl. 1999, 161 (163); VG Meiningen, Urteil vom 17. Oktober 1997, Az. 5 E 921/97.Me; VGH Mannheim, NJW 1986, 395 (399) zu § 2 Abs. 2 TierschutzG; VGH München, NVwZ-RR 1989, 424; VGH Kassel, NVwZ 1991, 280 (281) zu § 16 Abs. 3 HandwO; VGH Mannheim, NJW 1991, 1698 (1699): Regelungen über die Heranziehung von Störern zum Kostenersatz; OVG Kolenz, GewArch. 1994, 204; OVG Schleswig, GewArch. 1996, 25; OVG Weimar, LKV 1997, 371.

433 BSG, NVwZ 1991, 407; BFH, BB 1987, 1593; BFH, BB 1988, 905; BFH, NJW 1989, 1383 f.

434 neutral: Ossenbühl, in: Erichsen/Martens, § 10 Rdnr. 13.

435 Anmerkung zu BVerwGE 105, 55 ff., in: DVBl. 1998, 148 f.

Ermächtigungsgrundlage klar war. Klassisches Beispiel seien die Beseitigungsverfügungen im Baurecht, wenn das Bauwerk formell und materiell rechtswidrig errichtet wurde.
Positiv wurde diese Rechtsfigur auch von Oldiges[436] aufgenommen.

Die Kritiker dieser Rechtsfigur setzen an verschiedenen Stellen an. Bull[437] und Maurer[438] meinen, zum Wesen des Ermessens gehöre gerade die sorgfältige Prüfung der Umstände des Einzelfalles – mit dem intendierten Ermessen entferne man sich von diesem dem Ermessen innewohnenden Abwägungsgebot. Auch werde die Grenze zwischen Kann- und Sollvorschriften verwischt[439]. Maurer meint, dass der gesetzgeberische Wille missachtet werde, der mit der Wahl seiner Formulierungen „kann", „soll", „in der Regel" Inhalt und Umfang der Ermessensbetätigung vorgebe[440].
Borowski[441], der sich bislang am umfassendsten mit dem Thema beschäftigt hat, hält die Rechtsfigur letztlich für überflüssig. Die Grundsätze könnten „ein ganzes Stück weit auch aus allgemeinen Regeln und Prinzipien des Verwaltungs- und Verwaltungsverfahrensrechts" hergeleitet werden. Abgesehen von den Fällen der Ermessenseinräumung durch „soll" und ähnlichem wie „i.d.R." ließen sich Inhalt und Umfang der Ermessensbetätigung durch Nutzbarmachung von „prima-facie"-Vorrängen bestimmen. Diese seien zunächst dogmatisch herleitbar und hätten den Vorteil, die Anforderungen an Ermessensbetätigung und -begründung stufenlos zu bestimmen. Dagegen gebe es sowohl im klassifikatorischen wie systematischen Sinne nur intendiertes oder nicht intendiertes Ermessen. Mit der Gebrauchmachung der Grundsätze des intendierten Ermessens bestehe die Gefahr einer „vorschnellen Immunisierung" gegen besondere Umstände des Einzelfalles. Die Verwaltung nehme zu schnell den typischen Fall an. Borowski wendet letztlich nichts dagegen ein, dass Sachverhaltsermittlung und Abwägung in den Prima-facie-Vorrangfällen zu reduzieren sind. Dies ließe sich zur Begründung seiner These von der Überflüssigkeit der Rechtsfigur über §§ 24 und 39 VwVfG genügend steuern.

436 NVwZ 2001, 626 (628).
437 Rdnr. 412 a.
438 Allgemeines Verwaltungsrecht, § 7 Rdnr. 12.
439 So auch: Peine, Rdnr. 69.
440 So auch Peters, DÖV 2001, 749 (757).
441 DVBl. 2000, 149 ff.

Volkmann[442] sieht für die Verwaltungspraxis einige Vorzüge des intendierten Ermessens, mahnt jedoch eindringlich zur Vorsicht beim Umgang mit dem intendierten Ermessen. Er sieht die Gefahr, dass sich Rechtsinstitute, wie eben das intendierte Ermessen, von ihrem eigentlichen Ursprung lösten und sich dorthin ausbreiteten, wo sie nichts zu suchen hätten[443]. Das intendierte Ermessen sei im Gefüge der Ermessensdogmatik schwer einzuordnen und führe zur Aufhebung von Abgrenzungen. So bedeuteten die Grundsätze zum intendierten Ermessen, dass dem Zweck der Ermächtigung eine übermäßige Bedeutung zukomme, während sich die Prüfung des Einzelfalles erübrige. Die „Ermessensausübung" verkümmere dann zur Subsumtion unter einen schon vom Gesetz vorausgesetzten Typus, ohne dass zudem eine Begründung (im Bescheid) zu geben wäre. Dies alles bedeute eine Angleichung von Anwendung eines unbestimmten Rechtsbegriffs und Rechtsfolge mit der Folge eines reduzierten Ermessensspielraums. Schließlich begründet Volkmann seine Skepsis in einer Entwertung des Verwaltungsverfahrens überhaupt. Seine Befürchtungen, die er mit Stelkens[444] teilt, haben hier im § 46 VwVfG ihren Ursprung, wonach die Verletzung von Verfahrens-, Form- oder Zuständigkeitsvorschriften folgenlos bleibe, wenn keine andere Entscheidung in der Sache hätte getroffen werden können. Bei Ermessensverwaltungsakten sei das der Fall bei der Ermessensreduzierung auf Null. Wenn – so Volkmann – eine solche Ermessensreduzierung auf Null vom Gesetz intendiert sei, könne für den jeweils erfassten Regelfall im Grunde nichts anderes gelten, so dass es im Rahmen des § 46 VwVfG auf den Zweck der Ermessensnorm nicht ankomme. Mit der Unerheblichkeit von Verfahrensfehlern werde das Verfahren selbst entwertet[445]. Wo Verstöße gegen Verfahrensvorschriften keine Sanktion auslösten, könnten die ohnehin lästigen Formalitäten auch gleich ignoriert werden. Letztlich sieht Volkmann im intendierten Ermessen eine Ausdehnung der gerichtlichen Kontrollkompetenz zu Lasten der Verwaltung und findet insofern Unterstützung von Sachs[446].

Schließlich sind noch Gerhardt[447], Giemulla[448], Henneke[449] und Michaelis[450] zu nennen, die ohne nähere Befassung mit der Rechtsfigur mindestens zur Zu-

442 DÖV 1996, 282 ff.
443 DÖV 1996, 282 (288).
444 NWVBl. 1989, 335 (339).
445 DÖV 1996, 282 (287).
446 in: Stelkens/Bonk/Sachs, VwVfG, § 40 Rdnr. 30.
447 in: Schoch/Schmidt-Aßmann/Pietzner, VwGO, § 114 Rdnr. 20.
448 Giemulla/Jaworsky/Müller-Uri, S. 45 f.
449 in: Knack, VwVfG, § 40 Rdnr. 35
450 JA 1998, 455.

rückhaltung[451] mahnen. Auch Detterbeck stimmt der Schöpfung dieser Rechtsfigur nur eingeschränkt zu: Unter dem Begriff könnten Ermessensnormen zusammengefasst werden, bei denen der Gesetzeszweck und die sonstigen im Gesetz enthaltenen Direktiven zu berücksichtigen seien. Abzulehnen sei dagegen die weitergehende Rechtsprechung des Bundesverwaltungsgerichts, wonach die Ermessensentscheidungen keiner näheren Begründung mehr bedürften, wenn sie der gesetzlichen Intention entsprächen[452].

Ob die Rechtsfigur des intendierten Ermessens der Kritik wirklich standhalten kann, soll aus der Sicht des § 40 VwVfG unten beurteilt werden.

e) Ermessensreduzierung auf Null

Unter Ermessensreduzierung auf Null[453] wird eine Einengung des administrativen Entscheidungsspielraums dergestalt verstanden, dass entweder aus dem Zusammenhang mit anderen Rechtsvorschriften oder angesichts der besonderen Umstände des konkreten Falles nur eine einzige Entscheidung in Betracht kommt.

(1) Ursprung

Die Rechtsfigur der Ermessensreduzierung auf Null hat ihren Ursprung in der Rechtsprechung des Reichsgerichts. Dieses hatte sich im Rahmen von Staatshaftungsprozessen mit der Frage zu befassen, ob für die Polizei eine Pflicht zum Einschreiten bestand. Bejaht wurde dies erstmals für die Aufstellung eines Gebotsschildes für die Umleitung des Straßenverkehrs (um einen Gefahrenpunkt zu vermeiden)[454] oder für die Ergreifung von Maßnahmen zur Beseitigung einer kilometerlangen Ölspur auf der Fahrbahn[455].

---

451 Zurückhaltend auch: Frotscher, Rdnr. 412 (Fn. 28).

452 Allgemeines Verwaltungsrecht, Rdnr. 323; ebenso kritisch zu der Einschränkung des Begründungserfordernisses: Peters, DÖV 2001, 449 (757).

453 Allgemein siehe: Hain/Schlette/Schmitz, AöR 122 (1997), 32 (39 ff.); DiFabio, VerwArch 86 (1995), 214; Gern, DVBl. 1987, 1194 ff.; Kuklok, SozVers 1997, 63 (66 f.); Martens, in: Drews/Wacke/Vogel/Martens, § 24 Rdnr. 8a; Kopp/Ramsauer, VwVfG, § 40 Rdnr. 30 ff.

454 RG, JW 1939, 239.

455 RG, VRS 7, 87.

Diese Rechtsprechung hat die Verwaltungsgerichtsbarkeit nach dem Zweiten Weltkrieg übernommen und fortentwickelt. Höchstrichterlich wurde die Rechtsfigur von der „einzigen ermessensfehlerfreien Entscheidung" erstmals mit der Entscheidung des Bundesverwaltungsgerichts vom 18. August 1960[456] anerkannt. Der Entscheidung lag der Fall zugrunde, dass ein Nachbar den Betrieb eines Kohlen- und Fuhrgeschäftes innerhalb eines Wohngebietes, der baurechtlich unzulässig war, untersagen lassen wollte. Das Bundesverwaltungsgericht führte hierzu aus:

> „Das hier in Rede stehende polizeiliche Ermessen zum Einschreiten gegen baurechtswidrige Zustände hat sich nach der leitenden Aufgabe der Polizei, der Erhaltung der öffentlichen Sicherheit und Ordnung, zu richten ... . Bei hoher Intensität der Störung oder Gefährdung kann eine Entschließung der Behörde zum Nichteinschreiten unter Umständen sogar als schlechthin ermessensfehlerhaft erscheinen. Praktisch kann dieserhalb die rechtlich gegebene Ermessensfreiheit derart zusammenschrumpfen, daß nur eine einzige ermessensfehlerfreie Entschließung, nämlich die zum Einschreiten, denkbar ist."[457]

Diese Rechtsprechung, die das Bundesverwaltungsgericht in der Folge mehrfach bestätigt hat[458], ist so auch von den Instanzgerichten übernommen worden[459].

Die Literatur hat sich inzwischen dieser Rechtsprechung angeschlossen und trägt die Rechtsfigur nunmehr unter der Bezeichnung „Ermessensreduzierung auf Null" mit[460]. Noch in den achtziger Jahren des vorigen Jahrhunderts wurde von Gern[461] und Martens[462] dazu ausgeführt, dass die dogmatischen Grundlagen dieser Rechtsfigur bislang nur wenig geklärt seien[463]. Jedoch konnte schon seinerzeit festgehalten werden, dass sich die Literatur trotz unterschiedlicher Formulierungen im Kern einig war. Jedenfalls sind in der neuesten Kommen-

---

456 BVerwGE 11, 95 (97).
457 BVerwGE 11, 95 (97).
458 BVerwG VR 20, 588 (589); BVerwGE 23, 75 (78); 24, 71 (72); 36, 357 (360); 95, 15 (19 f.); MDR 1977, 253; NVwZ 1983, 101 (102).
459 Siehe erstmals ganz deutlich: OVG Lüneburg, DÖV 1963, 709 (710).
460 Ossenbühl, DÖV 1976, 463 (468) und weitere Nachweise bei Martens, in: Drews/Wacke/Vogel/Martens, § 24 Fn. 178.
461 DVBl. 1987, 1194.
462 in, Drews/Wacke/Vogel/Martens, § 24 Nr. 8 b).
463 Kritisch auch König, BayVBl. 1983, 161 (165).

tar- und Lehrbuchliteratur[464] keine in der Sache abweichenden Formulierungen mehr zu finden. Beschreibungen bzw. Gleichsetzungen mit „Ermessensschrumpfung auf eins" gehören inzwischen der Vergangenheit an[465].

(2) Reduktionskriterien

Das Reduktionskriterium „besondere Umstände des Einzelfalls" ist bereits in der ersten Entscheidung des Bundesverwaltungsgerichts[466] zur Rechtsfigur der Ermessensreduzierung an Null herausgearbeitet worden. Das Bundesverwaltungsgericht sprach dort von der „hohen Intensität der Störung oder Gefährdung"[467]. Kurze Zeit später sprach es von „besonders schweren Gefahrenfällen"[468]. Die Literatur hatte sich lange Zeit mit der Frage beschäftigt, wie die „hohe Intensität" zu bestimmen ist. In der Literatur hat sich in Auswertung dieser Rechtsprechung folgende Formel ausgebildet: Ermessensreduzierung auf Null ist anzunehmen, wenn eine Gefahr oder eine Störung für die öffentliche Sicherheit oder Ordnung sich als besonders schädlich erweist und die Grenzen der von der Polizei noch tolerierbaren Schädlichkeit überschreitet (sogenannte Schädlichkeitsgrenze)[469]. Allerdings ist – wie Wolf-Rüdiger Schenke[470] einräumt – nicht sehr viel gewonnen, weil die Festlegung dieser Grenze wiederum Schwierigkeiten bietet. Walter Jellinek[471] hatte in diesem Punkt ausgeführt: „wenn die Polizei nach gesellschaftlichen Anschauungen einschreiten muss." Jedenfalls dürften an die Bejahung keine allzu hohen Anforderungen gestellt werden, nachdem das Bundesverwaltungsgericht einen Anspruch auf Einschreiten auch schon im Falle einer verkehrsrechtlichen Behinderung anerkannte (es ging in dem dortigen Fall „nur" um die Möglichkeit der Ausfahrt aus einer Garage, wenn auf der Gegenseite der Straße Fahrzeuge parkten")[472].

---

464 Kopp/Ramsauer, VwVfG, § 40 Rdnr. 30 – Ramsauer formuliert: „Reduktion des Spielraums auf Null"; Rennert, in Eyermann/Fröhler, VwGO, § 114 Rdnr. 62; Henneke, in: Knack, § 40 Rdnr. 69; Gerhardt, in: Schoch/Schmidt/Aßmann, VwGO, § 114 Rdnr. 27; Wolff/Bachof/Stober, § 31 IV 5.

465 Seewald, Jura 1980, 175 (180).

466 BVerwGE 11, 95 (97).

467 BVerwGE 11, 95 (97); auch: OVG Lüneburg E 16, 455; Saarl. OVG E 10, 376.

468 BVerwGE VR 20, 588 (589).

469 Wolf-Rüdiger Schenke, Ermessen, C.

470 Ermessen, C.

471 Verwaltungsrecht, § 20 III. 2 b d.

472 BVerwGE 37, 112.

(3) Bestandsaufnahme und Kritik

Rechtsprechung und Literatur zeigen, dass die Rechtsfigur der Ermessensreduzierung auf Null fester Bestandteil der heutigen Ermessenslehre ist. Dabei herrscht Einigkeit über ihre Existenz und Berechtigung. Abweichende Beschreibungen beziehen sich noch auf die Formulierung der Reduktionskriterien. Als insoweit prägnant abweichende Auffassung ist die von Gern[473] im Hinblick auf das Reduktionskriterium „besondere Umstände des Einzelfalls" zu nennen. Gern spricht statt dessen von dem Institut der „Tatbestandsintensivierung". Er setzt nicht erst im Bereich der Sachverhaltsfeststellung und Sachverhaltsbewertung an, sondern bereits bei der Ermessensnorm selbst. Aus ihr will er eine Reduzierung auf eine Rechtsfolge annehmen, wenn der Tatbestand der Ermessensnorm besonders intensiv erfüllt ist. Er verweist zur Rechtfertigung seines Reduktionskriteriums auf die Rechtsprechung. Bei genauerem Hinsehen wird jedoch deutlich, dass dieses Reduktionskriterium nur in wenigen Fällen eine griffige Rechtsanwendungshilfe darstellt. Er bezieht sich zum einen auf das bereits zitierte erste Urteil des Bundesverwaltungsgerichts[474] zur Ermessensreduzierung. Das Gericht sprach in dem Zusammenhang von „hoher Intensität", wenn die Tatbestandsvoraussetzungen „vorliegen und diese eine besonders schwerwiegende Gefahrenlage erfaßten". Als zweites Anwendungsbeispiel zieht Gern eine Entscheidung des Hessischen Verwaltungsgerichtshofs[475] heran, wonach sich das Ermessen zur Übertragung eines Dienstpostens in dem Maße reduziert, je geeigneter und je befähigter ein Bewerber ist. Gern übersieht in diesem Bereich, dass es zahlreiche Ermessensnormen gibt, die keinen oder nur einen stark verkürzten Tatbestand besitzen. Auf diese Fälle wäre das Reduktionskriterium gar nicht anwendbar.

4. Ermessensfehlerlehre

Eine einheitliche Terminologie und eine allgemein akzeptierte Einordnung von Ermessensfehlern ist nicht vorhanden[476]. Im Gegenteil: die Ermessensfehlerlehre hat zu einem kaum noch überschaubaren und abschließend systematisierbaren Schrifttum geführt. Den umfassendsten Überblick gibt Alexy[477] mit sei-

473 DVBl. 1987, 1194.
474 BVerwGE 11, 95 (97).
475 DVBl. 1987, 425 (426).
476 Brinktrine, S. 105.
477 JZ 1986, 701 ff.

ner bis heute nicht übertroffenen Darstellung zu diesem Thema. Er hat zahlreiche Lehren zusammengetragen, um sie einer Systematisierung zu unterziehen. Dabei unterscheidet Alexy zwischen Ein-Fehler-, Zwei-Fehler- und Drei-Fehler-Lehren und grenzt sie gegen bloße Fehlerlisten und sonstige Mehrfehlerlehren ab.

Der Blick in die Literatur macht schnell deutlich, dass eine weit verbreitete Meinung von der sogenannten Drei-Fehler-Lehre ausgeht. Entwickelt hat sie das Bundesverwaltungsgericht in der bereits zur Ermessensreduzierung auf Null herangezogenen Entscheidung vom 18. August 1960[478] zur Zulässigkeit eines Kohlen- und Fuhrgeschäftes in einem Wohngebiet: Wörtlich unterschied es zwischen dem *Ermessensnichtgebrauch* (der Ermessensmangel liegt darin, dass die Behörde von dem ihr eingeräumten Ermessen keinen Gebrauch macht – auch Ermessensunterschreitung genannt), dem *Ermessensfehlgebrauch* (der Ermessensfehler liegt darin, dass die Behörde die Entscheidung aufgrund eines Motivs trifft, das nicht dem gesetzlichen Zweck der Ermächtigungsnorm entspricht – auch Ermessensmissbrauch genannt[479]) und der *Ermessensüberschreitung* (der Ermessensmangel liegt darin, dass die Behörde eine nicht mehr im Rahmen der Ermessensvorschrift liegende Rechtsfolge wählt.).

a) Die herrschende Drei-Fehler-Lehre

Ausgehend von der grundlegenden Entscheidung des Bundesverwaltungsgerichts hat sich diese Drei-Fehler-Lehre in Rechtsprechung und Literatur[480] weiter fortentwickelt. Die einzelnen Fehlertypen lassen sich wie folgt darstellen:

---

478 BVerwGE 11, 95 (97).

479 Kopp/Schenke, VwGO, § 114 Rdnr. 12.

480 Koch, Allgemeines Verwaltungsrecht, Rdnr. 409; Bull, Rdnr. 409 f.; Jörn Ipsen, Rdnr. 536 ff.; Kopp/Ramsauer, VwVfG, § 40 Rdnrn. 61 ff.; Henneke, in: Knack, VwVfG, § 40 Rdnr. 9; Sachs, in: Stelkens/Bonk/Sachs, VwVfG, § 40 Rdnrn. 62, 73 ff.; Gerhardt, in: Schoch/Schmidt-Aßmann/Pietzner, VwGO, § 114 Rdnr. 17; Hufen, Rdnr. 30; Liebetanz, in: Obermayer, VwVfG, § 40 Rdnrn. 22 ff.

(1) Ermessensnichtgebrauch und Ermessensunterschreitung

Ein Fall des Ermessensnichtgebrauchs liegt vor, wenn die Behörde das ihr eingeräumte Ermessen überhaupt nicht betätigt oder nicht in vollem Umfang von ihm Gebrauch macht[481]. Letzteres ist der Fall, wenn die Behörde nicht alle (rechtmäßigen) Entscheidungsalternativen erkennt.
Dabei ist es unerheblich, ob dies bewusst oder unbewusst geschieht[482]. Ermessensfehlerhaft in diesem Sinne sind also Entscheidungen, bei denen die Nichtbetätigung auf der falschen Auslegung des Gesetzes[483], aufgrund der Anwendung einer nichtigen Rechtsvorschrift oder rechtswidrigen Richtlinie[484] oder auf der Annahme einer nicht bestehenden Gebundenheit beruht[485] oder auf das fehlende Bewusstsein der Behörde von dem Bestehen eines Ermessensspielraums[486] oder einer Verpflichtung zur Ausübung des Ermessens gegenüber einem Drittbeteiligten zurückzuführen ist[487].
Trifft die Behörde die Entscheidung aufgrund einer Weisung der vorgesetzten Behörde und betätigt sie deshalb das ihr eingeräumte Ermessen nicht, soll es darauf ankommen, ob der Weisungsgeber die Weisung auf Grund eigener Ermessenserwägungen erteilt hat[488].

Einen Unterfall stellt die Ermessensunterschreitung dar. Sie liegt vor, wenn die Behörde eine in Wahrheit nicht bestehende Beschränkung ihres Ermessensspielraums annimmt[489]. Gekennzeichnet ist die Ermessensunterschreitung durch das Nichterkennen der Bandbreite der Handlungsmöglichkeiten. So liegt eine Ermessensunterschreitung in der irrtümlichen Nichtberücksichtigung einer Entscheidungsvariante (vermeintliche Unzulässigkeit) oder in der fälschlichen Annahme, der Verwaltungsakt könne nur mit dieser einen Nebenbestimmung erlassen werden[490].

---

481 Maurer, Allgemeines Verwaltungsrecht, § 7 Rdnr. 21 ; Wolff/Bachof/Stober, Band I., § 31 Rdnr. 48 ; v. Mutius, Jura 1987, 92 (99).
482 v. Mutius, Jura 1987, 92 (99).
483 BVerwGE 78, 314 (320); Rennert, in: Eyermann/Fröhler, VwGO, § 114 Rdnr. 17.
484 Kopp/Schenke, VwGO, § 114 Rdnr. 14.
485 BVerwGE 15, 196 (199); 19, 149 (152); 35, 291 (292); 68, 267 (274); NVwZ 1990, 775.
486 VGH Kassel, NVwZ-RR 1999, 276.
487 BVerwGE 91, 281 (287) = DVBl. 1993, 1269 ff. mit Anm. Mann.
488 Maier, BayVBl. 1990, 647.
489 Kopp/Schenke, VwGO, § 114 Rdnr. 14.
490 Rennert, in: Eyermann/Fröhler, VwGO, § 114 Rdnr. 17.

(2) Ermessensfehlgebrauch

Ermessensfehlgebrauch liegt vor, wenn die Behörde das Ermessen nicht in einer dem Zweck der Ermächtigung entsprechenden Weise betätigt hat[491]. Ein den Zwecksetzungen und Zweckvorgaben nicht entsprechender Gebrauch ist anzunehmen, wenn die Behörde nicht sämtliche Gesichtspunkte berücksichtigt, die aufgrund der Zweckermittlung zu berücksichtigen waren, oder wenn die Behörde Gesichtspunkte berücksichtigt, die dem Zweck der Ermächtigung nicht entsprechen[492]. Dabei ist ebenfalls ohne Belang, ob sich die Behörde des Fehlgebrauchs bewusst ist, was beispielsweise bei irriger Rechtsanwendung der Fall sein kann. Es sind hier folgende Untergruppen zu bilden:

(a) Ermessensdefizit (Abwägungsdefizit)

Rechtsprechung und Literatur fordern eine dem Zweck der Ermächtigung entsprechende, sorgfältige Ermittlung aller für die Entscheidung des Falles erheblichen Tatsachen[493]. Fehlerhaft ist die Ermessensbetätigung folglich, wenn die Behörde dabei von unzutreffenden, in Wahrheit nicht oder so nicht gegebenen tatsächlichen oder rechtlichen Voraussetzungen ausgeht[494]. Das Selbe gilt für eine falsche – bewusste oder unbewusste - Bewertung von Tatsachen[495]. Hierzu dürfte auch der Fall zu zählen sein, dass die angestellten Erwägungen nicht schlüssig, das heißt nicht logisch, widerspruchsfrei und nachvollziehbar sind[496]. Das Defizit zeigt sich im Ergebnis darin, dass die Behörde nicht alle nach der Ermessensnorm maßgeblichen öffentlichen und privaten Interessen in ihren Willensbildungsprozess einbezieht[497].

---

491 v. Groll, in: Gräber, FGO, § 102 Rdnr. 2.

492 Maurer, Allgemeines Verwaltungsrecht, § 7 Rdnr. 22.

493 ThürOVG, ThürVBl. 2000, 250 (251); für die Finanzgerichtsbarkeit: BFHE 139, 146; 143, 512.

494 BVerwGE 62, 108; BVerfGE 51, 399; VGH Kassel, DVBl. 1993, 1021; VGH Mannheim, DVBl. 1990, 1069; Driehaus/Pietzner, § 9 Rdnr. 26; Kopp/Ramsauer, VwGO, § 114 Rdnr. 12.

495 Driehaus/Pietzner, § 9 Rdnr. 26.

496 Rennert, in: Eyermann/Fröhler, VwGO, § 114 Rdnr. 6; Schmidt, SGb 1984, 550 (555).

497 Peine, Rdnr. 70; Wolf-Rüdiger Schenke, Verwaltungsprozeßrecht, Rdnr. 744.

(b) Sachfremde Erwägungen

Gesichtspunkte und Erwägungen müssen vom Zweck der Ermächtigung gedeckt sein; anderenfalls sind diese Gesichtspunkte und Erwägungen sachwidrig und damit ermessensfehlerhaft[498]. So hat die Behörde beispielsweise bei Sondernutzungserlaubnissen alle verkehrsbezogenen Gesichtspunkte einschließlich solcher, die sich auf den Schutz des Umfeldes beziehen, nicht dagegen auch das sonstige öffentliche und private Interesse heranzuziehen.

Weitere prägnante Beispiele aus der Rechtsprechung des Bundesverwaltungsgerichts betreffen das Besondere Polizeirecht (hier: Gefahrenabwehr im öffentlichen Straßen- und Wegerecht), das Versammlungs-[499] und das Beamtenrecht[500]:

(aa) Öffentliches Straßen- und Wegerecht

Insbesondere im Bereich des öffentlichen Straßen- und Wegerechts sind Fälle des Ermessensfehlgebrauchs festzustellen. Bei der Erteilung einer Sondernutzungserlaubnis stellt sich immer wieder die Frage, ob fiskalische oder ortspolizeiliche Gesichtspunkte berücksichtigt werden dürfen. Die Rechtsprechung hat hier sehr uneinheitlich entschieden[501].

(bb) Gefahrenabwehrrecht

Die Auflösung einer Versammlung wegen einer unterbliebenen Anmeldung entspricht dem Zweck der Ermächtigung des § 15 Abs. 2 VersammlG zum Beispiel dann, wenn die sachgemäße Besorgnis besteht, dass sich die Versammlung, auf die die Polizei plötzlich und mangels vorheriger Anmeldung unvorbereitet stößt, in einem noch nicht übersehbaren Maße ausweiten kann. Sachwidrig wären dagegen Erwägungen, die Versammlung aufzulösen, „nur um eine bestimmte politische oder weltanschauliche Meinung zu behindern“[502].

498 BVerwGE 82, 257; Maurer, Allgemeines Verwaltungsrecht, § 7 Rdnr. 22; Henseler, DVBl. 1982, 390 (397).

499 BVerwGE 26, 135 ff.

500 BVerwGE 52, 33 ff.

501 VGH Kassel, DÖV 1987, 877.

502 So fast wörtlich: BVerwGE 26, 135 (140).

Anzuführen ist hier auch § 47 OWiG, wonach die Verfolgung von Ordnungswidrigkeiten im pflichtgemäßen Ermessen der Verfolgungsbehörden liegt. Dieses Ermessen erlaubt es der Behörde, im Hinblick auf ihre begrenzten Mittel (Geld, Zeit, Personal) von der Verfolgung jedes Einzelfalls abzusehen. Die Behörde kann sich deshalb dazu entschließen, nur bestimmte Taten – etwa besonders schwere bzw. auffällige oder solche an Unfallschwerpunkten – zu verfolgen. Die Überwachung auch anderer Taten ist solange zulässig, wie sie der Aufrechterhaltung und Besserung der Verkehrsdisziplin dient; die Ausrichtung der Wahl und Zahl der Standorte von Geschwindigkeitsmessanlagen an fiskalischen Interessen wäre ermessensfehlerhaft[503]. Es liegt dann Ermessensfehlgebrauch vor[504].

(cc) Beamtenrecht

Die in § 36 BBG geregelte Versetzung eines Beamten in den einstweiligen Ruhestand darf nicht aus jedem beliebigen Grund oder aufgrund eines beliebigen Anlasses erfolgen. § 36 Abs. 1 BBG, der selbst keine Gründe formuliert, dient dem „Zweck, die Amtsführung der in der Vorschrift bezeichneten, 'politischen Beamten' in fortdauernder Übereinstimmung mit der Regierungspolitik zu halten, weil es sich bei den diesen Beamten übertragenen Ämtern um politische Schlüsselstellungen handelt, die das 'reibungslose Funktionieren des Übergangs von der politischen Spitze in die Beamtenhierarchie' ... zu gewährleisten haben. Dieser Transformationsfunktion ... haben die Inhaber dieser Ämter jederzeit gerecht zu werden“[505]. Der Ermessensrahmen geht daher sehr weit. Er ist aber doch insofern begrenzt, als die Versetzung der in § 36 Abs. 1 BBG genannten Beamten in den einstweiligen Ruhestand nur aus solchen Erwägungen gerechtfertigt werden kann, die von dem Bestreben getragen werden, diese „Transformationsfunktion“ zu sichern. Es müssen sich Bedenken gegen die Tätigkeit oder Bereitschaft in der Person des von der Versetzung in den einstweiligen Ruhestand betroffenen Beamten ergeben haben, die fortdauernde Übereinstimmung seiner Amtsführung mit der Regierungspolitik zu gewährleisten. In dem vom Bundesverwaltungsgericht[506] entschiedenen Fall hatte der Bundespräsident auf Veranlassung des Auswärtigen Amtes zahlreiche Beamte des diplomatischen Dienstes in der Besoldungsgruppe B 3 und höher in den

---

503 OLG Stuttgart, DAR 1991, 31 (32).
504 Peters, DÖV 2001, 749 (751).
505 BVerwGE 52, 33 (34 f.).
506 BVerwGE 52, 33 ff.

einstweiligen Ruhestand versetzt, weil das Auswärtige Amt der Überalterung entgegenwirken wollte. Das Bundesverwaltungsgericht erkannte diese Ermessenserwägung als nicht vom Zweck des Gesetzes umfasst, weil dem Lebensalter keine Bedeutung für die Frage beigemessen werden könne, ob der Beamte weiterhin bereit und fähig sei, sein Amt in Übereinstimmung mit der Regierungspolitik auszuüben.

Ein weiteres Fallbeispiel aus dem Beamtenrecht betrifft die Versagung der Genehmigung zur Nebentätigkeit bei einem Rechtsanwalt. Die Nebentätigkeit kann einem Rechtsreferendar nur aus dienstlichen Gründen versagt werden, nicht aber mit der Begründung, es gebe in dem betreffenden Bezirk schon genügend Rechtsanwälte[507].

(c) Gewichtungsmangel

Zur Kategorie Ermessensfehlgebrauch wird auch der Fall gerechnet, dass die Behörde im Rahmen ihrer Abwägung einem Belang ein Gewicht beimisst, das ihm nach objektiven, am Zweck des Gesetzes und sonstiger einschlägiger Rechtssätze, insbesondere auch etwa betroffener Grundrechte, nicht zukommt[508].

(d) Unzulässige Motivierung

Unter die unzulässige Motivierung[509] fallen Erwägungen, die aufgrund von unzulässigen subjektiven Motiven (Sympathie[510], Freundschaft, Antipathie[511], Feindschaft[512], sonstigen persönlichen Beweggründen oder Interessen, wie Eigensüchtigkeit oder Eigenvorteilhaftigkeit, auch des Hoheitsträgers als solchem[513]) gefasst werden und sich in ihrer (dolosen) Zielsetzung von den „normalen“ falschen Überlegungen und Entscheidungen abgrenzen lassen. Anhaltspunkt für ein möglicherweise unzulässiges subjektives Motiv kann eine

507 BVerwG, NJW 1970, 2313.
508 BVerwGE 91, 140; BVerfGE 50, 202; 56, 319; 76, 121; VerfGH NRW, DVBl. 1993, 429.
509 BVerwGE 42, 143 (146); NJW 1979, 1113.
510 Stern, Ermessensausübung, S. 35.
511 BVerwGE 8, 272 (275).
512 v. Mutius, Jura 1987, 92 (99).
513 BVerwGE 3, 1 (10).

nachgewiesene Befangenheit oder Parteilichkeit sein[514]. Allerdings sollen politische, wirtschaftliche und auch menschliche Erwägungen nicht schlechthin unzulässig sein, da eine Entscheidung der Behörde nach Zweckmäßigkeit möglich ist und diese Gesichtspunkte insoweit durchaus eine Rolle spielen können[515].

(3) Ermessensüberschreitung

Zu einer Ermessensüberschreitung kommt es, wenn eine von der Rechtsordnung im Ergebnis missbilligte Entscheidung getroffen wird[516]. Abzustellen ist auf die Ermessen einräumende Vorschrift: Wird eine Rechtsfolge gesetzt, die durch die Vorschrift nicht mehr gedeckt ist, liegt darin die Überschreitung einer einfachgesetzlichen Grenze[517].

b) Sonstige Systematisierungsversuche

In der Literatur finden sich auch Auffassungen, die eine Systematisierung ablehnen und sich auf die Beschreibung der Ermessensfehler in Form von bloßen Fehlerlisten beschränken. Früher Vertreter einer Fehlerliste ist Walter Jellinek[518], aus neuerer Zeit ist Obermayer[519] zu nennen.

Aus Gründen der Vollständigkeit soll hier die „Ein-Fehler-Lehre" genannt werden. Sie ist überholt, weil sie heute keine Anhänger mehr hat. Zu ihren Vertretern gehörten Jesch[520] und Klein[521] einerseits und Soell[522] andererseits. Während erstere die Ermessensfehler nur in der Ermessensüberschreitung erkennen, sieht Soell die Ermessensfehler in der alleinigen Fehlerkategorie des Ermessensfehlgebrauchs eingeordnet.

---

514 BVerwGE 58, 181 (187); BFH BB 1981, 1021; OVGE 4, 1 (50).
515 Hoppenberg, JA 1983, 499 (504); v. Mutius, Jura 1987, 92 (99).
516 Wolf-Rüdiger Schenke, Verwaltungsprozeßrecht, Rdnr. 738.
517 Maurer, Allgemeines Verwaltungsrecht, § 7 Rdnr. 20; v. Mutius, Jura 1987, 92 (99); Detterbeck, Allegemeines Verwaltungsrecht, Rdnr. 329; Kopp/Ramsauer, VwVfG, § 40 Rdnrn. 64 – 66; Henneke, in: Knack, VwVfG, § 40 Rdnr. 46.
518 Gesetz, S. 337 ff.
519 VwVfG, § 40 Rdnrn. 106 ff.
520 AöR 82 (1957), 163 (210, Fn. 79).
521 AöR 82 (1957), 75 (S. 90 ff.).
522 S. 209 ff.

Eine „Zwei-Fehler-Lehre“ stellt Faber[523] auf. Er geht von § 114 VwGO aus und differenziert nach der Missachtung äußerer (positiv-rechtlicher) Grenzen, die er Ermessensüberschreitung nennt, und einem dem Zweck der Ermächtigung widersprechenden Ermessensgebrauch (Ermessensmissbrauch). Zu der Ermessensüberschreitung zählen nicht nur falsche Subsumtion, die Setzung einer nicht von der Ermessensnorm gedeckten Rechtsfolge, der Verstoß gegen andere Gesetze und Grundsätze, sondern auch die Nichtbetätigung des Ermessens. Weil Faber letzteres als Gesetzesunterschreitung und dann auch als Gesetzesverstoß einordnet, reduziert er so die Anzahl der eigenständigen Fehlerkategorien von drei auf zwei, ohne dass er sich inhaltlich von der Drei-Fehler-Lehre absetzt.

Am häufigsten werden die drei vorgenannten Fehlerformen durch Ergänzungen komplettiert[524]. Sie betreffen die Fehlerkategorien der Ermessensüberschreitung und des Ermessensfehlgebrauchs. Hier werden der Verstoß gegen Grundrechte und allgemeine Verwaltungsgrundsätze angeführt. Zu nennen sind hier etwa Detterbeck[525], Maurer[526] und Peine[527], die in letzterem jedoch keine eigenständige – vierte – Fehlerkategorie erkennen.

c) Folgen von Ermessensfehlern

Die ermessensfehlerhafte Entscheidung ist rechtswidrig, wenn sie nicht sogar nichtig ist. Eine Nichtigkeit kann sich im Falle einer sittenwidrigen Ermessensbetätigung aus § 44 Abs. 2 Nr. 6 VwVfG ergeben. Ob die (nur rechtswidrige) Ermessensentscheidung der Aufhebung unterliegt, hängt davon ab, inwieweit der Behörde die Möglichkeit der Fehlerbeseitigung eingeräumt ist.

Klazustellen ist, dass Ermessensfehler nur die materielle Rechtmäßigkeit betreffen und nicht die formelle. Unterlässt die Behörde die Mitteilung ihrer Ermessenserwägungen, so liegt zunächst nur ein formeller Verstoß gegen das (formelle) Begründungsgebot des § 39 Abs. 1 Satz 3 VwVfG vor. Holt die Behörde oder die Widerspruchsbehörde die Mitteilung der Ermessenserwägungen nach, wird der Fehler gemäß § 45 Abs. 1 Nr. 2 VwVfG geheilt.

---

523 § 21 I c.
524 Brinktrine, S. 106.
525 Allgemeines Verwaltungsrecht, Rdnr. 334.
526 Allgemeines Verwaltungsrecht, § 7 Rdnr. 23.
527 Rdnr. 70.

Bei der Frage, ob (materielle) Ermessensfehler geheilt werden können, ist auf § 114 Satz 2 VwGO abzustellen. Hiernach kann die Behörde ihre Ermessenserwägungen ergänzen. „Ergänzen“ heißt, dass bereits eine Ermessensbetätigung stattgefunden haben muss. Liegt ein Ermessensausfall vor, ist eine Ergänzung folglich nicht zulässig[528]. Der Ermessensfehler bleibt bestehen, und der Verwaltungsakt unterliegt der Aufhebung. Eine Heilung durch Ergänzen kommt aber auch bei der Ermessensüberschreitung nicht in Betracht, weil die Ermessensentscheidung als solche gegen die gesetzlichen Grenzen verstößt und der Verstoß gegen das materielle Recht nicht durch weitere Ermessenserwägungen beseitigt werden kann. § 114 Satz 2 VwGO bezieht sich also nur auf den Fall des Ermessensfehlgebrauchs. Hier kann die Behörde durch ein Abstellen auf neue Gesichtspunkte oder durch eine neue Gewichtung den Ermessensmangel nachträglich ausräumen.

5. Gerichtliche Überprüfbarkeit

Klassisches Wesenselement des Ermessens[529] ist die weitgehende Gerichtsfreiheit[530]. Allerdings war die Bestimmung ihrer Reichweite in der bisherigen Entwicklung Wandlungen unterworfen und ist nunmehr in den Prozessordnungen festgeschrieben, zum Beispiel in der VwGO seit dem 1. April 1960. Gemäß § 114 Satz 1 VwGO prüft das Gericht, ob der Verwaltungsakt oder die Ablehnung oder Unterlassung des Verwaltungsakts rechtswidrig ist, weil die gesetzlichen Grenzen des Ermessens überschritten sind oder von dem Ermessen in einer dem Zweck der Ermächtigung nicht entsprechenden Weise Gebrauch gemacht ist. Entsprechende Normen enthalten das SGG und die FGO mit § 54 Abs. 2 bzw. § 102.

§ 114 VwGO begrenzt die Entscheidungskompetenz der Verwaltungsgerichte gegenüber Ermessensentscheidungen der Verwaltung[531]. Das bedeutet, dass die von der Behörde getroffene (rechtmäßige) Ermessensentscheidung nicht daraufhin überprüft wird, ob eine andere Entscheidung geeigneter oder einfach besser gewesen wäre[532]. Zweckmäßigkeitserwägungen und Billigkeitsüberle-

528 Gerhardt, in: Schoch/Schmidt-Aßmann/Pietzner, VwGO, § 114 Rdnr. 12e.
529 Kopp/Schenke, VwGO, § 114 Rdnrn. 1-4.
530 Bullinger, JZ 1984, 1001.
531 Kopp/Schenke, VwGO, § 114 Rdnr. 12.
532 BVerwGE 34, 301 (308); 44, 156 (159); 57, 174 (181); 75, 86 (89); VGH München, DÖV 1984, 478.

gungen unterliegen somit nicht der Beurteilung durch die Gerichte. Der Richter darf nicht selbst zur „Oberverwaltungsbehörde" werden und damit die Verwaltung zur schlichten „Vorprüfstelle" für die „letztverbindlich" entscheidenden Verwaltungsgerichte degradieren[533]. Eine Ausnahme besteht nur dann, wenn der Gesetzgeber die Gerichte ermächtigt hat, die behördliche Ermessensentscheidung auch auf ihre Zweckmäßigkeit hin zu untersuchen. Als Beispiel sollen hier die §§ 138 Abs. 1 Satz 2, 146 Nr. 2 FlurbG und § 71 Abs. 4 Satz 1 GWB genügen. Durch die ersteren Vorschriften wird dem Flurbereinigungsgericht die Kontrolle über den zweckmäßigen Ermessensgebrauch der Flurbereinigungsbehörde eingeräumt[534] und durch die andere genannte Vorschrift den Zivilgerichten in Kartellsachen eine Zweckmäßigkeitskontrolle[535].
Ansonsten kommt eine Aufhebung der Ermessensentscheidung durch das Gericht nur dann in Betracht, wenn ein sogenannter Ermessensfehler festgestellt wird, also die Behörde die gemäß § 40 VwVfG bzw. § 114 VwGO bestehenden rechtlichen Bindungen nicht beachtet hat.

Unter dem Begriff „Kontrolldichte"[536] wird die Frage erörtert, wie weit die gerichtliche Kontrolle gehen darf und wie weit sie gehen muss. Die Beantwortung der Frage kann nur vor dem Hintergrund der Rechtsschutzgarantie des Art. 19 Abs. 4 GG erfolgen. Art. 19 Abs. 4 GG enthält das Gebot wirksamen Rechtsschutzes. Das bedeutet, dass grundsätzlich ein Anspruch auf vollständige - auch die Beurteilungsgrundlagen umfassende - Nachprüfung der angefochtenen Maßnahmen in rechtlicher und tatsächlicher Hinsicht besteht[537]. Dieses Gebot ist jedoch nicht absolut zu verstehen. Der Gesetzgeber kann eine re-

---

533 Nagel, S. 2; so deutlich auch schon: Sarwey, S. 152 f. – aber auch in der Finanzgerichtsbarkeit hat es dies lange Zeit gegeben, und unter Zustimmung der Literatur: Bühler, JZ 1953, 127: „Warum sollte das Finanzgericht nicht einen Prozentsatz als den für die Steuerfestsetzung richtigen bestimmen, auch wenn ein größerer Ermessensspielraum besteht?".

534 Schunck/DeClerck, § 42 Anm. 2 c) gg); Kopp/Schenke, VwGO, § 114 Rdnr. 2; VGH München, BayVBl. 1995, 152 f.

535 KG WuW/E OLG 339, 343 IG Bergbau; 392, 393 Exportförderung; 800, 801 Rohlaufstreifen, 967, 968 Autoschmiermittel; 2021, 2022 Bahnhofsbuchhandel; OLG HH WuW/E OLG 781, 783 Fahrlehrer = WRP 1966, 387; OLG München WuW/E OLG 1033, 1036.

536 Der Begriff „Kontrolldichte" hat sich durchgesetzt. Kritik hatte Czermak, DÖV 1978, 320 ff., geübt, der ausführte, die VwGO kenne keine „Kontrolle" – es sei nicht Aufgabe der Gerichte, die Verwaltung zu kontrollieren, Aufgabe sei allenfalls eine Überprüfung.

537 BVerfGE 15, 275 (282); 18, 203 (212); 31, 113 (117); 35, 263 (274); 51, 304 (312); 56, 216 (240); 61, 82 (111); 73, 339 (373).

duzierte Kontrolldichte durch die Einräumung eines Ermessensspielraums vorsehen. Dies ist auch deshalb unproblematisch, weil der Verwaltung lediglich eine Handlungsfreiheit im Hinblick auf die Auswahl mehrerer rechtmäßiger Entscheidungen zugestanden wird. Es ist durch das Rechtsstaatsprinzip auch nicht geboten, eine Zweckmäßigkeitskontrolle einzuführen. Allerdings sind die Grenzen des Handlungsspielraums gerichtlich zu überprüfen, was letztlich auch § 114 VwGO klarstellt.
Bei der gerichtlichen Überprüfung von Ermessensentscheidungen auf Rechtsfehler bei der Ermessensbetätigung ist ein objektiver Maßstab anzulegen[538]. Versuchen, diesen Maßstab im Hinblick auf besondere Umstände bei der Ermessensbetätigung aufzuweichen, hat das Bundesverwaltungsgericht[539] frühzeitig eine Absage erteilt. In diesem Urteil vom 31. Januar 1967 hat es zu der Entscheidung „eines einfachen Polizeibeamten" zur Auflösung einer unangemeldeten Versammlung ausgeführt, dass sich die Überprüfung der Rechtmäßigkeit einer behördlichen Ermessensentscheidung an der objektiven Sach- und Rechtslage messen lassen müsse. Eine Differenzierung zwischen einem objektiven und einem subjektiven Maßstab sei widersinnig. Dieselbe Ermessensentscheidung könne nicht rechtmäßig sein, wenn ein „einfacher Polizeibeamter" sie in gebotener Eile treffe, dagegen rechtswidrig, wenn etwa ein rechtskundiger Beamter sie in Ruhe und nach ausreichender Überlegung treffe. Wäre es anders, so könnten rechtliche Bedenken gegen die Ausübung des Polizeiamtes durch eine „einfache" Polizeikraft bestehen, wenn der Fall in tatsächlicher und rechtlicher Hinsicht nicht ganz einfach gestaltet sei. Die größere oder geringere Erkenntnis- und Urteilsfähigkeit oder Rechtskenntnis des entscheidenden Beamten sei ohne Einfluss auf die Rechtmäßigkeit seiner Entscheidung; sie gewinne an Bedeutung erst, wenn – etwa in einem Amtshaftungsprozess – geprüft werde, ob ihm eine rechtswidrige Maßnahme als Verschulden zuzurechnen sei – eine Frage, wie das Bundesverwaltungsgericht ausführte, auf die es in dem vorliegenden Rechtsstreit nicht ankam.

Die Überprüfung erstreckt sich im vorstehenden Sinne nur auf die Feststellung etwaiger Ermessensfehler. Werden solche festgestellt, hat das Gericht den Verwaltungsakt aufzuheben oder die Behörde zur Neubescheidung eines Verwaltungsaktsbegehrens zu verpflichten. Es ist nicht Aufgabe der Gerichte zu prüfen, ob die behördliche Entscheidung, die sich als ermessensfehlerhaft her-

538 BVerwGE 26, 135 (140).
539 BVerwGE 26, 135 (140).

ausstellt, möglicherweise aus anderen Gründen, die die Behörde bislang nicht berücksichtigt hat, aufrecht erhalten werden könnte[540].

D. Zusammenfassung der herrschenden Ermessenslehre

Nachdem der Begriff des Ermessens ausgeleuchtet und die Anwendungs- und Abgrenzungsfragen dargestellt worden sind, ist der Befund zum Verwaltungsermessen einer Gesamtbetrachtung zu unterziehen. Es stellt sich die Frage, ob und gegebenenfalls in welcher Weise die Gesamtheit der Einzelbetrachtungen als Ermessenslehre bezeichnet werden kann. Dabei kann der Versuch einer Zusammenfassung aller Betrachtungen zum Thema Ermessen nur dadurch erfolgen, dass für jeden einzelnen Gesichtspunkt die hierfür geltende *herrschende* Auffassung in Rechtsprechung und Lehre herangezogen wird. Hiervon ausgehend stellt sich die Ermessenslehre wie folgt dar:

Ermessen ist ein Spielraum, in dem die Verwaltung zwischen Entscheidungs- oder Handlungsalternativen wählen kann. Der Spielraum bezieht sich auf ein Handeln und nicht auf ein Feststellen: Ermessen ist also volitiv und nicht kognitiv. Die Ermessensbetätigung kann aber auch kognitive Elemente enthalten. So ist die Prüfung und die Feststellung von Ermessensgrenzen ein kognitiver Akt, während die Auswahl der Rechtsfolge unter den rechtmäßigen Entscheidungsalternativen ein volitiver Akt ist.

Die Ermesssensbetätigung besteht aus einem Abwägen von öffentlichen mit individuellen Interessen und hat die Aufgabe, die einzelfallgerechteste Entscheidung zu treffen.

Ermessen ist kein freies Entscheiden im Sinne eines unbeschränkten Handlungsspielraums. Es unterliegt den Bindungen der Rechtsordnung. Diese Bindungen können den Spielraum auf Null beschränken mit der Folge, dass nur eine einzige Entscheidung rechtlich zulässig ist. Die Einschränkungen des Entscheidungsspielraums können bereits im Tatbestand angelegt sein (Sollvorschriften; Tatbestandsschwund), können aber auch von der Verwaltung selbst gesetzt werden (Gleichbehandlungsgrundsatz; Zusage) oder durch die Sachverhaltsgestaltung erfolgen (Ermessensreduzierung auf Null).

---

540 BVerwGE 34, 334; 87, 333; VGH Kassel, NVwZ 1989, 1183; Redeker, DÖV 1993, 10 (11).

Damit sind auch Umfang und Tiefe verwaltungsgerichtlicher Überprüfbarkeit festgeschrieben. Werden die rechtlichen Bindungen des Ermessens nicht beachtet, liegt ein Ermessensfehler vor. Dieser führt zur Aufhebung des Verwaltungsaktes, wenn er nicht durch eine Ergänzung der Ermessenserwägungen gemäß § 114 Satz 2 VwGO beseitigt werden kann.

Ermessensfehler werden drei Kategorien zugeordnet:

- Ermessensausfall oder Ermessensunterscheitung liegt vor, wenn die Behörde das ihr eingeräumte Ermessen nicht betätigt.

- Ermessensfehlgebrauch liegt vor, wenn die Behörde Beweggründe für ihre Auswahlentscheidung berücksichtigt, die außerhalb des Zwecks der Ermächtigung liegen.

- Ermessensüberschreitung liegt vor, wenn die getroffene Ermessensentscheidung von der Ermächtigungsnorm nicht gedeckt ist.

Die mit diesen Grundthesen beschriebene (herrschende) Ermessenslehre darf jedoch nicht darüber hinwegtäuschen, dass das Wesen der so vorgefundenen Ermessenslehre vielfältiger und in manchen Teilen widersprüchlich ist. Es gibt zu den Grundannahmen gewichtige abweichende Meinungen, die eine materielle Systematisierung der insgesamt vorzufindenden Standpunkte erheblich erschwert.

Der hier vorgenommene Versuch einer Erfassung der Ermessenslehre zeigt, dass von einer einheitlichen Ermessenslehre nur schwerlich gesprochen werden kann.

§ 3 Inhalt und Bedeutung des § 40 VwVfG

Das Ergebnis der bisherigen Bestandsaufnahme ist Grundlage für die weitere Untersuchung, ob die herkömmliche Ermessenslehre durch das Inkrafttreten des § 40 VwVfG allein oder in Verbindung mit § 39 Abs. 1 VwVfG bzw. §§ 68 und 114 VwGO notwendigerweise modifiziert werden muss. Um die Wirkungen des § 40 VwVfG auf die Ermessenslehre zu erfassen, müssen Inhalt und Bedeutung dieser Vorschrift herausgearbeitet werden.

§ 40 VwVfG ist eine kurze Rechtsnorm, die nur aus einem Satz besteht. Sie lautet: „Ist die Behörde ermächtigt, nach ihrem Ermessen zu handeln, hat sie ihr Ermessen entsprechend dem Zweck der Ermächtigung auszuüben und die gesetzlichen Grenzen des Ermessens einzuhalten."

A. Entstehungsgeschichte und Vorläufer

§ 40 VwVfG ist als Ausdruck eines bereits vorher anerkannten Grundsatzes von der Pflichtgemäßheit des Ermessens[541] erst mit Inkrafttreten des Verwaltungsverfahrensgesetzes zum 1. Januar 1977 fester Bestandteil der Gesamtrechtsordnung geworden. Bis dahin gab es in den wenigen Verfahrensgesetzen der Länder und im Bereich des besonderen Verwaltungsrechts, mit wenigen Ausnahmen[542], keine Bestimmungen zur Ermessensausübung.

I. Das Recht des Verwaltungsverfahrens vor dem Inkrafttreten des VwVfG

Die Erkenntnis über das Erfordernis allgemeiner und einheitlicher Vorschriften über das Verwaltungsverfahren ist mehrere Jahrhunderte alt. Bereits Veit Ludwig von Seckendorff[543] hatte im Jahre 1656 in seinem "Teutschen Fürsten-Stat" dargelegt, wie richtig verwaltet werden müsse. Nach seinen Regeln hatte zum Beispiel jede "Ampts-Verrichtung desto schleuniger auch ordentlicher und be-

541 Detterbeck, Ermessen, B. III. 1.

542 § 73 LVwG SchlH.

543 Zitiert aus der Amtlichen Begründung zum Entwurf des VwVfG 1975, BT/Drs. VII/910 vom 18. Juli 1973.

quemer vonstatten zu gehen"[544]. Trotz vereinzelt gebliebener Forderungen in der Folgezeit hatten am Ausgang des 19. Jahrhunderts lediglich Preußen[545] und Baden[546] Gesetze zur Regelung des Verwaltungsverfahrens erlassen. In der Weimarer Republik verabschiedete der Freistaat Thüringen[547] ein weiteres Verwaltungsverfahrensgesetz. Die bis dahin weitestgehende Kodifizierung des allgemeinen Verwaltungsverfahrensrechts sollte das Land Württemberg erhalten, jedoch trat der Entwurf eines Verwaltungsverfahrensgesetzes von 1931 nicht mehr in Kraft[548]. Zu erwähnen ist dann das Bremische Verwaltungsverfahrensgesetz vom 11. April 1934[549], das neben einigen wenigen Vorschriften mehrere Schwerpunkte im Bereich der Verwaltungsvollstreckung etc. setzte.
Erst nach dem Zweiten Weltkrieg wurden wieder einige Regelwerke zum Verwaltungsverfahren erlassen. Hierher gehören vornehmlich die Militärregierungsverordnung Nr. 165 für die Britische Zone[550], das Landesverwaltungsgesetz des Landes Baden-Württemberg vom 7. November 1955[551] und das Erste Vereinfachungsgesetz des Landes Nordrhein-Westfalen vom 23. Juli 1957[552] sowie das Gesetz über das Verfahren der Berliner Verwaltung vom 2. Oktober 1958[553].
Diese Gesetze und Gesetzgebungsaktivitäten haben nichts an dem von Anfang an bestehenden Rechtszustand geändert, wonach Regelungen für das Verwaltungsverfahren, wenn es sie überhaupt gab, im Besonderen Verwaltungsrecht verstreut waren. Fehlten Regelungen, griff man bei der Durchführung des Verwaltungsverfahrens auf ungeschriebene Rechtsgrundsätze zurück. Erst die in den fünfziger Jahren des 20. Jahrhunderts erhobenen Forderungen nach einer gesonderten Kodifikation des Verwaltungsverfahrensrechts schärften das Bewusstsein für ihre Notwendigkeit. Man kam allmählich zu der Erkenntnis, dass die verstreuten Regelungen Verwaltung und Bürger gleichermaßen belasteten:

---

544 Stelkens, in: Stelkens/Bonk/Sachs, VwVfG, Einleitung, Rdnr. 5: „früher Vorläufer von § 10 Satz 2 VwVfG".

545 Preußisches Gesetz über die allgemeine Landesverwaltung vom 30. Juli 1883, PrGS, S. 195.

546 Landesherrliche Verordnung, das Verfahren in Verwaltungssachen betreffend, vom 31. August 1884, GVBl. S. 385.

547 Landesverwaltungsordnung für Thüringen vom 10. Juni 1926/22. Juli 1930, GS. 1926, 177, GS 1930, 123.

548 Dort sollte Art. 65 die Ermessensbetätigung regeln; siehe hierzu Ule, DVBl. 1960, 609.

549 Gesetzblatt der Freien Hansestadt Bremen, S. 37.

550 Amtsblatt der Militärregierung für die Britische Zone, S. 799.

551 GVBl., S. 225.

552 GVBl., S. 189.

553 GVBl., S. 951.

Einerseits war es selbst einem erfahrenen Verwaltungsbeamten, der die Gesetze auszuführen hatte, nur schwer möglich, einen Überblick über die Gestaltung der einzelnen Verfahren zu behalten. Andererseits hatte es der Bürger wohl noch schwerer, ein solches Dickicht zu durchdringen.

II. Der Erlass der Verwaltungsverfahrensgesetze von Bund und Ländern

Im Jahre 1957 wurde beim Bundesministerium des Innern eine Sachverständigenkommission für Verwaltungsvereinfachung gebildet, die die Notwendigkeit einer Kodifikation des Verwaltungsverfahrensrechts bestätigte. Als dann auch noch der 43. Deutsche Juristentag[554] 1960 in München diese Notwendigkeit betonte, entschlossen sich Bund und Länder, gemeinsam den Musterentwurf eines Verwaltungsverfahrensgesetzes zu erarbeiten mit dem Ziel, dass dieser Entwurf inhaltlich gleichlautend als Bundes- und jeweiliges Landesgesetz erlassen wird. Diese aufwendige Lösung war Folge der verfassungsrechtlichen Kompetenzverteilung. Nach ihr steht dem Bund keine alleinige Gesetzgebungskompetenz zur Regelung des Verwaltungsverfahrens zu[555].
Nach 1960 ist ein Bund-Länder-Fachausschuss zur Erarbeitung des Musterentwurfs eines VwVfG eingesetzt worden. Der Musterentwurf – EVwVfG 1963[556] – lag schon Anfang 1964 vor. Es schloss sich eine lebhafte Diskussion in der Fachwelt an. Die Verwaltungsrechtslehre hat dem Entwurf im Großen und Ganzen zugestimmt, während zugleich die Rechtsprechung auf das Begründungsmaterial zum Entwurf zurückgriff. Gleichwohl ist der Entwurf erst 1970 in den Bundestag eingebracht worden. Wegen des vorzeitigen Endes der VI. Wahlperiode begann das Gesetzgebungsverfahren eigentlich erst zu Beginn

---

554 Der Beschluss lautete: „Eine einheitliche Regelung des Verwaltungsverfahrens in dem durch das Berliner Verwaltungsverfahrensgesetz vom 2. Oktober 1958 und dem Bericht der Sachverständigenkommisssion für die Vereinfachung der Verwaltung beim Bundesministerium des Innern gezogenen Rahmen ist wünschenswert und notwendig.", in: Verhandlungen, D 149. Zuvor hatten der Gutachter Werner und der Referent des BMI, von der Groeben, auf die Schwierigkeiten einer Kodifikation hingewiesen.

555 Art. 74 Abs. 1 GG, der allgemein das Verfahrensrecht betrifft, sieht keine Gesetzgebungskompetenz des Bundes für das Verwaltungsverfahren vor; eine Bundeszuständigkeit gibt es nach Art. 70 ff. GG in Verbindung mit Art. 85 ff. GG nur kraft Sachzusammenhangs (v. Münch, in: v. Münch, GG, Art. 74 Rdnr. 11a); im Übrigen räumt Art. 84 Abs. 1 GG den Ländern die Verwaltungskompetenz für das Verwaltungsverfahren ein, wenn sie Bundesgesetze in Landeseigenverwaltung ausführen (Bonk/Schmitz, in: Stelkens/Bonk/Sachs, VwVfG, § 1 Rdnr. 22).

556 Musterentwurf (EVwVfG 1963).

der VII. Wahlperiode. Nach erfolgreicher Einigung im Vermittlungsausschuss konnte das Verwaltungsverfahrensgesetz beschlossen werden und zum 1. Januar 1977 in Kraft treten[557].

In zeitlicher Parallelität haben alle Länder[558] mit Ausnahme von Schleswig-Holstein, das den damaligen Musterentwurf zum Verwaltungsverfahrensgesetz bereits zum 1. Januar 1967 in sein Landesverwaltungsgesetz übernommen hatte, ihre eigenen Verwaltungsverfahrensgesetze erlassen. Dabei war entscheidend, dass die Landesgesetze mit dem des Bundes übereinstimmten. Denn nur so war das ursprüngliche Ziel gewährleistet, ein einheitliches Verwaltungsverfahrensrecht zu schaffen.

Nach ihrem Beitritt zur Bundesrepublik Deutschland nach Art. 23 GG haben die neuen Länder ebenfalls Verwaltungsverfahrensgesetze erlassen. Mit Ausnahme des Freistaates Sachsen, dessen vorläufiges Verwaltungsverfahrensgesetz in § 1 – wie die Verweisungsgesetze in Berlin, Niedersachsen und Rheinland-Pfalz – auf das VwVfG des Bundes verweist, haben sie „vollständige" Gesetze verabschiedet. Sie alle entsprechen – bis auf unwesentliche Abweichungen[559] – dem VwVfG des Bundes.

Seit 1977 hat es einige Änderungen des VwVfG gegeben, die jedoch nicht die für die vorliegende Untersuchung einschlägigen §§ 39 und 40 betrafen. Auch im neuesten Entwurf eines Gesetzes zur Änderung der Verwaltungsverfahrensgesetze des Bundes und der Länder, der die „Internetfähigkeit der Verwaltung" zum Ziele hat, werden Fragen der Ermessensausübung nicht berührt[560].

557 Verkündung des Gesetzes am 25. Mai 1976, BGBl. S. 1253.

558 Ein Abdruck aller Verfahrensgesetze der Länder findet sich in Stelkens/Bonk/Sachs, VwVfG, Dritter Teil (S. 2529 ff.).

559 Die Abweichungen sind teilweise auf Besonderheiten des jeweiligen Landes zurückzuführen: In Brandenburg gibt es in § 78 aufgrund der zweistufigen Landesverwaltung eine besondere Zuständigkeitsregelung in Bezug auf „große Kreise"; in Brandenburg und Sachsen bestehen im Hinblick auf dieAmtssprache zugunsten der sorbischen Minderheit besondere Regelungen (vgl. § 23 Abs. 5 VwVfGBbg, § 3 SächsVwVfG).

560 Siehe nur zuletzt: Catrein, NVwZ 2001, 413.

III. Zur Ermessensausübung

Regelungen zur Ermessensausübung waren den älteren Verwaltungsverfahrensgesetzen nahezu unbekannt[561]. Keine der soeben unter II. genannten älteren Verwaltungs- und Verwaltungsverfahrensgesetze (Preußen 1883, Baden 1884, Thüringen 1926/1930, Bremen 1934, Baden-Württemberg 1955[562], Nordrhein-Westfalen 1956/57[563] sowie Berlin 1958[564]) enthielten eine dem § 40 VwVfG entsprechende Vorschrift. Erstmals sollte ein Württembergisches Gesetz von 1931 Vorgaben für die Ausübung des Ermessens enthalten, jedoch blieb es bei dem Entwurf.
Erst nach dem Zweiten Weltkrieg stellte die Militärregierungsverordnung Nr. 165 für die Britische Zone[565] mit § 23 Abs. 3 einen Maßstab für die Aufhebbarkeit von Ermessensentscheidungen auf, aus dem Rückschlüsse auf die „richtige" Ermessensbetätigung gezogen werden konnten. Die Vorschrift, die dem heutigen § 114 Satz 1 VwGO entspricht, lautete:

Sind die Verwaltungsbehörden ermächtigt, nach ihrem Ermessen zu handeln, so kann die Anfechtung insoweit nur darauf gestützt werden, daß die gesetzlichen Grenzen des Ermessens überschritten seien oder von dem Ermessen in einer dem Zweck der Ermächtigung nicht entsprechenden Weise Gebrauch gemacht worden sei.

Fast zur gleichen Zeit wurden in Hessen[566], Württemberg-Baden[567] und Bayern[568] Verwaltungsgerichtsgesetze[569] erlassen, die mit ihrem gleichlautenden § 36 eine dem § 23 Abs. 3 der Britischen Militärregierungsverordnung entsprechenden Wortlaut hatten:

---

561 Stern, Ermessensausübung, S. 13.

562 GVBl., S. 225; der einzige Hinweis auf Ermessen ist in § 32 Abs. 2 enthalten, wonach die behördliche Überprüfung eines Verwaltungsaktes sich auch auf die Frage der Zweckmäßigkeit erstreckt.

563 GVBl., S. 189; das Gesetz ändert das Ordnungsbehördengesetz von 1956. Auch dort ist keine Vorschrift für die Ermessensbetätigung enthalten.

564 GVBl., S. 951; nach § 33 ist der Verwaltungsakt im Widerspruchsverfahren auf Recht- und Zweckmäßigkeit zu überprüfen.

565 Amtsblatt, S. 799.

566 Verwaltungsgerichtsgesetz vom 31. Oktober 1946, GVBl. 194.

567 Verwaltungsgerichtsgesetz vom 16. Oktober 1946, RegBl. 221.

568 Verwaltungsgerichtsgesetz vom 25. September 1946, GVBl. 281.

569 Hierzu: Fachinger, NJW 1949, 244 ff.

Soweit Behörden ermächtigt sind, nach ihrem Ermessen zu befinden, kann die Anfechtungsklage, wenn nicht gesetzlich etwas anderes bestimmt ist, nur darauf gestützt werden, daß von diesem Ermessen nicht im Sinne des Gesetzes Gebrauch gemacht sei, insbesondere daß Ermessensmißbrauch vorliegt.

Es ist jedoch zu betonen, dass diese Vorschriften nur mittelbar der Verwaltung aufzeigten, wie die Ermessensbetätigung im Hinblick auf ihre Bindungen zu erfolgen hatte. Es handelt sich bei § 23 Abs. 3 der Militärregierungsverordnung sowie § 36 der Verwaltungsgerichtsgesetze um eine Vorläufervorschrift des § 114 VwGO und nicht um eine solche des § 40 VwVfG.
Das gesetzte Verwaltungsverfahrensrecht enthielt auch weiterhin de lege lata keine Regelung für die Ermessensbetätigung. Lange Zeit bestand nicht einmal die Absicht, eine solche Regelung zu kodifizieren. Weder der erste Entwurf des Verwaltungsverfahrensgesetzes von 1963[570] noch die Musterentwürfe von 1966[571] und 1970[572] wiesen eine Vorschrift zur Ermessensausübung auf. Erst der Entwurf von 1973 sah mit seinem § 36 eine Ermessensvorschrift vor. Er lautete[573]:

Ist die Behörde ermächtigt, nach ihrem Ermessen zu entscheiden, hat sie ihr Ermessen entsprechend dem Zweck der Ermächtigung auszuüben und dabei die gesetzlichen Grenzen des Ermessens einzuhalten.

Auf Anregung des Innen- und Rechtsausschusses des Bundestages, die beide auf eine Harmonisierung des VwVfG mit der zugleich in der Beratung befindlichen Abgabenordnung hinwirkten, wurde das Wort "entscheiden" durch das Wort "handeln" ersetzt. Die Begründung lautete lapidar, dass die Ausübung des Ermessens nicht nur bei Entscheidungen in Betracht komme. Schließlich wurde aus dem § 36 der heutige § 40 VwVfG.

B. Gesetzesfassung und Anwendungsbereich des § 40 VwVfG

§ 40 VwVfG regelt die Ausübung des Ermessens für den Fall, dass die Behörde ermächtigt ist, nach ihrem Ermessen zu handeln. Die Norm bestimmt, dass diese Ermessensausübung dem Zweck der Ermächtigung und den gesetzlichen

570 Musterentwurf 1964.
571 Musterentwurf, Münchener Fassung 1968.
572 BT-Drs. VI/1173.
573 BT-Drs. 7/910.

Grenzen entsprechen muss. Rechtsprechung und Schrifttum leiten aus diesen Bindungen ab, dass das Ermessen pflichtgemäß sein müsse.

I. Gesetzesfassung

§ 40 VwVfG ist kurz und prägnant gefasst. Er erscheint klar und verständlich. Dennoch ist die Gesetzesfassung nicht ohne Kritik geblieben.

1. Zur Kritik an der Gesetzesfassung des § 40 VwVfG

§ 40 VwVfG gibt nach Auffassung der Literatur nichts für das Verständnis der fortdauernden Diskussion über den Begriff des Ermessens[574], den unbestimmten Rechtsbegriff und die Beurteilungsermächtigung her[575]. Die inhaltliche Ausgestaltung des § 40 VwVfG ist aus diesem Grunde nicht ohne Kritik[576] geblieben. Sie dürfte ihre Ursache in der Enttäuschung über den Gesetzgeber haben. Denn es war vielleicht zu erwarten gewesen, dass bei der Kodifikation des allgemeinen Verwaltungsverfahrensrechts auch die in Rechtsprechung und Rechtslehre zur Ermessensausübung entwickelten allgemeinen (herrschenden) Grundsätze in Gesetzesform gegossen würden. Aus dieser Sicht ist die Fassung des § 40 VwVfG sehr knapp ausgefallen[577]. V. Unruh spricht sogar vom „kargen Inhalt" des § 40 VwVfG[578].
Zu den namhaftesten Kritikern gehört Ramsauer[579]. Er meint, dass sich § 40 VwVfG "wenig glücklich" an § 114 VwGO anlehne. § 40 VwVfG hätte stärker zum Ausdruck bringen sollen, dass die Ermessensbetätigung anhand von Zweckmäßigkeitserwägungen erfolge und ein subjektiv-öffentliches Recht auf fehlerfreie Ermessensausübung eingeräumt werde; darüber hinaus hätte § 40 VwVfG zur Anwendung und Auslegung von unbestimmten Rechtsbegriffen sowie zum Vorliegen von Ermessensfehlern und deren Folgen Stellung neh-

574 Brinktrine, S. 79.

575 Sachs, in: Stelkens/Bonk/Sachs, VwVfG, § 40 Rdnr. 1; Detterbeck, Ermessen, III. 1.

576 Redeker/v. Oertzen, VwGO, § 114 Rdnr. 1.

577 Detterbeck, Ermessen, B. III. 1.: „Vorgaben der § 40 VwVfG und § 114 VwGO nicht sonderlich präzise (..) ansonsten geringer Aussagegehalt."; Stern dürfte sich damit bestätigt sehen, nachdem er 1964 einschätzte, dass von einer Kodifizierung der allgemeinen Lehren des Verwaltungsrechts wohl kein Fortschritt zu erwarten sei, Ermessensausübung, S. 13.

578 NVwZ 1988, 690 (695).

579 Kopp/Ramsauer, VwVfG, § 40 Rdnr. 2.

men können. Faber ist gar der Auffassung, dass § 40 VwVfG überflüssig sei, weil er den materiellen Kern des § 114 VwGO lediglich wiederhole[580].

2. Zur Gesetzesfassung des § 40 VwVfG aus europäischer Sicht

Eine Betrachtung aus europarechtlicher Sicht[581] zeigt, dass der Regelungsgehalt des § 40 VwVfG – auf jeden Fall zusammen mit §§ 68, 114 VwGO –dem Standard für die Ermessensausübung entspricht, der in allen Mitgliedstaaten des Europarates geschaffen bzw. gewährleistet werden soll. Dies ist aus der Empfehlung des Ministerkommitees des Europarates vom 11. März 1980 Nr. R (80) 2 über die Ermessensausübung durch Verwaltungsbehörden[582] zu folgern. Ziel dieser Empfehlung ist es, in allen Mitgliedstaaten des Europarates gemeinsame Grundsätze aufzustellen, um den Schutz der Rechte, Freiheiten und Interessen natürlicher und juristischer Personen gegen jede willkürliche oder missbräuchliche Ermessensausübung zu fördern, ohne jedoch die Verwaltungsbehörden daran zu hindern, das ihnen bei der Übertragung dieser Befugnis gesetzte Ziel zu erreichen.

Die vorgeschlagenen Grundsätze für die Ermessensausübung sind in der Anlage zu der Empfehlung niedergelegt. In dem dortigen zweiten Abschnitt werden die sogenannten „Hauptgrundsätze" aufgestellt. Es handelt sich um sechs Grundsätze. Danach hat die Verwaltungsbehörde bei der Ermessensausübung (1) kein anderes Ziel zu verfolgen als das, das mit der Ermessen einräumenden Vorschrift angestrebt wird, (2) die Objektivität und Unparteilichkeit zu wahren, (3) den Grundsatz der Gleichheit vor dem Gesetz zu beachten, indem sie jede Diskriminierung vermeidet, (4) zwischen den nachteiligen Wirkungen, die ihre Entscheidung auf die Rechte, Freiheiten oder Interessen von Personen haben kann, und dem von ihr verfolgten Ziel ein angemessenes Gleichgewicht zu halten, (5) unter Berücksichtigung des zu regelnden Sachverhalts ihre Entscheidung innerhalb angemessener Frist zu treffen und (6) alle allgemeinen Verwaltungsrichtlinien einheitlich anzuwenden, wobei die besonderen Umstände des Einzelfalles zu berücksichtigen sind.

Diesen Katalog von Grundsätzen erfüllt die Vorschrift des § 40 VwVfG fast allein. Dem ersten Grundsatz wird dadurch entsprochen, dass nach § 40

580 § 21 I c.

581 Hansjörg Jellinek, ZRP 1981, 68 ff. = NJW 1981, 2235.

582 In englischer Fassung abgedruckt bei: Stelkens/Bonk/Sachs, VwVfG, S. 2625.

VwVfG das Ermessen entsprechend dem Zweck der Ermächtigung auszuüben ist. Die übrigen Grundsätze – mit Ausnahme des fünften – werden dadurch erfüllt, dass nach § 40 VwVfG bei der Ermessensbetätigung die gesetzlichen Grenzen des Ermessens zu beachten sind. Der Grundsatz, dass eine Entscheidung innerhalb angemessener Frist zu treffen ist, findet sich in unserer Rechtsordnung in § 75 VwGO wieder, wonach der Betroffene berechtigt ist, bei Untätigkeit der Verwaltungsbehörde Klage zu erheben.

3. Stellungnahme

Die (nationale) Kritik an der Fassung des § 40 VwVfG ist nicht berechtigt. Wie die vorliegende Untersuchung auch im übrigen zeigen wird, erweist sich § 40 VwVfG als eine in wesentlicher Beziehung geeignete und ausreichende Grundlage für die Ermessensbetätigung. § 40 VwVfG enthält klare Anweisungen und bringt den Normzweck unzweideutig zum Ausdruck:

a) Auch wenn das Gesetz den Begriff "Ermessen" nicht beschreibt und insoweit Zweifel bleiben mögen, ob das Ermessen nicht nur ein volitives, sondern auch ein kognitives ist, steht jedenfalls wegen der Formulierung "Ermessen (...) zu handeln (...) auszuüben und (...) einzuhalten" hinreichend genug fest, dass Ermessen einen Spielraum gewährt.
b) § 40 VwVfG lässt sich in einem zweiten Schritt dann entnehmen, dass dieser Spielraum nur ein "volitiver" sein kann. Denn es heißt "nach ihrem Ermessen zu handeln" und nicht "zu entscheiden" oder „zu erkennen“. Der Begriff "handeln" meint ein Tun, Dulden oder Unterlassen und nicht ein Feststellen im Sinne von Erkennen. Ermessen im Sinne von § 40 VwVfG ist also kein kognitives. Es bezieht sich somit nicht nur auf Verwaltungsakte, sondern – wie noch zu zeigen sein wird – in entsprechender Anwendung auch auf sonstige Maßnahmen.
c) Mit der Formulierung "hat (...) auszuüben" begründet § 40 VwVfG eine Verpflichtung zur Ermessensbetätigung, mit der ein Anspruch korrespondiert. Der Inhaber des Anspruchs kann nur derjenige sein, demgegenüber das Ermessen auszuüben ist. Bestätigt wird dies durch die Anweisung, das Ermessen entsprechend dem Zweck der Ermächtigung auszuüben. Aus dem Zweck der Ermächtigung ergibt sich auch, wem gegenüber das Ermessen auszuüben ist.
d) § 40 VwVfG macht deutlich, dass der Rahmen des Ermessensspielraums durch den Zweck der Ermächtigung und die gesetzlichen Grenzen festge-

legt wird. Daraus ergibt sich, dass es mehrere (Handlungs-)Entscheidungen innerhalb dieses Rahmens gibt, die rechtmäßi-gerweise getroffen werden können.

e) Aus § 40 VwVfG selbst lässt sich ableiten, was Ermessensfehler sind: nämlich alle Handlungen, die gegen § 40 VwVfG verstoßen. Damit wird auch dem Wunsch Ramsauers[583] Rechnung getragen, wonach sich der Gesetzgeber mit einer präzisen Formulierung für eine der Ermessensfehlerlehren entscheiden sollte. Wie zu zeigen sein wird, kommt in § 40 VwVfG die Dreifehlerlehre zum Ausdruck. Entscheidend ist nämlich nicht eine in Rechtsprechung und Literatur entwickelte Fehlerlehre, sondern nur diejenige, die § 40 VwVfG beachtet und sich aus ihr ableiten lässt.
f) Schließlich ist aus dieser Gesamtbetrachtung auch der Zweck des § 40 VwVfG zu entnehmen: Die Behörde darf sich in einem ihr eingeräumten Handlungsspielraum, der durch den Zweck der Ermessensermächtigung und die gesetzlichen Grenzen festgelegt ist, bewegen und eine Entscheidung nach ihrem Dafürhalten, also unter Zweckmäßigkeitsgesichtspunkten, treffen. Allein die Grenzen des Spielraums sind zu beachten: Eine Vorgabe des Inhalts, die sachgerechteste oder zweckmäßigste Entscheidung zu treffen, stellt § 40 VwVfG nicht auf. Das wird in der Literatur nicht einhellig so gesehen. Die entsprechenden Meinungen[584] sind jedoch mit dem Hinweis auf das Wesen eines Spielraums zurückzuweisen: Wäre die Behörde verpflichtet, unter den rechtlich zulässigen Entscheidungen die zweckmäßigste zu treffen, hieße dies, dass stets nur eine Entscheidung ergehen könne. Dann kann aber nicht mehr von Ermessen im Sinne von Entscheidungsfreiheit gesprochen werden.

Aus europäischer Sicht wäre eine Gesetzesänderung ebenfalls nicht angezeigt. § 40 VwVfG erfüllt die Empfehlungen des Ministerkomitees.

II. Der Anwendungsbereich des § 40 VwVfG

Der Anwendungsbereich des § 40 VwVfG beschränkt sich zunächst auf die Bereiche mit Handlungsspielräumen. Im Rahmen der gebundenen Verwaltung ist idealtypisch nur eine Entscheidung bzw. nur ein ganz bestimmtes Verhalten der Behörde zulässig[585].

583 Kopp/Ramsauer, VwVfG, § 40 Rdnr. 2.
584 Kopp/Ramsauer, VwVfG, § 40 Rdnr. 2, Kopp/Schenke, VwGO, § 114 Rdnr. 1.
585 Sachs, in: Stelkens/Bonk/Sachs, VwVfG, § 40 Rdnr. 12.

1. Unmittelbare Anwendung

Nach seiner systematischen Stellung im VwVfG gilt § 40 nur für Ermessenshandlungen in Form von Verwaltungsakten, die im Anwendungsbereich des VwVfG erlassen werden[586]. Nach anderer Absicht soll § 40 VwVfG auch für das sogenannte Verfahrensermessen gelten[587], und zwar in unmittelbarer Anwendung. Unter Verfahrensermessen wird das verfahrensgestaltende Ermessen verstanden, das einerseits innerhalb einer Verfahrensart zur Anwendung gelangt (z.B. bezogen auf Beginn und Durchführung des Verfahrens wie Fragen der Verbindung, Trennung und Aussetzung oder der Beteiligung von Behörden[588]) und andererseits die Wahl der Verfahrensart betrifft[589].
Begründet wird die unmittelbare Anwendbarkeit des § 40 VwVfG mit dessen Wortlaut. Dort heißt es, dass die Behörde "nach ihrem Ermessen handelt". Weil mit "handeln" ein weiteres Betätigungsfeld beschrieben wird als mit "entscheiden"[590], lasse § 40 VwVfG die Einbeziehung eines Verfahrensermessens zu.
Nach Hill[591] könne das Verfahrensermessen einen ähnlichen Spielraum bei der Anwendung von Verfahrensrecht und der tatsächlichen Durchführung und Gestaltung von Verfahren zur Verwirklichung einer Verfahrensgerechtigkeit einräumen wie § 40 VwVfG in bezug auf materiell-rechtliche Entscheidungen. Verfahrensermessen werde durch die Generalklausel des § 10 VwVfG[592] oder durch spezialgesetzliche Verfahrensvorschriften[593] eingeräumt. § 10 VwVfG besage, dass das Verwaltungsverfahren an bestimmte Formen nicht gebunden und einfach, zügig sowie zweckmäßig durchzuführen sei. Obwohl die Vorschrift das Wort "Ermessen" nicht enthalte, werde durch die Formulierung "nicht gebunden" und "zweckmäßig" unzweifelhaft zum Ausdruck gebracht, dass der Behörde hinsichtlich der Gestaltung des Verwaltungsverfahrens ein

---

586 So auch noch Kopp/Ramsauer, VwVfG, § 40 Rdnr. 3.

587 Sachs, in: Stelkens/Bonk/Sachs, VwVfG, § 40 Rdnr. 45; Rothkegel, DÖV 1982, 511 (512).

588 P. Stelkens/Schmitz, in: Stelkens/Bonk/Sachs, VwVfG, § 10 Rdnr. 16; Hill, NVwZ 1985, 449; offen gelassen von Lange, NJW 1992, 1193 (1194).

589 Sachs, in: Stelkens/Bonk/Sachs, VwVfG, § 40 Rdnr. 45, i.V.m. P. Stelkens/Schmitz, § 10 Rdnr.16; a.A. Hill, NVwZ 1985, 449.

590 In der Entwurfsfassung des § 36 EVwVfG 1973 (BT-Drs. 7/910, S. 16) hatte die Vorschrift noch den Wortlaut „nach ihrem Ermessen zu *entscheiden*.“

591 NVwZ 1985, 449 (450); DÖV 1987, 885.

592 Lange, NJW 1992, 1193 (1194); Clausen, in: Knack, VwVfG, § 10 Rdnr. 8; Stelkens/Schmitz, in: Stelkens/Bonk/Sachs, VwVfG, § 10 Rdnr. 16.

593 Beispiele: Frühzeitige Bürgerbeteiligung (§ 2 a Abs. 2 - 4 BBauG), Unterrichtungsgebot der Gemeinde bei wichtigen Planungen (zum Beispiel: § 16 a Abs. 2 GO SchlH).

Spielraum eröffnet werde. § 10 VwVfG sei nicht lediglich Programmsatz, sondern habe rechtsnormativen Charakter und sei damit unmittelbar verbindlich[594]. Das Verfahrensermessen bezieht sich nach dieser Darstellung auf alle Verwaltungsverfahren im Sinne von § 9 VwVfG und findet seine Ermächtigungsgrundlage in einer Vielzahl einzelner Bestimmungen des VwVfG, die die Auswahl des Verfahrens einschließlich der Handlungsform, den Beginn (§ 22) und die Durchführung insgesamt, wie etwa die Sachverhaltsermittlung (§ 24), die Berichtung eines Verwaltungsaktes nach § 42 VwVfG[595], die generelle Anordnung von Antragsfristen oder die Verbindung, Trennung und Aussetzung der Verwaltungsverfahren betreffen.

Für die Richtigkeit der herrschenden Auffassung sprechen der Begriff "handeln" und die Tatsache, dass der Gesetzgeber mit der Änderung des Wortlauts von "entscheiden" in "handeln" die Stimmigkeit mit der Definition des Verwaltungsaktes in § 35 VwVfG, der sich auf eine Maßnahme (d.h. eine Handlung) bezieht, herstellen wollte. Jedoch ergibt die Stellung des § 40 VwVfG im Teil III des Gesetzes, der sich mit dem Verwaltungsakt befasst[596], dass sich § 40 VwVfG so wie alle anderen Vorschriften des III. Teils unmittelbar nur auf den Erlass von Verwaltungsakten beziehen kann. Insofern scheidet eine unmittelbare Anwendung auf das Verfahrensermessen aus. Damit bleibt aber die Frage der entsprechenden Anwendung (siehe unten 2.).

2. Entsprechende Anwendung

Die entsprechende Anwendung des § 40 VwVfG wird zu Recht weit gespannt. Dies ist damit zu begründen, dass § 40 VwVfG der Ausdruck eines allgemeinen Rechtsgedankens[597] ist, nämlich dass ein der Behörde eingeräumter Spielraum nie schrankenlos sein kann. Der Spielraum muss sich stets am Zweck der Ermächtigung orientieren und darüber hinaus die gesetzlichen Grenzen beachten.

---

594 Ule/Laubinger, § 19 Rdnr. 13; Clausen, in: Knack, VwVfG, § 10 Rdnr. 8; Obermayer, VwVfG, § 10 Rdnr. 14, 20; Hill, NVwZ 1985, 449 (451).

595 Sachs, in: Stelkens/Sachs/Bonk, VwVfG, § 40 Rdnr. 21; § 42 Rdnr. 28.

596 P. und U. Stelkens, in: Stelkens/Bonk/Sachs, VwVfG, § 35 Rdnr. 1.

597 Amtliche Begründung: 8; Rothkegel, DÖV 1982, 511 (512); Lange, NW 1992, 1193 (1194); Obermayer, VwVfG, § 40 Rdnr. 114; Kopp/Ramsauer, VwVfG, § 40 Rdnr. 3.

Fälle entsprechender Anwendung sind damit alle Handlungen und Entscheidungen, denen kein Verwaltungsaktscharakter zukommt.

a) Entscheidungen mit Verwaltungsaktscharakter, die auf keiner gesetzlichen Grundlage beruhen

Es gibt Verwaltungsakte, die auf keiner gesetzlichen Grundlage beruhen, so etwa im Bereich des Zuwendungsrechts und bei außerordentlichen Maßnahmen in Notfällen. Hier spricht eine in der Literatur weit verbreitete Ansicht, zu der Henneke[598], Liebetanz[599], Ramsauer[600], Sachs[601], Stern[602] und Ule[603] von „frei gestaltender Verwaltung" und wendet § 40 VwVfG nur entsprechend an.

b) Entscheidungen ohne Verwaltungsaktscharakter

Nach der Legaldefinition des § 35 VwVfG ist Verwaltungsakt jede Verfügung, Entscheidung oder andere hoheitliche Maßnahme, die eine Behörde zur Regelung eines Einzelfalles auf dem Gebiet des öffentlichen Rechts trifft und die auf unmittelbare Rechtswirkung nach außen gerichtet ist. Wird eines dieser Merkmale nicht erfüllt, liegt kein Verwaltungsakt vor. Maßnahmen, die von ihrem Erscheinungsbild Verwaltungsakten ähnlich sind, sind solche ohne Regelungscharakter.

Unter Regelung ist die unmittelbare Begründung (einschließlich der Konkretisierung und Individualisierung), Aufhebung, Abänderung oder Feststellung von subjektiven Rechten Betroffener mit dem Anspruch unmittelbarer Verbindlichkeit und Bestandskraftwirkung zu verstehen[604].

An diesem Erfordernis der Rechtserheblichkeit mangelt es beispielsweise bei Mitteilungen[605], Warnungen oder Verwarnungen[606], Auskünften (Erteilung

---

598 in: Knack, VwVfG, § 40 Rdnr. 14.

599 in: Obermayer, VwVfG, § 40 Rdnr. 10.

600 Kopp/Ramsauer, VwVfG, § 40 Rdnr. 3.

601 in: Stelkens/Bonk/Sachs, VwVfG, § 40 Rdnr. 31.

602 Staatsrecht, Band 2; § 41 III 3 c gamma.

603 Ule/Laubinger, § 55 Rdnr. 2.

604 Kopp/Ramsauer, VwVfG, § 35 Rdnr. 47.

605 dagegen Verwaltungsakt: Mitteilung über die beabsichtigte Eintragung oder beabsichtigte Löschung einer Eintragung in die Handwerksrolle auf Grund von § 13 HandwO, BVerwGE 88, 122; 95, 363 (364).

grundsätzlich kein Verwaltungsakt; Verweigerung dagegen Verwaltungsakt), Hinweisen auf die Rechtslage[607] (zum Beispiel bei Fahrtenbuchauflagen) und der Androhung einer Fahrtenbuchauflage[608], Anforderungen (zum Beispiel Vorlage einer medizinisch-psychologischen Begutachtung gemäß § 3 Abs. 2 StVZO oder Anordnung einer psychologischen Beurteilung eines Luftfahrers bzw. Erlaubnisbewerbers nach § 24 a Abs. 1 Satz 2 LuftVZO[609]), der Anordnung der sofortigen Vollziehung gemäß § 80 Abs. 2 Satz 1 Nr. 4 VwGO[610] und wiederkehrenden Verfügungen.
Von den Maßnahmen, die einem Verwaltungsakt ähnlich sind, sind der öffentlich-rechtliche Vertrag[611] und rechtsgeschäftliche Handlungen[612] wie zum Beispiel Kündigungen, Aufrechnungen[613], Geltendmachung eines Zurückbehaltungsrechts zu unterscheiden.

c) Verfahrensermessen

Oben ist dargelegt worden, dass sich § 40 VwVfG nur auf Verwaltungsakte bezieht. Weil aber auch Entscheidungen in Bezug auf Verfahrenshandlungen nicht schrankenlos sein können, sind die allgemeinen Grundsätze des § 40 VwVfG auf das Verfahrensermessens entsprechend anzuwenden[614].

d) Planungsermessen; Normsetzungsermessen; sonstige Ermessenserscheinungen

So wie allgemeine Grundsätze der Ermessenslehre auch im Bereich des Planungsermessens zur Anwendung gelangen[615], ist § 40 VwVfG als allgemeiner

---

606 Rädler, NVwZ 2000, 1260; Verwarnung eines Ausländers (OVG Münster, NJW 1979, 1989).
607 VGH Mannheim, NVwZ 1983, 100; OVG Berlin, DVBl. 1983, 680.
608 VGH Mannheim, DÖV 1978, 852.
609 BVerwG, NJW 1970, 1989; Hoffmann/Grabherr, LuftVZO, § 4 Rdnr. 59.
610 OVG Berlin, NVwZ 1993, 198.
611 Sachs, in: Stelkens/Bonk/Sachs, VwVfG, § 40 Rdnr. 47; BVerwG, DVBl. 1979, 866; BVerwGE 94, 202 (204 f.).
612 Kopp/Ramsauer, VwVfG, § 5 Rdnr. 61.
613 BVerwGE 66, 210 (218).
614 Liebetanz, in: Obermayer, VwVfG, § 40 Rdnr. 7.
615 Rennert, in: Eyermann/Fröhler, VwGO, § 114 Rdnr. 34: entsprechende Anwendung des § 114 Satz 1 VwGO.

Rechtsgedanke auch bei allen anderen Erscheinungsformen möglich, soweit ein auf eine Handlung bezogenes Ermessen in Rede steht. Es ist nicht auf das Setzen einer Rechtsfolge beschränkt, sondern kann auch im Bereich bloßer organisatorischer Gestaltung, etwa der Behördenorganisation, vorliegen (Organisationsermessen[616]).

3. Ergebnis

Die Gesetzesfassung des § 40 VwVfG ist nicht zu beanstanden, weder aus nationaler noch aus europäischer Sicht. § 40 VwVfG bezieht sich auf den Erlass eines Verwaltungsaktes und weist die Behörde an, das ihr durch Gesetz, Rechtsverordnung oder Satzung eingeräumte oder im Rahmen der Rechtsordnung bestehende Ermessen entsprechend dem Zweck der Ermächtigung und unter Enhaltung der gesetzlichen Grenzen auszuüben. Eine Verletzung dieser Verpflichtung stellt einen Rechtsverstoß dar, der sogar in der Revison geltend gemacht werden kann. Nach verbreiteter Ansicht wird § 40 VwVfG lediglich entsprechend angewendet, wenn Verwaltungsakte ohne gesetzliche Grundlage erlassen werden. Im Übrigen kann § 40 VwVfG im Wege der Analogie überall dort herangezogen werden, wo es um behördliche Handlungsspielräume geht[617].

C. Inhalt des § 40 VwVfG

Nachdem der Anwendungsbereich des § 40 VwVfG geklärt ist, soll der Inhalt der Vorschrift herausgearbeitet werden.

I. Der Begriff des Ermessens

Der Gesetzgeber hat den Begriff des Ermessens weder im Verwaltungsverfahrensgesetz noch an anderer Stelle in unserer Rechtsordnung legal definiert. Er setzt ihn voraus. So fehlt eine Definition auch in den anderen (öffentlichrechtlichen) Verfahrensordnungen, soweit sie Fragen der Ermessensausübung

---

616 BGH, NJW 1996, 123 (124); VGH München, NVwZ-RR 1993, 355 f.; Sachs, in: Stelkens/Bonk/Sachs, VwVfG, § 40 Rdnr. 47 – instruktiv: BVerwGE 95, 15 (17).

617 Kopp/Ramsauer, VwVfG, § 40 Rnr. 3.

und –überprüfung betreffen. Hier sind § 39 SGB X und § 5 AO 1977 einerseits sowie § 114 VwGO, § 102 FGO und § 54 Abs. 2 SGG andererseits zu nennen.

Vorschriften, die dem Adressaten ein Ermessen einräumen, sind nicht auf das Gebiet des öffentlichen Rechts beschränkt, sondern tauchen sogar im Bereich des Zivilrechts auf. Dort finden sie sich etwa in §§ 280, 287 ZPO und in § 315 BGB. In keiner dieser Vorschriften ist der Begriff des Ermessens definiert. Es ist folglich anhand der zur Verfügung stehenden Auslegungsmethoden zu ermitteln, welcher begriffliche Inhalt dem Ermessen zukommt.

1. Auslegung nach dem Wortsinn (Grammatische Auslegung)

Die Auslegung eines Textes beginnt mit dem Wortsinn[618]. Die sogenannte grammatische Interpretation fragt nach dem Sinn, nach der Bedeutung der in den Rechtssätzen benutzten Worte, und zwar nach dem spezifisch juristischen Sinn, der seinerseits von dem allgemeinen umgangssprachlichen Sinn ausgeht[619].

Der Wortsinn, den die Sprachwissenschaft dem Ermessen zuschreibt, kann den deutschen Wörterbüchern entnommen werden:
Das deutsche Wort kommt von dem Verb emetiri. Dieses wiederum hieß im Althochdeutschen: irme(ä)zzan und im Mittelhochdeutschen: ermézzen. Im Deutschen Wörterbuch der Gebrüder Grimm[620] wird der Begriff Ermessen in sinnlicher und abstrakter Hinsicht wie folgt definiert:

- „sinnlich: die höhe eines thurms, die tiefe eines brunnens, die weite eines weges ermessen, ausmessen; durchmessen; mit oder an den fingern ermessen, abmessen

- abstrakt: intelligere, comprehendere, abnehmen, entnehmen, begreifen, überlegen, beurtheilen; ... den grund einer sache, eine sache gründlich ermessen

- Ermessen: nach meinem Ermessen, dafürhalten.“

---

618 Larenz, S. 320.
619 Bull, Rdnr. 352; Larenz, S. 320.
620 Band 3 (E-Forscher), S. 914 f.

Im Großen Wörterbuch der Deutschen Sprache[621] wird Ermessen wie folgt erläutert:

- „In seinem Ausmaß, seiner Bedeutung erfassen und einschätzen: Wer ermißt die Bedeutung dieses Augenblicks?; Ermessen: Einschätzung, Beurteilung; etwas in jemandes Ermessen stellen: jemandem die Entscheidung nach seinem eigenen Urteil überlassen".

Im Großen Deutschen Wörterbuch von Mackensen heißt es:

- „Urteil, Entscheidung (dies ist in dein Ermessen gestellt = dir anheimgestellt; nach menschlichem Ermessen; Ermessensfrage = nach persönlicher Meinung zu entscheidendes Problem; Ermessensmißbrauch: Einbeziehung fremder Überlegungen; Ermessensüberschreitung: Nichtbeachtung des gesetzlichen Ermessensrahmens; ermeßlich = ermeßbar.)"

Nach den im Wesentlichen übereinstimmenden Sinnbeschreibungen bezieht sich Ermessen sowohl auf das Beurteilen als auch auf das Handeln. Somit kommt dem Begriff Ermessen nach dem allgemeinen Sprachgebrauch ein zweigliedriger Wortsinn zu, der seine Bezugspunkte sowohl im Handeln als auch im Erkennen hat.
Es bleibt also herauszuarbeiten, ob der Gesetzgeber unter Ermessen das volitive und/oder das kognitive Ermessen versteht. Entscheidend wäre jetzt das Vorliegen eines besonderen Sprachgebrauchs im Gesetz oder in der Gesamtrechtsordnung überhaupt. Das ist aber – wie eingangs ausgeführt – gerade nicht der Fall. Ein spezifischer Begriffsumfang liegt nicht vor. Jedoch wird der Inhalt eines Wortes erschlossen aus der Folge und Verknüpfung derjenigen Bedeutungen, die einzelnen Ausdrücken und Satzverbindungen des Gesetzestextes eben nach dem allgemeinen Sprachgebrauch oder nach einem besonderen Sprachgebrauch des Gesetzes zukommen[622]. Hiernach bietet sich eine Untersuchung des Verhältnisses der einzelnen Wörter in § 40 VwVfG an. Das Wort Ermessen ist nicht nur auf das Wort „handeln", sondern auch auf die Wörter „auszuüben" und „einzuhalten" bezogen. Beide Wörter stehen für ein Tätigwerden im Bereich des Willensentschlusses und nicht im Bereich der Erkenntnis. Aus der so begrenzten Bedeutung der Verben „handeln", „einhalten" und „ausüben" ist der Bezugspunkt des Ermessens im Sinne von § 40 VwVfG im Bereich des Handelns festzustellen und nicht in dem des Erkennens.

---

621 Band 2.
622 Larenz, II. 4. Kapitel 2. a).

Also ergibt sich aus der Verwendung des Begriffs Ermessen, dass der Gesetzgeber unter Ermessensausübung ein Handeln und nicht ein Beurteilen versteht. Das Auslegungskriterium des Wortsinns führt also auf dieser Stufe zu einem eindeutigen Ergebnis.

2. Auslegung nach dem Bedeutungszusammenhang (Systematische Inhaltsbestimmung)

Die logische oder systematische Interpretation erarbeitet Schlüsse aus dem Verständnis der einzelnen Teile zueinander, insbesondere dem Sinnzusammenhang der Rechtsnormen[623].
Ausgangsüberlegung dieses Auslegungskriteriums ist die Tatsache, dass ein Gesetz zumeist aus unvollständigen (zum Beispiel erläuternden, einschränkenden oder verweisenden) Rechtssätzen besteht, die sich erst zusammen mit anderen zu einem vollständigen Rechtssatz ergänzen oder zu einer Regelung zusammenschließen[624]. Der Sinn des einzelnen Rechtssatzes erschließt sich zumeist erst dann, wenn man ihn als Teil der Regelung betrachtet, der er zugehört[625].

Aus der Stellung des § 40 VwVfG innerhalb des Gesetzes kann ebenfalls wie nach der grammatischen Auslegung nur gefolgert werden, dass sich Ermessen auf ein Handeln bezieht. § 40 VwVfG gehört zu Abschnitt 1 (Zustandekommen des Verwaltungsaktes) des Teils III (Verwaltungsakt). Das Ermessen bezieht sich also auf den Erlass des Verwaltungsaktes, der ein Akt des Handelns und nicht des Beurteilens ist. Eine „Verschiebung“ des § 40 in einen anderen Teil des Gesetzes wäre nicht logisch gewesen. Für eine Aufnahme der Ermessensregelung wäre nur der vorausgehende Teil II (Allgemeine Vorschriften über das Verwaltungsverfahren) in Betracht gekommen. Er behandelt Verfahrenserfordernisse oder –anforderungen für das Verfahren im Allgemeinen, das heißt die Vorbereitung eines Verwaltungsaktes oder eines öffentlich-rechtlichen Vertrages im Sinne der Prüfung von Voraussetzungen. So finden sich dort Vorschriften etwa über die Anhörung, die Akteneinsicht, also schon Vorschriften, die einen verfahrensrechtlichen Bezug aufweisen und als Ausfluss von Art. 19 Abs. 4 GG einzuordnen sind. Es können dort jedoch nicht sämtliche Verfahrensfragen geregelt werden, weil sich der Teil II auf jedes Verwaltungsverfah-

---

623 Bull, Rdnr. 353.
624 Larenz, II. 4. Kapitel 2. b).
625 Larenz, II. 2. Kapitel 3.

ren im Sinne des § 9 VwVfG bezieht, also auch auf den Abschluss eines öffentlich-rechtlichen Vertrages. Weil sich Fragen der Begründung (§ 39) und des wählenden Verhaltes (§ 40) nur in Bezug auf den Erlass des Verwaltungsaktes stellen, musste § 40 im Teil III angesiedelt werden. Die Stellung des § 40 im VwVfG ergibt also, dass Ermessen sich nur auf ein Handeln beziehen kann.

Die gesetzessystematische Betrachtungsweise kann über das VwVfG hinaus ausgedehnt werden und führt sogar zur Bekräftigung des hier gebildeten Standpunktes. In der Zusammenschau mit § 68 und § 114 VwGO wird noch deutlicher, dass sich Ermessen auf „Handeln" bezieht. Beide Vorschriften regeln die Überprüfung von Verwaltungsakten und besonders die von Ermessensentscheidungen. Nach § 68 Abs. 1 Satz 1 VwGO haben bei Erhebung eines Widerspruchs die Ausgangsbehörde und – bei Nichtabhilfe – die Widerspruchsbehörde neben der Rechtmäßigkeit auch die Zweckmäßigkeit zu überprüfen. Zweckmäßigkeit kann sich nur auf das Handeln beziehen und nicht auf das Beurteilen. § 114 VwGO findet Anwendung, „soweit die Verwaltungsbehörde ermächtigt ist, nach ihrem Ermessen zu handeln (...)". Somit wird klar, dass – jedenfalls für das öffentliche Recht – unter Ermessen ein Handeln und nicht ein Beurteilen zu verstehen ist.

3. Auslegung nach dem Willen des Gesetzgebers (Historische Auslegung)

Die historische Interpretation will den „Willen des Gesetzgebers", das heißt seine Regelungsabsicht (also die verfolgten Zwecke) erforschen; dazu werden die näheren Umstände der „Genesis" eines Gesetzes und die dabei geäußerten Ansichten von Mitwirkenden (Abgeordneten, Ministerialbeamten, Experten, Interessenten) herangezogen, vor allem, soweit sie sich in Dokumenten (Gesetzesbegründungen, Ausschussberichten, Gutachten) niedergeschlagen haben[626]. Dabei muss man jedoch Vorsicht walten lassen, wenn es zu der gerade aufgeworfenen Frage entweder keine oder widersprüchliche Aussagen gibt[627]. Im Hinblick auf den Begriff des Ermessens sind in der Tat keine Äußerungen zu finden. Die Ermessensvorschrift des § 36 EVwVfG 1973 bzw. des 40 VwVfG blieb – was den Ermessensbegriff betraf – undiskutiert. Man war sich darüber hinaus offensichtlich auch über die Rahmenbedingungen für die rechtmäßige Ermessensbetätigung einig und orientierte sich insoweit an der Formulierung in

626 Bull, Rdnr. 354.
627 Larenz, II. 4. Kapitel 2. c).

§ 114 VwGO: „Soweit die Behörde ermächtigt ist, nach ihrem Ermessen zu handeln (...)". Lediglich über das Wort „entscheiden" in der Erstfassung des § 40 VwVfG wurde in den Ausschüssen verhandelt. Dort hatte man den Wortlaut in „handeln" abgeändert, um den Gleichlaut mit entsprechenden Vorschriften im Steuerrecht (wohl § 5 AO 1977) herzustellen. Ob dies Zufall gewesen ist – nämlich in dem Sinne, dass es auch bei „entscheiden" hätte bleiben können, wenn § 5 AO eben dieses Verb enthalten hätte – kann nur spekuliert werden. Aber: Es spricht schon mehr dafür, dass sich die Ausschüsse im Falle ernsthaften Erwägens des Wortes „entscheiden" letztlich doch für „handeln" entschieden hätten. Denn neben § 5 AO 1977 enthielten die Prozessordnungen bereits mit ihrem § 102 FGO, § 114 VwGO und § 54 Abs. 2 SGG den Wortlaut „nach Ermessen zu handeln".
Die historische Auslegung führt daher zu folgender Schlussfolgerung: Auch wenn entsprechende Äußerungen zum Inhalt des Begriffs Ermessen fehlen, kann der Wille des Gesetzgebers jedoch mittelbar festgestellt werden. Er hat das Ermessen dem Bereich des Handelns und nicht dem des Entscheidens = Erkennens zugeordnet. Aus der Gesetzessystematik heraus wäre die Verwendung des Wortes „entscheiden" auch inkonsequent gewesen, wenn darauf abgestellt wird, dass das Verwaltungsverfahren im Sinne von § 9 VwVfG mit einer Entscheidung abschließt (Verwaltungsakt oder öffentlich-rechtlicher Vertrag). Das in § 40 VwVfG verwendete Begriffspaar „Ermessen" und „handeln" steht nach dem Ergebnis der historischen Auslegung folglich für das volitive Ermessen.

4. Auslegung nach dem Zweck (Teleologische Auslegung)

Als das praktisch wichtigste und am häufigsten verwendete Auslegungskriterium ist die teleologische Interpretation vorzunehmen. Der teleologischen Interpretation geht es um den („objektivierten") „Willen des Gesetzes". Hier ist abzustellen auf die Werturteile der bei der Entscheidung, nicht bei der Setzung herrschenden Kulturschicht[628]. Dieser Ansatz ermöglicht dadurch eine Anpassung der Gesetzesanwendung an neuere Entwicklungen[629]. Zur teleologischen Auslegungsmethode gehört schließlich noch die Berücksichtigung objektiv-teleologischer Kriterien[630].

628 Larenz, II. 4. Kapitel 2. c); Bull, Rdnr. 355, unter Verweis auf Bartholomeyczik, Die Kunst der Gesetzesauslegung, S. 43 f.
629 Engisch, S. 113.
630 Larenz, II. 4. Kapitel 2. d).

Die teleologische Auslegungsmethode hilft bei der Beantwortung der hier gestellten Frage nach dem Begriffsinhalt des in § 40 VwVfG enthaltenen Begriffs des Ermessens nur bedingt weiter. Der objektivierte Wille wird durch diejenigen, die vom Gesetz betroffen werden und es anzuwenden haben, ermittelt. Stellt man nun auf die maßgebenden Betrachter, nämlich die heute aktuelle Rechtsprechung und ganz überwiegende Literatur ab, ist Ermessen als Handeln im Gegensatz zum Erkennen zu verstehen. Aber: Die teleologische Auslegung führt dazu, dass der Begriffsinhalt von außen, und zwar mit der heute herrschenden Auffassung hinein gelesen wird. In dieser Untersuchung soll aber gerade vom § 40 VwVG selbst ausgegangen werden.

Dagegen führen die *objektiv*-teleologischen Auslegungskriterien hier schon etwas weiter. Unter diesen, die sich aus den objektiven Zwecken des Rechts, vornehmlich aus dem Gedanken der Gerechtigkeit ergeben, kommt dem Prinzip der Gleichbehandlung des (gemäß den allgemeinen Wertungen der Rechtsordnung) Gleichartigen (oder Gleichsinnigen) eine hervorragende Bedeutung zu[631]. Daraus folgt die Forderung, Wertungswidersprüche zu vermeiden. So sollen Rechtssätze im Rahmen ihres möglichen Wortsinns und des Bedeutungszusammenhangs so ausgelegt werden, dass eben diese Wertungswidersprüche vermieden werden[632]. Hiernach muss der Begriff „Ermessen" so ausgelegt werden, dass alle Vorschriften, die in ihrem Wortlaut den Begriff „Ermessen" enthalten, in einem in sich schlüssigen Verhältnis zueinander stehen. So gesehen wird nur bei Zugrundelegung von „volitivem" Ermessen ein in sich verständiges Vorschriftensystem deutlich erkennbar.

5. Ergebnis der Auslegung

Die Auslegung des Begriffs „Ermessen" nach den vier herkömmlichen Auslegungsmethoden führt zu dem Gesamtergebnis, dass unter Ermessen ein „Handeln" im Gegensatz zum „Erkennen" oder „Beurteilen" zu verstehen ist. Dabei hätte es nach einem der maßgeblichen Ansätze in der juristischen Methodenlehre keiner weiteren Untersuchung anhand der anderen Kriterien mehr bedurft, weil bereits die Auslegung nach dem Wortsinn zu einem eindeutigen Ergebnis geführt hat[633]. Denn wenn bei zwei oder mehreren Bedeutungsvarianten der gesetzliche Wortsinn im Sinne nur einer Bedeutungsvariante bestimmt

---

631 Larenz, II. 4. Kapitel 2. d).
632 Larenz, II. 4. Kapitel 2. d).
633 Larenz, II. 4. Kapitel 2. f).

werden kann, steht der Begriffsinhalt schon fest. Jedoch können neue Fragen nach dem Begriffsinhalt auftauchen, wenn etwa der historische Gesetzgeber noch von einer widersprüchlichen Zweckrichtung ausgegangen ist. Gerade um diesen Fragen des Vorrangs einer Methode aus dem Wege zu gehen, sind sämtliche Auslegungskriterien verwendet worden. Dies ist im Ergebnis trotz der Rangfolgeüberlegungen nicht zu beanstanden.

Alle Auslegungskriterien führen zu dem Ergebnis, dass Ermessen eine Wahlfreiheit in Bezug auf ein Handeln meint. Mit der Auslegung ist daher für die vorliegende Untersuchung und ihre (späteren) Schlussfolgerungen viel gewonnen.

II. Einräumung des Ermessens

§ 40 VwVfG formuliert, dass die Behörde das Ermessen auszuüben *hat*, wenn sie hierzu ermächtigt ist. Unter Ermächtigung ist die Einräumung eines Rechts oder einer Befugnis zu verstehen. In welcher Form dies geschehen kann, ist umstritten. Es ist folglich näher zu untersuchen, wodurch Ermessen eingeräumt wird. Ausgangspunkt der Betrachtung ist die herrschende Auffassung im Schrifttum, dass Ermessen nur normativ eingeräumt sein könne. Damit wird zugleich die Frage aufgeworfen, ob von einer Ermesseneinräumung auch in den Fällen gesprochen werden kann, in denen die Behörde Verwaltungsakte ohne spezialgesetzliche Rechtsgrundlage – und damit im Rahmen eines Entscheidungsspielraums – erlässt.

1. Einräumung des Ermessens durch Rechtsnormen

a) Einräumung des Ermessens durch Gesetze im materiellen Sinn

Die herrschende Ansicht im Schrifttum ist der Auffassung, dass Ermessen nur durch Gesetz eingeräumt werden könne[634]. Sie lässt dann aber offen, ob sie den Begriff „Gesetz“ im formellen oder im materiellen Sinne versteht. In Erman-

634 Schmidt-Aßmann, in: Maunz/Dürig/Herzog/Scholz, GG, Art. 19 Abs. 4 Rdnr. 189; Maurer, Allgemeines Verwaltungsrecht, § 7 Rdnr. 9; Henneke, in: Knack, VwVfG, § 40 Rdnr. 14; Sachs, in: Stelkens/Bonk/Sachs, VwVfG, § 40 Rdnrn. 21, 31; Detterbeck, der dann von echtem Ermessen spricht, Ermessen, B. II.; R. Schmidt, SGb 1984, 550.

gelung differenzierender Äußerungen zu dieser Frage muss anhand einer allgemeinen Betrachtung hier eine eigene Antwort gefunden werden. Dem Wortlaut "ist die Behörde ermächtigt" ist zunächst zu entnehmen, dass der Gesetzgeber nicht davon ausgegangen ist, dass sich die Behörde ihr Ermessen selbst einräumt. Also wird ihr das Ermessen (von außen – von dritter Seite) eingeräumt. Dies erfolgt zunächst unstreitig durch Gesetze im formellen Sinne, das heißt durch Rechtsnormen, die der Gesetzgeber erlassen hat. Als entscheidende Ermächtigung, die letztlich „auf Grund eines formellen Gesetzes" ergeht, dürften auch diejenigen Normen der Exekutive anzusehen sein, die auf der Grundlage von Verordnungs- oder Satzungsermächtigungen ergehen. Insoweit kann man sagen, dass das Ermessen mittelbar vom Gesetzgeber eingeräumt ist. Denn soweit sich die Ermesseneinräumung im Rahmen der Ermächtigung hält, erscheint diese vom Willen des Gesetzgebers auch gedeckt. So wird der Verwaltung beispielsweise im Bereich des Straßenverkehrsrechts überwiegend Ermessen durch eine Rechtsverordnung, nämlich die StVO, eingeräumt.

b) Ermessen einräumende Formulierungen

Es lassen sich hier elf Fälle unterscheiden, in denen Ermessen eingeräumt wird. Die deutlichste Form ist die Verwendung des Wortes „Ermessen", meist in der Verbindung mit „pflichtgemäß" (Beispiel[635]: Nach § 4 Abs. 2 BSHG ist „über Form und Maß der Sozialhilfe nach pflichtgemäßem Ermessen zu entscheiden.").

Weiterhin gebräuchlich sind Wörter, die auf eine Wahlfreiheit hindeuten, wie „kann"[636] (Beispiel: § 20 Abs. 1 BImSchG[637]); „ist befugt"; „ist berechtigt";

---

635 Weitere Beispiele: § 36 Abs. 1 GewO; § 10 BGSG; § 36 Abs. 2 VwVfG.

636 Zu beachten ist jedoch, dass es sich in einigen Vorschriften nicht um ein Ermessens-Kann, sondern um ein Kompetenz-Kann handelt (Scheerbarth, DVBl. 1967, 301 (302 Fn. 4); BVerwGE 23, 25 (29); 44, 339 (342) oder lediglich um eine Ermächtigung der Behörde zu einer gebundenen Entscheidung (BVerwGE 85, 177 (184); VGH München, BayVBl. 1995, 84). Beispiele: § 15 Abs. 3 GaststG: „Sie (die Erlaubnis zum Betrieb eines Gaststättengewerbes) kann widerrufen werden, wenn ..".

637 Text: Kommt der Betreiber einer genehmigungsbedürftigen Anlage einer Auflage, einer vollziehbaren nachträglichen Anordnung oder einer als abschließend bestimmten Pflicht aus einer Rechtsverordnung nach § 7 nicht nach und betreffen die Auflage, die Anordnung und die Pflicht die Beschaffenheit oder den Betrieb der Anlage, so kann die zuständige Behörde den Betrieb ganz oder teilweise bis zur Erfüllung der Auflage, der Anordnung oder der Pflichten aus der Rechtsverordnung nach § 7 untersagen.

„ist ermächtigt“ (Beispiel: § 25 Abs. 1 NatSchG LSA); „hat die Wahl“ (Beispiel: § 2 Abs. 2 VwZG)[638]; „darf“ (Beispiel: § 28 Abs. 3 Satz 1 AuslG)[639] „soll“ (Beispiel: § 12 Abs. 4 Satz 1 WPflG)[640] und „in der Regel“.
Ermessen wird aber auch durch die Angabe von Alternativen und Varianten eingeräumt, wie beispielsweise bei § 49 WaffG. Danach kann die Waffenbehörde bei einem Widerruf des Waffenscheins entweder die Unbrauchbarmachung der Waffe oder ihre Überlassung an einen Berechtigten anordnen: Eine von beiden Maßnahmen muss sie vornehmen.

In manchen Fällen lässt sich die Ermesseneinräumung erst aus dem gesetzlichen Gesamtzusammenhang oder aus der Natur der Sache erschließen. Als Beispiel für das Erstere ist hier § 48 StVO zu nennen: Nach § 48 StVO ist derjenige, der Verkehrsvorschriften nicht beachtet, auf Vorladung der zuständigen Behörde verpflichtet, an einem Verkehrsunterricht teilzunehmen. Obwohl diese Bestimmung der Behörde nicht expressis verbis ein Ermessen einräumt – es heißt nur „auf Vorladung“ –, ist anerkannt, dass die Behörde nicht jeden Verkehrssünder vorladen muss; dies wäre auch gar nicht praktikabel. Insoweit besteht ein behördliches (Entscheidungs-)Ermessen[641].

c) Zweifels- und Abgrenzungsfragen

Auf der anderen Seite stehen Formulierungen, die eine Gebundenheit der Verwaltung begründen. Zu nennen sind hier: „muss“ (muss versagt werden; § 57 GewO), „ist zu“ (erteilen) und „darf nicht“ (versagt werden). Aber auch hier gibt es verschiedene Bereiche, in denen die vorgesehene Rechtsfolge zweifelhaft ist: So lässt die Verwendung des Bindewortes „oder“ nicht immer auf eine Ermächtigung zu alternativem Handeln schließen. Nach § 35 Abs. 1 Satz 1 GewO ist die Ausübung des Gewerbes ganz *oder* teilweise zu untersagen, wenn die dort genannten Voraussetzungen vorliegen. Ob das Eine oder Andere zu geschehen hat, ist nicht eine Ermessensentscheidung, sondern eine gebun-

638 Die Behörde hat die Wahl zwischen den einzelnen Zustellungsarten, auch soweit in bestehenden Rechtsvorschriften eine bestimmte Zustellungsart vorgesehen ist.
639 Die unbefristete Aufenthaltserlaubnis darf nur versagt werden, wenn (..).
640 Vom Wehrdienst soll ein Wehrpflichtiger auf Antrag zurückgestellt werden, wenn die Heranziehung zum Wehrdienst für ihn wegen persönlicher, insbesondere häuslicher, wirtschaftlicher oder beruflicher Gründe eine besondere Härte bedeuten würde.
641 Maurer, Allgemeines Verwaltungsrecht, § 7 Rdnr. 9; Detterbeck, Ermessen, B. II. 2.

dene Ermessensentscheidung[642]. Das ergibt sich nach zutreffender Auffassung des Bundesverwaltungsgerichts[643] aus dem Wortlaut und der Ratio der Vorschrift. Die Frage, welche der Maßnahmen – nämlich „ganz oder teilweise" – zu treffen sei, sei – wie überhaupt die Notwendigkeit eines polizeilichen Einschreitens – eine Rechtsfrage. Dem § 35 GewO lasse sich nicht entnehmen, das Gesetz gestatte – gewissermaßen im Regelfall – die uneingeschränkte Gewerbeuntersagung, ermächtige aber die Behörden, nach ihrem Ermessen im Einzelfall davon abzusehen und sich nur mit einer teilweisen Untersagung zu begnügen.

So wurden sogar „Kann"-Vorschriften als Befugnisnorm mit strikt verpflichtendem Inhalt interpretiert: § 48 Abs. 2 BBergG[644]; § 88 Abs. 3 SVG; § 33 e Abs. 1 Satz 2 GewO[645]. Andererseits kann eine „Muss"-Vorschrift nach ihrem Zweck als Ermessensnorm zu verstehen sein (§ 34 Abs. 3 FlurbG)[646].

Letztlich gibt es noch die Konstellation, dass die Behörde an Stelle eines gebundenen Verwaltungsaktes einen anderen Verwaltungsakt erlassen kann. Ein Beispiel ergibt sich aus § 29 LuftVZO. Nach dessen Abs. 1 *ist* die Erlaubnis für den Luftfahrzeugführer bei Vorliegen von Tatsachen, die auf dessen Ungeeignetheit schließen lassen, zu widerrufen (= gebundener Verwaltungsakt). Nach Abs. 3 kann bei Vorliegen weiterer Voraussetzungen an Stelle des Widerrufs das Ruhen der Erlaubnis angeordnet werden.

2. Einräumung des Ermessens kraft grundgesetzlicher Ermächtigung

Es gibt Bereiche innerhalb der Rechtsordnung, in denen die Behörde auch ohne gesetzliche Ermächtigungsgrundlage Verwaltungsakte erlassen darf. Die insoweit bestehende Verwaltungsaktsbefugnis ergibt sich hier aus dem Grundgesetz. Der Grundsatz vom Vorbehalt des Gesetzes, der aus Art. 20 Abs. 3 GG (Rechtsstaatsprinzip) gefolgert wird[647] oder jedenfalls als Verfassungsgewohnheitsrecht anerkannt ist[648], besagt, dass die Verwaltung in bestimmten Fällen

---

642 Marcks, in: Landmann/Rohmer, GewO, § 35 Rdnr. 82; Frotscher, in: R. Schmidt, Öffentliches Wirtschaftsrecht, Gewerberecht, Rdnr. 96.

643 BVerwGE 23, 80.

644 BVerwGE 74, 315 (323).

645 VGH Kassel, DÖV 1995, 782 (783).

646 OVG Münster, NuR 1983, 34.

647 BVerfGE 77, 170 (230); 49, 89 (126); 40, 237 (248).

648 Herzog, in: Maunz/Dürig/Herzog/Scholz, GG, Art. 20 Abschnitt VI, Rdnr. 79.

und unter bestimmten Voraussetzungen nur handeln darf, wenn sie hierzu durch ein formelles Gesetz ermächtigt ist[649]. Dieser Grundsatz gilt jedoch nicht absolut. Bis zur bundesverfassungsrechtlichen Wesentlichkeitsrechtsprechung erstreckte sich der Vorbehalt (nur) auf die Eingriffsverwaltung. Heute erfasst der Vorbehalt alle Rechtsbereiche auch außerhalb der Eingriffsverwaltung, sofern es sich im Einzelfall nach der Wesentlichkeitstheorie um eine grundlegende Frage handelt[650]. Das bedeutet dann im Umkehrschluss, dass der Verwaltung außerhalb der Eingriffsverwaltung und der „grundlegenden Fragen" eine Verwaltungsaktsbefugnis zur Gestaltung von Rechtsverhältnissen im Interesse „der guten Ordnung" (erinnert sei an „die gute Polizey" oder die „Wohlfahrtspflege") belassen ist. Eine solche Verwaltungsaktsbefugnis besteht vornehmlich in den Bereichen der Leistungsverwaltung (Zuwendungen, Fürsorgemaßnahmen gegenüber öffentlichen Bediensteten, Maßnahmen der sozialen Betreuung, Soforthilfe bei Notfällen[651]).

Wenn das Grundgesetz der Verwaltung insoweit einen Freiraum zum Erlass von Verwaltungsakten zugesteht, kann dieser Freiraum nur ein Entscheidungsspielraum sein. Und Entscheidungsspielräume werden – so die bisherigen Ergebnisse dieser Untersuchung – mit Ermessensspielräumen gleichgesetzt. Somit handelt es sich auch hier um Ermessensverwaltungsakte, deren Erlassberechtigung sich aus dem Grundgesetz ergibt. Aus dieser Betrachtung ist dann zu folgern, dass das Grundgesetz der Verwaltung hier ein Ermessen einräumt. Auch die Rechtsprechung geht von einem Ermessen aus, wenn der Verwaltungsakt weder auf Vorschriften des Grundgesetzes noch auf einfachgesetzliche Bestimmungen gestützt werden kann. Das Bundesverwaltungsgericht hat in Bezug auf eine Klage auf Auskunft über von Polizei und Verfassungsschutz gesammelte personenbezogene Daten ausgeführt, dass das Ermessen durch das Fehlen eines gesetzlichen Auskunftsverbots eingeräumt sei[652]. Diese seinerzeit, das heißt vor Erlass der Auskunftsregelungen in den Verfassungsschutzgesetzen von Bund und Ländern entstandene ständige Rechtsprechung[653] lässt sich in dem hier vertretenen Sinne verallgemeinern: Solange im Bereich der gesetzesfreien Verwaltung der Erlass des Verwaltungsaktes nicht durch das Grundgesetz oder Gesetz verboten ist, ist der Verwaltung Ermessen eingeräumt.

649 Detterbeck, Öffentliches Recht, Rdnr. 59.
650 Detterbeck, Öffentliches Recht, Rdnrn. 63, 1085.
651 Henneke, in: Knack, VwVfG, § 40 Rdnr. 14.
652 BVerwG, NJW 1990, 2761 (2764), für Verfassungsschutz; BVerwG, NJW 1990, 2765 (2767), für Polizei.
653 OVG Bremen, NJW 1987, 2393; OVG Berlin, NVwZ 1987, 817.

Dieser Betrachtung steht eine im Schrifttum verbreitete Ansicht entgegen. Henneke[654], Liebetanz[655], Sachs[656], Stern[657] und Ule[658] sind der Auffassung, dass es sich bei fehlender gesetzlicher Ermessensermächtigung nicht um Ermessen, sondern um einen Fall „frei gestaltender Verwaltung" handele. Sie erkennen aber gleichwohl auch hier die Bindungen, wie sie für Ermessensverwaltungsakte gelten, an und wenden § 40 VwVfG und § 114 VwGO entsprechend an.

Diese Auffassung ist abzulehnen. Sie findet in der Systematik von VwVfG und VwGO keine Grundlage. Nach dem VwVfG finden auf jedes Verwaltungsverfahren im Sinne von § 9 die Vorschriften dieses Gesetzes Anwendung. Das heißt, dass auch die Regelungen zum Verwaltungsakt (§§ 35 ff.) eingreifen. Ist also das behördliche Handeln auf den Erlass des Verwaltungsaktes gerichtet und liegt kein Fall der gebundenen Rechtsfolge vor, kann es sich folglich nur noch um einen Ermessensverwaltungsakt handeln. Das Fehlen näherer Normierung hinsichtlich der Voraussetzungen des Verwaltungsaktes spricht in der Regel dafür, dass der Erlass in das Ermessen der Behörde gestellt ist[659]. Hierfür sieht der Gesetzgeber mit § 40 VwVfG eine Handlungsanweisung vor. Insoweit ist diese Systematik in sich schlüssig. Sie lässt keine Differenzierung in der Weise zu, dass eine Ermessenseinräumung nur durch ausdrückliche Formulierung im Gesetzeswortlaut erfolgt und sonst nicht. Eine solche Differenzierung würde die Ermessensverwaltungsakte ohne ausdrückliche gesetzliche Ermessensermächtigung ausscheiden und dann offen lassen, welcher Kategorie diese Verwaltungsakte zuzuordnen wären. Systematisch wird zwischen gebundenen und Ermessensverwaltungsakten unterschieden[660]. Eine dritte Kategorie gibt es also nicht. Würde man Verwaltungsakte ohne (einfach)gesetzliche Ermessensermächtigung nicht den Ermessensverwaltungsakten zuordnen, würde dies zur Folge haben, dass § 40 VwVfG und § 114 VwGO dann für ausdrücklich im Gesetz formulierte Ermessensverwaltungsakte unmittelbare und für die „anderen" Verwaltungsakte nur entsprechende Anwendung fänden. Die Annahme von Ermessensverwaltungsakten für den alleinigen Fall der ausdrücklich im Gesetz formulierten Ermächtigung ist daher nicht möglich[661]. Die Ver-

---

654 in: Knack, VwVfG, § 40 Rdnr. 14.

655 in: Obermayer, VwVfG, § 40 Rdnr. 10.

656 in: Stelkens/Bonk/Sachs, VwVfG, § 40 Rdnr. 31.

657 Staatsrecht, Band 2; § 41 III 3 c gamma.

658 Ule/Laubinger, § 55 Rdnr. 2.

659 Kopp, VwGO, 10. Aufl., § 114 Rdnr. 1a.

660 Ossenbühl, DÖV 1968, 618 (619).

661 Auch Gerhardt, in: Schoch/Schmidt-Aßmann/Pietzner, VwGO, § 114 Rdnrn. 3, 16, scheidet „Verwaltungsakte der freigestaltenden Verwaltungsakte" nicht aus.

treter der „frei gestaltenden Verwaltung“ berücksichtigen dies nicht und ziehen deshalb auch nicht die notwendigen Schlüsse in Bezug auf die Rechtssystematik und auf bestimmte Rechtsfiguren der Ermessenslehre. Busch hebt in seiner Kommentierung zu § 40 VwVfG an anderer Stelle hervor, dass es (nur) die gebundene und die Ermessensverwaltung gibt[662]. Hier müsste er die dritte Kategorie anführen. Liebetanz ist ebenfalls nicht konsequent, wenn er zum Anspruch auf fehlerfreie Betätigung des Ermessens ausführt, dass es diesen auch im gesetzesfreien Raum gebe[663].
Folglich ist im Ergebnis festzuhalten, dass als Ermächtigung nicht nur jede Rechtsnorm in Betracht kommt, die entweder der Gesetzgeber bzw. die Verwaltung selbst aufgrund einer Normsetzungsermächtigung erlassen hat, sondern auch das Grundgesetz selbst.

III. § 40 VwVfG als dogmatische Grundlage des Anspruchs auf fehlerfreie Ausübung des Ermessens

Rechtsprechung und die herrschende Ansicht in der Literatur (siehe oben § 2 C. III. 2.) bejahen einen Anspruch auf fehlerfreie Ausübung des Ermessens, wenn der Ermessensermächtiung zu entnehmen ist, dass sie zumindest auch dem Schutz bzw. Interesse des Betroffenen dient. Grundlage des Anspruches ist demnach die Ermessensvorschrift selbst.
Im Hinblick auf § 40 VwVfG ist die Frage aufzuwerfen, ob und gegebenenfalls unter welchen Voraussetzungen sich dieser Anspruch nicht unmittelbar aus dieser Vorschrift ergibt. Ausgangspunkt der folgenden Überlegungen ist die zuvor unter II. getroffene Feststellung, dass § 40 VwVfG die Verpflichtung der Behörde zur Ermessensbetätigung begründet. Zu betrachten ist zunächst das Verhältnis von Rechten und Pflichten. Rechte, und zwar die hier in Betracht kommenden subjektiven Rechte, unterteilen sich in Herrschaftsrechte, Ansprüche und Gestaltungsrechte. Unter einem Anspruch versteht man das Recht, von einem Anderen ein Tun, Dulden und Unterlassen zu verlangen (vgl. § 194 BGB). Aus der Sicht dieses Anderen stellt sich das Recht des Einen als Verpflichtung dar, nämlich etwas tun, dulden oder unterlassen zu müssen. Daraus ist dann im Umkehrschluss wieder zu folgern, dass das Bestehen einer Verpflichtung das Bestehen eines Rechts voraussetzt. Folglich kann festgehalten werden: Wenn die Verwaltung dem Adressaten eines Verwaltungsaktes gegen-

662 In: Knack, § 40 Rdnr. 15.
663 in: Obermayer, VwVfG, § 40 Rdnr. 48.

über zur Ermessensbetätigung gemäß § 40 VwVfG verpflichtet ist, hat dieser insoweit auch einen entsprechenden Anspruch gegen die Verwaltung.

§ 40 VwVfG begründet also für den Betroffenen im Gegensatz zu der in der Literatur vertretenen Auffassung[664] einen Gesetzesvollziehungsanspruch mit dem Inhalt, dass die Behörde ihr Ermessen entsprechend dem Zweck der Ermächtigung und unter Einhaltung der gesetzlichen Grenzen des Ermessens betätigt. Der Anspruch aus § 40 VwVfG besteht allerdings nur dann, wenn das Verwaltungsverfahren überhaupt zulässig und die Rechtsfolge „Ermessen" durch Erfüllung der Tatbestandsmerkmale der Ermessensermächtigung eröffnet ist.

Allerdings gewährt § 40 VwVfG dem Betroffenen nur dann diesen Anspruch, wenn die Verpflichtung der Behörde zur fehlerfreien Betätigung des Ermessens zumindest auch ihm gegenüber besteht. Verpflichtung und Anspruch müssen miteinander korrespondieren. Ob die Verpflichtung auch adressatenbezogen ist, ergibt sich aus dem Zweck der Ermächtigung, die erforderlichenfalls nach den üblichen Auslegungsmethoden zu ermitteln ist.
Die Einordnung als Anspruchsnorm hat zur weiteren Folge, dass § 40 VwVfG als subjektiv-öffentliches Recht im materiellen Sinne[665] aufzufassen ist. Unter einem subjektiv-öffentlichen Recht wird die dem Betroffenen eingeräumte Rechtsmacht verstanden, von der Verwaltung ein *bestimmtes* Verhalten (Tun, Dulden, Unterlassen) zu verlangen[666]. Das trifft so auch auf § 40 VwVfG zu. Unter diesem „bestimmten" Verhalten ist das Verhalten zu verstehen, das die Rechtsnorm als Rechtsfolge vorsieht. Die Frage bzw. der Grad der Bestimmtheit richtet sich nicht nach dem allgemeinen Wortverständnis, sondern danach, wie bestimmt die vom Gesetz vorgesehene Rechtsfolge ist. Hiernach ist bei der Ermessensbetätigung das Verhalten der Verwaltung insofern bestimmt, als der Zweck der Ermächtigung und die gesetzlichen Grenzen zu beachten sind. Das so hergeleitete Verständnis entspricht zunächst auch der Einschätzung von § 40 VwVfG als materiellrechtlicher Vorschrift im VwVfG und der Revisibilität von § 40 VwVfG durch § 137 Abs. 1 Nr. 2 VwGO[667]. Mit diesem Befund steht letztlich auch fest, dass § 40 VwVfG einen Anspruch auf fehlerfreie Ausübung des Ermessens gewährt.

---

664 Wahl/Schütz, in: Schoch/Schmidt-Aßmann/Pietzner, VwGO, § 42 Rdnr. 86.

665 Dagegen: Detterbeck, Ermessen, F.: „formelles subjektiv-öffentliches Recht"; Wahl/Schütz, in: Schoch/Schmidt-Aßmann/Pietzner, VwGO, § 42 Rdnr. 86.

666 Maurer, Allgemeines Verwaltungsrecht, § 8 Rdnr. 2.

667 siehe oben unter B. II.

Die hier entwickelte Lösung hat zur Folge, dass der von einer Ermessensentscheidung betroffene Bürger zur Begründung seiner Widerspruchs-, Klage- und Rechtsmittelbefugnis geltend machen kann, in seinen Rechten aus § 40 VwVfG verletzt zu sein. Im Ergebnis bringt diese Erkenntnis wenig Neues, weil der Bürger bereits seit geraumer Zeit nach ständiger Rechtsprechung[668] und auch nach der Literatur[669] die Verletzung seines (nach herrschender Auffassung formellen) Anspruchs auf fehlerfreie Ausübung des Ermessens geltend machen kann. Es ist bisher also nur unterlassen worden, entsprechende Ausführungen mit § 40 VwVfG zu begründen.

Abschließend ist festzuhalten, dass mit § 40 VwVfG der früheren Argumentation der Boden entzogen ist, wonach das Recht auf fehlerfreie Ermessensausübung keine materiellrechtliche Substanz habe[670] oder, was das Bundesverwaltungsgericht – allerdings nur einmal – ausgesprochen hat, seine gesetzliche Grundlage in einer entsprechenden Anwendung des § 114 VwGO finde[671].

IV. Zweck der Ermächtigungsgrundlage

Schon vor dem Erlass des Verwaltungsverfahrensgesetzes war im Wesentlichen unumstritten, dass sich die Ermessensbetätigung am Zweck der Ermächtigung zu orientieren hat. So führte Ossenbühl seinerzeit aus, dass Dreh- und Angelpunkt der gesetzgeberischen Vorgabe für die Ermessensausübung der Zweck der Ermächtigungsgrundlage sei[672]. Schließlich hat der Gesetzgeber diesen Grundsatz in § 40 VwVfG auch festgeschrieben.

1. Funktion der Zweckbindung

§ 40 VwVfG besagt, dass die Behörde ihr Ermessen entsprechend dem Zweck der Ermächtigung auszuüben hat. Im Gegenschluss ist zu folgern, dass eine Ermessenshandlung, die nicht dem Zweck der Ermächtigung entspricht, nicht

---

668 BVerwGE 39, 325 (347); 45, 197 (199); 48, 56 (66).

669 Wahl/Schütz, in: Schoch/Schmidt-Aßmann/Pietzner, VwGO, § 42 Abs. 2 Rdnr. 90; Mann, DVBl. 1993, 1271 (1272).

670 So noch Henke, DVBl. 1964, 649 (651) und Pfeifer, DÖV 1962, 776 ff.

671 BVerwGE 58, 45 (47); die Entscheidung stammt vom 26. April 1979, als das VwVfG bereits in Kraft getreten war.

672 Ossenbühl, Verwaltungsvorschriften, S. 321.

von § 40 VwVfG gedeckt und somit rechtsfehlerhaft ist. Folglich beschreibt der Zweck der Ermächtigung den Rahmen eines Handlungsbereiches in der Weise, dass Handlungen innerhalb dieses Rahmens rechtmäßig und Handlungen außerhalb dieses Rahmens in jedem Fall rechtswidrig sind[673]. Durch den Zweck der Ermächtigung wird mit anderen Worten der Herrschaftsbereich des Rechts markiert.

2. Ermittlung des Zwecks

Unter Zweck versteht man gemeinhin "Nutzen, Sinn, Ziel, Bestimmung, Richtung"[674]. Der Zweck ist anhand der Ermächtigungsnorm zu ermitteln. Fehlt eine konkrete Ermächtigungsnorm, ist auf das dem Verwaltungsakt zugrunde liegende Sach- oder Leistungsprogramm abzustellen.

a) Maßgeblichkeit der Ermächtigungsnorm

Zunächst sind die Kriterien für die Zweckbestimmung der Ermächtigungsnorm selbst zu entnehmen. Dabei ist gegebenenfalls auf die herkömmlichen Auslegungsmethoden[675] zurückzugreifen, etwa wenn der Tatbestand unbestimmte Rechtsbegriffe enthält.

Zur Darstellung eines Beispielsfalls wird § 45 Abs. 1 Satz 3 LuftVZO herangezogen. § 45 LuftVZO regelt die Pflichten des Flughafenunternehmers. Nach Satz 1 besteht die Pflicht, den Flughafen in betriebssicherem Zustand zu erhalten und ordnungsgemäß zu betreiben. Von dieser Betriebspflicht kann die Genehmigungsbehörde befreien. Bei dieser Rechtsgrundlage handelt es sich um eine Ermessensnorm. Tatbestandliche Voraussetzungen enthält sie nicht. Zu welchem Zweck die Befreiung erteilt werden kann, ist allein aus Satz 3 nicht zu erschließen. Bei Einbeziehung der voranstehenden Sätze und des Vorschriftenkontextes wird deutlich, dass von der Betriebspflicht aus Gründen der Gefahrenabwehr befreit werden kann, wenn also der betriebssichere Zustand nicht gewährleistet werden kann. Folglich wäre eine längerfristige Befreiung zur Rettung des konkursbedrohten Flughafenunternehmers (damit dieser sich in der Zwischenzeit erholen kann) nicht vom Zweck erfasst. Ist der Unternehmer

---

673 Meyn, JA 1980, 327 (333).

674 Siehe unter anderem die Deutschen Wörterbücher von Mackensen und Wahrig.

675 Rennert, in: Eyermann/Fröhler, VwGO, § 114 Rdnr. 21.

konkursbedroht, das heißt nicht nur vorübergehend nicht wirtschaftlich leistungsfähig, muss die Behörde die Genehmigung nach § 48 Abs. 1 Satz 2 i.V.m. § 40 Abs. 1 Nr. 3 LuftVZO widerrufen.

b) Maßgeblichkeit der Hintergrundnormen („Rückgriffsnormen")

Problematisch wird es, wenn die Ermächtigungsnorm entweder wertungsfrei gefasst ist oder keinen Tatbestand enthält.

Zu der ersten Fallgruppe gehört als eine der zentralen Rechtsfolgenormen im öffentlichen Recht der § 48 Abs. 1 VwVfG. Nach ihr kann die Behörde einen rechtswidrigen Verwaltungsakt, auch nachdem er unanfechtbar geworden ist, ganz oder teilweise mit Wirkung für die Zukunft oder die Vergangenheit zurücknehmen.
Als Zweck des § 48 VwVfG kann seinem Tatbestand nur entnommen werden, dass der Gesetzgeber der Exekutive die Möglichkeit einräumen will, die Verletzung des Rechts zu beseitigen, also die Rechtslage wiederherzustellen. Nach welchen „rechtlichen" Kriterien die Behörde sich aber für die Aufhebung oder Nichtaufhebung des rechtswidrigen Verwaltungsaktes entscheiden soll oder darf, ist § 48 VwVfG nicht zu entnehmen. In solchen Fällen ist der Zweck der Ermächtigung aus gesetzlichen Vorschriften und Wertungen zu folgern, auf deren Rechtsgrundlage der rechtswidrige und daher von § 48 VwVfG erfasste Grundverwaltungsakt ergangen ist.
Als Beispiel und gleichzeitiger Hauptanwendungsfall ist die Gewährung einer Zuwendung[676] anzuführen. Die Betätigung des Ermessens hat unter Beachtung der Vorgaben des Haushaltsrechts zu erfolgen, wobei die Zuwendungskriterien hierzu zu rechnen sind. Zuwendungen werden nach § 23 BHO/LHO zu einem bestimmten Zweck und zwar nach Bejahung eines Bundes- oder Landesinteresses gewährt. Der Einsatz von Haushaltsmitteln für solche Zuwendungen unterliegt ergänzend haushaltsrechtlichen Verwaltungsvorschriften, die einen strengen Umgang fordern. So dürfen nach Nr. 1.3 der VV zu § 44 BHO/LHO Zuwendungen für Vorhaben nicht gewährt werden, mit denen bereits begonnen wurde. Haushaltsgesetzgeber und Exekutive wollen vermeiden, dass sich die Bewilligungsbehörden allein auf Grund der Tatsache eines begründbaren Bundes-/Landesinteresses unter moralischen Bewilligungsdruck gesetzt sehen und

676 Auch: „Subvention, Fördermittel" – der Gesetzeswortlaut spricht in § 23 BHO/LHO von Zuwendungen.

dann nachträglich eine Zuwendung gewähren „müssen“. Auf Haushaltsmittel besteht aber kein Anspruch.
Stellt die Bewilligungsbehörde nach Gewährung einer Zuwendung im Rahmen der Verwendungsnachweisprüfung einen Verstoß gegen haushaltsrechtliche Vorschriften und damit die Rechtswidrigkeit ihres Bewilligungsbescheides fest, ist über die Rücknahme zu entscheiden. Dem § 48 Abs. 1 VwVfG selbst sind aber keine Vorgaben zur Ausübung des „Rücknahmeermessens“ zu entnehmen. Diese ergeben sich dann aus dem Haushaltsrecht, das mindestens ergänzende Bewilligungsgrundlage war. Aus dem dort aufgestellten Gebot des sparsamen und wirtschaftlichen Umgangs mit Haushaltsmitteln im Sinne der §§ 7 und 8 BHO/LHO folgt, dass Gründe für ein Belassen der Zuwendungen beim Zuwendungsempfänger ausgeschlossen oder jedenfalls verdrängt werden. Dies hat zur Folge, dass kein Rücknahmeermessen mehr besteht, es sei denn, es ergeben sich aus dem Sachverhalt oder einer besonderen wirtschafts- oder strukturpolitischen Situation Gründe für ein Absehen von der Rücknahme (Beispiel: Vermeidung der Insolvenz des Zuwendungsempfängers). Die ermessenslenkende Wirkung der sich aus den haushaltsrechtlichen Vorschriften ergebenden Grundsätze hat das Bundesverwaltungsgericht für den Fall des Widerrufs wegen zweckwidriger Verwendung der Zuwendungen angenommen[677]. In diesem Fall ist das Ermessen hinsichtlich der Erhebung von Zinsen nach § 49 a Abs. 4 VwVfG ebenfalls eingeschränkt[678].

Zu der zweiten Fallgruppe gehören alle (fast) tatbestandslosen Ermächtigungsnormen wie zum Beispiel § 36 Abs. 2 VwVfG und § 45 StVO. Nach § 36 Abs. 2 VwVfG darf ein Verwaltungsakt (auf den kein Rechtsanspruch besteht) nach pflichtgemäßem Ermessen mit einer Nebenbestimmung erlassen werden. Eine Zielrichtung der Norm lässt sich nur aus der Bezugnahme auf Abs. 1 folgern, der auf Verwaltungsakte Anwendung findet, auf die ein Anspruch besteht (begünstigende Verwaltungsakte). Nach Abs. 1 darf der Verwaltungsakt mit einer Nebenbestimmung versehen werden, wenn sie die Erfüllung der gesetzlichen Voraussetzungen sicherstellen soll. Hierdurch wird der Behörde nicht nur im Interesse des um eine Begünstigung Nachsuchenden, sondern auch im öffentlichen Interesse das Recht eingeräumt, ausnahmsweise eine abschließende Sachentscheidung auch schon zu einem Zeitpunkt zu treffen, in dem noch nicht alle gesetzlichen Voraussetzungen zweifelsfrei vorliegen oder nachgewiesen

677 BVerwGE 105, 55 ff.
678 OVG Weimar, ThürVBl. 1999, 161.

worden sind[679]. Das bedeutet, dass die Nebenbestimmung darauf abzielen muss, das Vorliegen der Erlassvoraussetzungen des Verwaltungsaktes auf Dauer sicherzustellen. Eine solche Feststellung zu treffen, kann schwierig sein und soll an folgendem Beispielsfall veranschaulicht werden, der einer Entscheidung des OVG Münster[680] zugrunde lag:
Ein Naturschutzverband, der eine naturkundliche Bestandsaufnahme in einem Natur- und angrenzenden Landschaftsschutzgebiet zum Zwecke einer Biotopkartierung durchführte, erhielt von der zuständigen Behörde die dafür erforderlichen Befreiungen von verschiedenen Verbotsvorschriften. Den Befreiungen war die Auflage beigefügt, dass der Naturschutzverband das Vorkommen von Tieren und Pflanzen bestimmter Gefährdungskategorien mit Fundortangaben (unverzüglich) der Behörde zu melden hatte.
Dient diese Auflage dazu, betroffene Wasser- und Bodenverbände zu informieren, damit diese ihre Tätigkeit auf die neue Situation einstellen können, so sie nicht den Zweck des § 36 Abs. 2 i.V.m. Abs. 1 VwVfG verfolgt. Denn mit einer so definierten Mitteilungspflicht wird (allein) die allgemeine (ordnungsbehördliche) Aufgabenwahrnehmung der (Naturschutz-)Behörde erleichtert. Die Auflage dient aber dann dem Zweck des § 36 VwVfG, wenn es der Behörde darum geht, die Vereinbarkeit oder Verträglichkeit der Forschungstätigkeit mit den Schutzzielen des Naturschutzgebietes/Landschaftsschutzgebietes zu überprüfen. Stellt das Betreten des Naturschutzgebietes oder eines Teils von ihm eine Gefahr für bisher nicht bekannte Tier- und Pflanzenvorkommen dar, würde sich im Nachhinein ergeben, dass die Befreiung von Verboten (Betretungsverboten) nicht hätte erteilt werden dürfen.

b) Maßgeblichkeit des Sach- oder Leistungsprogramms

Ist das Ermessen in Ermangelung einer (einfach-)gesetzlichen Ermächtigungsgrundlage durch das Grundgesetz eingeräumt, ist für die Zweckbestimmung auf das dem Ermessensverwaltungsakt zugrunde liegende Sach- oder Leistungsprogramm abzustellen. Ein solches Sachprogramm können Verwaltungsvorschriften sein, die zur Beschreibung der Leistungsvergabe erlassen werden. Hauptanwendungsfelder werden (Sach- oder Geld-) Zuwendungen aus dem Haushalt sein. Die Verwaltungsvorschriften werden unter Beachtung der jeweiligen Haushaltsvorschriften und der Mittelfestsetzungen im Haushaltsplan

679 Kopp/Ramsauer, VwVfG, § 36 Rdnr. 9; Stelkens, in: Stelkens/Bonk/Sachs, VwVfG, § 36 Rdnr. 67 a.
680 OVG Münster, NVwZ 1999, 556 ff.

Vorgaben im Hinblick auf Förderzweck, Kreis der Zuwendungsempfänger und das Vergabeverfahren festlegen. Soweit dies geschehen ist, hat sich der Ermessensverwaltungsakt an diesen Verwaltungsvorschriften zu orientieren, muss also dem dort beschriebenen Zweck entsprechen. Fehlt es an einem durch Verwaltungsvorschriften umgesetzten Sachprogramm, ist der Zweck schlichtweg der Regelungsabsicht der Behörde zu entnehmen. Der nach § 40 VwVfG zu beachtende Zweck der Ermächtigung ergibt sich dann aus der Kongruenz von Sachverhalt und Regelungsabsicht.

d) Zwischenergebnis

Festzuhalten ist, dass sich der Zweck zunächst aus der Rechtsnorm, die ein Ermessen als Rechtsfolge vorsieht (Ermessensnorm), oder, im Falle einer Verwaltungsaktsbefugnis nach dem Grundgesetz, aus der Rechtsordnung insgesamt erschließt. Erst in zweiter Linie und nur dann, wenn die Ermessensnorm keine abschließende Zweckermittlung zulässt, ist auf die Rechtsnormen zurückzugreifen, auf deren Hintergrund der Verwaltungsakt erlassen wird.
Abzulehnen sind daher Auffassungen in der Literatur, wonach die Behörde im Falle fehlender Anhaltspunkte für die Zweckermittlung in der Ermächtigungsnorm Ermessensfreiheit habe und dabei zur Bestimmung des Zwecks auf die Gesamtheit der Sätze des geschriebenen und ungeschriebenen Rechts – einschließlich des EU-Rechts und völkerrechtlicher Vereinbarungen – zurückgreifen könne[681].

3. Abgrenzung zur Zweckmäßigkeit

Zweck und Zweckmäßigkeit sind keine synonymen Begriffe[682]. Dies ergibt sich aus der Gegenüberstellung des § 40 VwVfG mit § 68 VwGO. § 68 Abs. 1 Satz 1 VwGO erweitert bei Ermessensverwaltungsakten den Prüfungsmaßstab der Abhilfe- bzw. Widerspruchsbehörde im Widerspruchsverfahren auf die Zweckmäßigkeit. Während also der Zweck der Ermächtigung eine rechtliche Bindung des Ermessens darstellt und ein Verstoß gegen diese Bindung die Rechtswidrigkeit zur Folge hat, betrifft die Zweckmäßigkeit die Frage, ob die Behörde mit dem erlassenen Verwaltungsakt oder mit dem Nichterlass eines Verwaltungsaktes die Zielvorstellungen des Gesetzgebers aus ihrer gestalteri-

681 Kopp/Schenke, VwGO, § 114 Rdnr. 9.
682 Meyn, JA 1980, 327 (333).

schen Erwägungen richtig, das heißt am besten, ausgefüllt hat[683]. Hierbei handelt es sich um eine Rechtsfrage.

V. Gesetzliche Grenzen des Ermessens

1. Begriffsbestimmung

§ 40 VwVfG ordnet an, dass die Behörde bei der Betätigung des Ermessens die gesetzlichen Grenzen einzuhalten hat. Zu diesen gesetzlichen Grenzen gehören alle Rechtsnormen, die in der Rechtsordnung durch ihre Außenwirkung Geltung erlangen[684], also nicht verwaltungsinternes Recht wie zum Beispiel trotz seines (formellen) Gesetzescharakters Regelungen des Haushaltsplans[685]. Eine solche Bestimmung der gesetzlichen Grenzen des Ermessens ist nach Art. 20 Abs. 3 GG geboten, wonach die Verwaltung an Recht und Gesetz gebunden ist[686]. Ist somit allein auf die Außenwirkung abzustellen, kommen hier alle Rechtsnormen, die als Gesetz im materiellen Sinne zu verstehen sind, in Betracht. Gesetz im materiellen Sinne ist jede Rechtsnorm, das heißt jeder Rechtssatz, der als generell-abstrakte Regelung die Pflichten und Rechte für den Bürger oder eine juristische Person begründet, ändert oder aufhebt. Hierzu gehören auch Rechtsverordnungen, Satzungen und sogar Verwaltungsvorschriften über Art. 3 Abs. 1 GG[687]. Schließlich fallen dann auch die von der Europäischen Union erlassenen Vorschriften darunter, selbst wenn sie durch den deutschen Gesetzgeber nicht in nationales Recht transformiert worden sind.

Steht damit der Begriff „gesetzlich" im Sinne von § 40 VwVfG fest, kann bei der Bestimmung der gesetzlichen Grenzen des Ermessens danach unterschieden werden, ob sich die Grenze aus der Ermessensermächtigung selbst oder sonstigen, außerhalb des Ermächtigungsgesetzes stehenden Vorschriften ergibt.

---

683 Siehe auch Wahrig, Wörterbuch der deutschen Sprache: zweckmäßig = für einen Zweck gut geeignet, einen Zweck erfüllend, passend.

684 Sachs, in: Stelkens/Bonk/Sachs, VwVfG, § 40 Rdnr. 82; VGH Mannheim, VBlBW 1996, 394 (395).

685 Sachs, in: Stelkens/Bonk/Sachs, VwVfG, § 40 Rdnr. 82; OVG Lüneburg, ZBR 1989, 204 (205).

686 Detterbeck, Öffentliches Recht, Rdnr. 56.

687 Detterbeck, Öffentliches Recht, Rdnr. 56.

2. Grenzen aus dem ermächtigenden Gesetz

Als treffendes Beispiel können hier Kostengesetze angeführt werden. Ergibt sich aus einem Rechtssatz, dass die Behörde für eine Amtshandlung eine Gebühr in einem betragsmäßig festgelegten Kostenrahmen erheben kann, steht die gesetzliche Grenze ohne jeden erdenklichen Zweifel fest. Als Beispiel seien hier die Vorschriften des Verwaltungszwanges angeführt: Gemäß § 56 Abs. 1 SOG LSA wird das Zwangsgeld von der Verwaltungsbehörde oder der Polizei auf mindestens zehn und höchstens 1 Mio. DM schriftlich festgesetzt. Damit steht fest, dass ein Zwangsgeld in Höhe von fünf DM oder 1,5 Mio. DM jenseits der gesetzlichen Grenze liegt und folglich ein Ermessensfehler im Sinne der Ermessensüberschreitung gegeben ist.

3. Grenzen aus sonstigen (einfachen) Gesetzen

Als ein sonstiges Gesetz kommen alle gesetzlichen Vorschriften im oben dargestellten Sinne in Betracht. So können etwa die Normen der Gefahrenabwehrgesetze eine gesetzliche Grenze für den Erlass von Ermessensverwaltungsakten bilden, die von ihrer Zielrichtung her nichts mit der Gefahrenabwehr zu tun haben. Als Beispielsfall soll eine Entscheidung des VGH Kassel[688] dienen:
Die Antragsteller begehrten eine wegerechtliche Sondernutzungserlaubnis für eine Informationsveranstaltung zur Volkszählung 1983. In dem Informationsmaterial wurden Empfehlungen gegeben, wie das Volkszählungsgesetz 1983 sabotiert werden könne. Das Gericht wies das Begehren zurück und stützte seine Begründung unter anderem darauf, dass Empfehlungen, ein Gesetz nicht zu befolgen, einen Verstoß gegen die öffentliche Sicherheit darstellten, zu deren Erhaltung unter anderem gehöre, dass die objektive Rechtsordnung unversehrt bleibe[689].
Damit stellt die allgemeine polizeiliche Generalklausel eine gesetzliche Grenze dar, die den Ermessensspielraum absteckt. Für die Annahme einer Ermessensreduzierung auf Null müssen besondere Gesichtspunkte festgestellt werden. Denn die polizeiliche Gefahr kann auch noch durch den Erlass von Nebenbestimmungen ausgeschlossen werden.

---

688 VGH Kassel, NJW 1983, 2280.
689 VGH Kassel, ESVGH 30, 115 (117).

4. Das Grundgesetz als gesetzliche Grenze

Auch das Grundgesetz ist ein formelles Gesetz[690] und bildet damit eine Grenze[691] für den Ermessensspielraum. Dabei ist klarzustellen, dass nicht nur die ausformulierten Vorschriften des Grundgesetzes Ausdruck der gesetzlichen Grenzen sind, sondern auch die dem Grundgesetz oder einzelnen Normen zu entnehmenden Grundsätze[692].

a) Grundrechte

Die Handlungsfreiheit der Verwaltung wird durch die Grundrechte begrenzt. Diese Erkenntnis ist nicht neu. Denn nach ständiger Rechtsprechung von Bundesverfassungsgericht und Bundesverwaltungsgericht gilt, dass die Verwaltung bei ihrer Ermessensbetätigung oder ihren Ermessenserwägungen die Grundrechte und die sich aus ihnen ergebenden Wertungen für den Einzelfall zu beachten hat[693]. So hat beispielsweise das Bundesverwaltungsgericht im Hinblick auf die Ausweisung eines EG-Ausländers, der mit einer Deutschen verheiratet war und einen (vermeintlichen) Ehebrecher getötet hatte, ausgeführt, dass der gemäß Art. 6 Abs. 1 GG für Ehe und Familie begründete Schutz durch die staatliche Ordnung einer allein mit generalpräventiven Überlegungen begründeten Entscheidung entgegenstehe[694]. Begrenzungen des Ermessens bilden auch Art. 5 i.V.m. Art. 21 Abs. 1 GG bei der Erteilung von straßenrechtlichen Sondernutzungserlaubnissen für parteipolitische Werbung[695].
Die Einordnung der Grundrechte als gesetzliche Grenze ist gerade vor dem Hintergrund der aufgezeigten Rechtsprechung konsequent, was im übrigen auch der Sprachgebrauch des Bundesverwaltungsgerichts unterstreicht: So heißt es in der gerade erwähnten Entscheidung zum Ausländerrecht: „Sie (die von Art. 6 GG geschützte Ehe) engt die Grenzen des dabei zu betätigenden Ermessens jedoch ein“[696]. Eine Nichtbeachtung dieser Grenze bedeutet zugleich einen Verstoß gegen das Grundgesetz, das seinerseits ein Gesetz ist.

690 Creifelds, Stichwort „Gesetz“.
691 v. Unruh, NVwZ 1988, 690 (695).
692 So auch: Dietel, DVBl. 1969, 569 (570).
693 BVerwGE 78, 314 (319): zu Art. 1 Abs. 1; BVerwGE 84, 86 (91); 56, 56 (59): zu Art. 5; BVerwGE 80, 249 (254); 78, 192 (207): zu Art. 6; BVerwG, NJW 1990, 2761: zu Art. 19 Abs. 4.
694 BVerwGE 42, 133 (134).
695 BVerfGE 56, 56 (58).
696 BVerwGE 42, 133 (134).

Folgerichtig gehören auch die Grundrechte zu den gesetzlichen Grenzen im Sinne von § 40 VwVfG[697].

b) Grundsatz der Verhältnismäßigkeit

Zu den verfassungsrechtlichen Grundsätzen gehört auch der Grundsatz der Verhältnismäßigkeit[698]. Dieser spielt als übergreifende Leitregel in der Rechtsprechung des Bundesverfassungsgerichts eine geradezu überragende Rolle. Für eine Heranziehung des Grundsatzes der Verhältnismäßigkeit ist es erforderlich, Inhalt und Umfang dieses Grundsatzes näher zu beleuchten. Dies ist schon deshalb erforderlich, weil die Terminologie nach wie vor nicht einheitlich ist. Teilweise ist vom Übermaßverbot[699] die Rede, dem die Bestandteile Geeignetheit, Erforderlichkeit und Verhältnismäßigkeit innewohnen sollen[700], während „die wohl herrschende Meinung"[701] und dabei insbesondere das Bundesverfassungsgericht und das Bundesverwaltungsgericht den Begriff der Verhältnismäßigkeit (im weiteren Sinne) als Oberbegriff verwenden, dessen Elemente die Geeignetheit, die Erforderlichkeit und die Verhältnismäßigkeit im engeren Sinne sind[702]. Andererseits werden unter dem Oberbegriff der Verhältnismäßigkeit auch die Begriffe Geeignetheit, Erforderlichkeit und Proportionalität zusammengefasst[703]. Insbesondere in Bezug auf das überwiegend als Verhältnismäßigkeit im engeren Sinne bezeichnete Element werden sehr unterschiedliche Begriffe verwendet. Synonyme für diesen Begriff sind etwa „... nicht übermäßig, angemessen, vernünftig, sachgerecht, vertretbar, erforderlich,

---

697 So auch: Starck, Landesberichte, S. 25; ders. Festschrift für Horst Sendler, S. 167 (173).

698 Allgemein siehe: Rode/Baumann, Kommunalpraxis MO 2000, 228 ff.

699 Stern, Staatsrecht, Band I, § 20 IV 7; Jarass/Pieroth, GG, Art. 20, Rdnr. 58; Scholz, NJW 1983, 705 (709); Dietel, DVBl. 1969, 569 (574) meint, dass das Übermaßverbot die Grundsätze der Erforderlichkeit und der Verhältnismäßigkeit umfasse.

700 Stern, Staatsrecht, Band I, § 20 IV 7; Jakobs, DVBl. 1985, 97 ff. – Jakobs fasst unter den Begriff „Verhältnismäßigkeitsgrundsatz" ausdrücklich nur die letzte Komponente und grenzt ihn von den Begriffen „Geeignetheitsgrundsatz" und „Erforderlichkeitsgrundsatz" ab.

701 so ausdrücklich Stern, Staatsrecht, Band I, § 20 IV 7.

702 BVerfGE 19, 342 (348); 23, 127 (133); 39, 156 (165); 43, 101 (106); 51, 324 (346); 52, 1 (29); 54, 301 (313); 55, 249 (258); 57, 9 (28); 58, 283 (290); BVerwGE 5, 50 (52); 9, 114; 11, 170; 30, 313 (316); Bull, Rdnr. 238; Wolff/Bachof/Stober, Band I, § 30 II 2, Rdnr. 8.

703 Grabitz, AöR 98 (1973), 568 (575).

unerlässlich, (unbedingt) notwendig, zumutbar ....“[704]. Mitunter wird auch von Ausprägungen des Grundsatzes der Verhältnismäßigkeit gesprochen, zum Beispiel „in seiner Ausprägung als Grundsatz der Zumutbarkeit“,[705] ohne dass eine dogmatische Herleitung erfolgt. Einigung besteht indessen im Hinblick auf die definitorische Ausformung der anerkannten drei Elemente des Verhältnismäßigkeitsgrundsatzes.

(1) Systematische Einordnung

Der Grundsatz der Verhältnismäßigkeit genießt trotz seiner fehlenden Ausformulierung im Grundgesetz Verfassungsrang[706]. Dies folgt bereits aus der überragenden Bedeutung, die das Bundesverfassungsgericht ihm beimisst[707]. Auch rechtstheoretisch ergibt sich keine andere Lösung, denn unzweifelhaft bedarf staatliches Handeln eines Korrektivs dergestalt, dass staatliche Handlungen nur unter Beachtung der betroffenen Rechtsgüter vorgenommen werden können und dürfen[708]. Aus der Tatsache, dass dem Verhältnismäßigkeitsgrundsatz Verfassungsrang zuzumessen ist, folgt zwingend, dass dieser auch Bestandteil der Verfassung ist[709]. Diese Qualität teilt er mit anderen verfassungsrechtlichen Grundsätzen wie dem Bestimmtheitsgrundsatz[710] oder der Wesentlichkeitstheorie[711].
Strukturell handelt es sich bei dem Grundsatz der Verhältnismäßigkeit um einen Rechtsgrundsatz, dem innerhalb der Normhierarchie Vorrang einzuräumen ist und an dem alle anderen Rechtsquellen zu messen sind[712]. Aus seinem Rechtsgrundsatzcharakter folgt aber auch, dass er Modifizierungen zugänglich ist[713], da er nicht die inhaltliche Präzision einer Norm besitzt.

Über die Ableitung des Grundsatzes der Verhältnismäßigkeit besteht wenig Einigkeit. Sogar das Bundesverfassungsgericht leitet ihn aus dem Rechts-

---

704 Jakobs, DVBl. 1985, 97 ff.
705 VGH Mannheim, NVwZ 2001, 458.
706 BVerfGE 23, 127 (133); BVerwGE 30, 313 (316).
707 Vgl. z. B. BVerfGE 19, 342 (349); 29, 312 (316).
708 Vgl. dazu Jakobs, DVBl. 1985, 97 (98).
709 So ausdrücklich: Grabitz, AöR 98 (1973), 568 (583).
710 BVerfGE 14, 13 (16); 17, 306 (314).
711 BVerfGE 33, 303 (337); 34, 165 (192); 40, 237 (249); 49, 89 (126).
712 Jakobs, DVBl. 1985, 97 (98); Grabitz, AöR 98 (1973), 568 (583).
713 Jakobs, DVBl. 1985, 97 (99).

staatsprinzip[714] und den Freiheitsgrundrechten[715] ab. Demgegenüber ist er nach anderer Ansicht den Grundrechten, insbesondere Art. 1 GG, zu entnehmen[716]. Weiterhin wird vertreten, dass die Ableitung aus dem Gleichheitsgebot[717] und dem Willkürverbot[718] zu erfolgen hat. Schließlich wird der Verhältnismäßigkeitsgrundsatz gar als selbständiges Element und verpflichtende Direktive aufgefasst[719]. Da aber der Verfassungsrang des Grundsatzes der Verhältnismäßigkeit allgemein anerkannt und unbestritten ist, ist dieser Streitfall für eine sachgerechte praktische Lösung nicht entscheidend.

(2) Inhalt

Nach der überwiegenden Auffassung setzt sich der Grundsatz der Verhältnismäßigkeit aus den Merkmalen „Geeignetheit", „Erforderlichkeit" und „Angemessenheit" zusammen. Diese Bestandteile sind getrennt voneinander zu berücksichtigen.

Unter Geeignetheit versteht man, dass die hoheitliche Maßnahme ein taugliches Mittel zur Erreichung des angestrebten Zieles ist oder dass mit seiner Hilfe der angestrebte Erfolg zumindest gefördert werden kann[720]. Letzteres setzt voraus, dass die betreffende Maßnahme den Eintritt des bezweckten Erfolges erleichtert oder wahrscheinlicher macht. Schlechthin ungeeignete und objektiv untaugliche Maßnahmen sind daher auszuscheiden[721]. Erforderlich dabei ist aber, dass die getroffenen Wertungen und Prognosen eindeutig widerlegbar sind[722]. Diese Beurteilung erfolgt aber ex ante, so dass zu fragen ist, ob nach der Beurteilung der Umstände zum Zeitpunkt der Maßnahme diese als geeignet

---

714 BVerfGE 6, 389 (439); 23, 127 (133); 29, 312 (316); 30, 1 (20).

715 BVerfG, NJW 1994, 1577 (1578).

716 Dürig in: Maunz/Dürig/Herzog/Scholz, GG, Art. 2 Abs. 1 Rdnr. 63; Herzog in: Maunz/Dürig/Herzog/Scholz, GG, Art. 20 Abschnitt VII, Rdnr. 72.

717 Hans Peter Ipsen, AöR 78 (1953), 284 (314), Anm. 46; Wittig, DÖV 1968, 817 (821).

718 Hans Peter Ipsen, AöR 78 (1953), 284 (315, Anm. 98); Wittig, DÖV 1968, 817 (822); Leibholz, DVBl. 1951, 193 (195).

719 Lerche, S. 62 ff.

720 BVerfGE 30, 292 (316); 33, 171 (187); Stern, § 20 IV 7; Wolff/Bachof/Stober, Band I, § 30 II 2, Rdnr. 8.

721 BVerfGE 16, 147 (181); 57, 139 (159).

722 BVerfGE, 17, 306 (315 ff.); 19, 330 (338); 50, 290 (332).

erschien[723]. Irrtümer bleiben vorbehalten[724]. Entscheidend ist allein, ob die Maßnahme evident ungeeignet ist. Andererseits reicht aber bereits eine teilweise Verwirklichung des angestrebten Zweckes aus[725].

Das Gebot der Erforderlichkeit verlangt, dass das angestrebte Ziel nicht durch ein gleich geeignetes, aber weniger belastendes (milderes) Mittel erreicht werden kann[726]. Dieses Mittel muss aber offensichtlich gleichermaßen zur Erreichung des angestrebten Zweckes geeignet sein[727]. Diesbezüglich steht der Verwaltung allerdings ein Handlungsspielraum bezüglich der einzusetzenden Mittel zu[728]. Das Mittel ist dann gleich wirksam, wenn es zumindest relativ geeignet ist, den angestrebten Zweck mit der gleichen Intensität zu erreichen[729]. Eine abstrakte Formel zur positiven Feststellung der gleichen Eignung existiert nicht; die Feststellung kann lediglich im Einzelfall erfolgen. Negativ ist allerdings ein allgemeines Kriterium dahingehend entwickelt worden, dass das Mittel dann nicht erforderlich ist, wenn es andere nachteilige Wirkungen hat als das andere in Betracht kommende Mittel[730]. Es ist aber auch zulässig, den angestrebten Zweck mit einer Vielzahl gleich geeigneter Mittel zu verfolgen[731].

Das Merkmal der Angemessenheit bzw. Verhältnismäßigkeit im engeren Sinne dient der abschließenden Gesamtabwägung aller berührten Rechtsgüter. Danach ist ein Eingriff dann angemessen, wenn die Belastung des Betroffenen nicht außer Verhältnis zu dem angestrebten Zweck steht[732]. Die Maßnahme darf den Betroffenen nicht übermäßig[733] oder unzumutbar[734] belasten. Während der Erforderlichkeitsgrundsatz die Relation zwischen mehreren Mitteln betrifft, geht es beim Merkmal der Angemessenheit um die Zweck-Mittel-Relation, die bisweilen auch eine Schaden-Nutzen-Analyse darstellt[735]. Ähnlich dem Erfor-

723 BVerfGE 25, 1 (12); 30, 250 (263).
724 BVerfGE 25, 1 (12); 30, 250 (263).
725 Grabitz, AöR 98 (1973), 568 (572).
726 BVerfGE 30, 292 (316); 33, 171 (187); 39, 156 (165); 57, 250 (270).
727 Stern, § 20 IV 7.
728 BVerfGE 30, 336 (347); 49, 25 (59).
729 Grabitz, AöR 98 (1973), 568 (574).
730 Gentz, NJW 1968, 1600 (1604).
731 BVerfGE 21, 150 (157).
732 BVerfGE 7, 377 (407); 16, 194 (202); 17, 108 (117); 27, 211 (219); 28, 264 (280); 30, 292 (316).
733 BVerfGE 47, 239 (248); 49, 24 (63).
734 BVerfGE 41, 251 (264).
735 VerfGH NRW, OVGE 28, 304 ff.

derlichkeitsmaßstab folgt auch hier eine konkrete Prüfung anhand des Einzelfalles[736]. Und genauso erfolgt wiederum nur eine negative Feststellung, ob die Maßnahme unangemessen ist; eine positive Feststellung der Angemessenheit erfolgt nicht[737]. Es ist auch eine mehrfache Prüfung der Angemessenheit möglich, insbesondere in abstrakter und konkreter Hinsicht[738].

c) Sonstige Rechtsgrundsätze des Grundgesetzes

Nach der Rechtsprechung des Bundesverwaltungsgerichts können neben dem Grundsatz der Verhältnismäßigkeit auch andere Verfassungsgrundsätze das Ermessen beschränken[739]. Hier sind das Rechtsstaatsprinzip[740], das Willkürverbot[741] und der Vertrauensschutz[742] zu nennen.

Auch das Sozialstaatsprinzip (Art. 20 Abs. 1 GG) kann ohne gesetzliche Konkretisierung Wirkungen im Einzelfall entfalten und das Ermessen einengen[743]. Das kommt beispielsweise bei der Frage der Gewährung unmittelbarer Fürsorgemaßnahmen in Betracht, wenn die Belastung der Allgemeinheit im Vergleich zur Dringlichkeit des Fürsorgebedürfnisses gering bleibt. Eine Rechtspflicht zum Handeln kann entstehen, wenn eine Fürsorgemaßnahme nur Vorteile, aber keine Belastungen mit sich bringt.

VI. Ergebnis

Der Inhalt des § 40 VwVfG steht fest: Die Vorschrift bezieht sich auf den Erlass von Verwaltungsakten und damit auf ein Handeln. Eingeräumt wird Ermessen durch Rechtsvorschrift (Gesetz, Rechtsverordnung, Satzung; Vorschriften der Europäischen Union) oder bei fehlender Ermessensnorm durch das Grundgesetz.

---

736 Grabitz, AöR 98 (1973), 568 (576).
737 Grabitz, AöR 98 (1973), 568 (576).
738 BVerfGE 20, 162 (213); BVerwG, NJW 1983, 638 (639); Jakobs, DVBl. 1985, 97 (102).
739 Allgmein siehe: BVerwGE 62, 230 (231) und 56, 255 (260); kritisch: DiFabio, VerwArch 1995, 214 (227).
740 BayVerfGH, NJW 1979, 1112 (1113).
741 BVerwGE 42, 148 (156) = NJW 1973, 2170 (2172).
742 BVerwG Buchholz 402.24 § 2 AuslG Nrn. 8, 9; BVerwG, NJW 1980, 2763.
743 BVerwGE 42, 148 (157).

Die Behörde ist zur Ermessensausübung verpflichtet. Dem entspricht auf Seiten des Adressaten auch ein Recht auf eine dem § 40 VwVfG entsprechenden Ermessensausübung, wenn die das Ermessen einräumende Vorschrift auch den Interessen des Adressaten zu dienen bestimmt ist.

Die Ermessensausübung muss dem Zweck der Ermächtigung entsprechen. Der Zweck ist nicht allein der Ermächtigungsgrundlage zu entnehmen, sondern gegebenenfalls auch dem dahinter stehenden Fachrecht. Eingegrenzt wird der Ermessensspielraum durch jedes Gesetz im materiellen Sinne und insbesondere auch durch die Grundrechte und Grundsätze der Verfassung.

§ 4 Vorgaben des § 40 VwVfG für die Ermessensbetätigung

In § 3 ist der Inhalt des § 40 VwVfG ermittelt worden. Im Anschluss hieran ist zu untersuchen, welche Bedeutung § 40 VwVfG für die Ermessensbetätigung hat und welche Rechtsfolgen sich bei falscher Ermessensbetätigung daraus ergeben. Für die folgende Untersuchung ist von der Erkenntnis auszugehen, dass die Ermessensausübung bislang nur aus der Ex-Post-Sicht untersucht worden ist, nämlich wenn es darum geht, die Ermessensentscheidung einer nachträglichen Rechtmäßigkeitsüberprüfung zu unterziehen. Der Blickwinkel der Verwaltung bei der Ermessensausübung ist bislang wenig beachtet worden. Dies mag seinen Grund darin haben, dass das Thema Ermessen – mit wenigen Ausnahmen – von Richtern und Rechtslehrern behandelt wird, die sich aus der Retrospektive mit Ermessensakten der Verwaltung befassen. Dadurch wird gelegentlich verkannt, dass sich die beiden Ermessensvorschriften, nämlich § 40 VwVfG und § 114 VwGO, unter Betonung des Blickwinkels des Rechtsanwenders in der Weise unterscheiden, dass § 40 VwVfG eine Ex-Ante-Vorschrift ist, während § 114 VwGO eine Ex-Post-Vorschrift darstellt. Dieses Verhältnis soll im Folgenden näher beleuchtet werden und Grundlage weiterer Schlussfolgerungen für die Berechtigung der herkömmlichen Ermessenslehre sein.

A. Die Bedeutung des § 40 VwVfG als Auftrag

§ 40 VwVfG ist seiner Aussage nach als Handlungsmaxime aufzufassen. Dies ergibt sich schon aus dem Wortlaut, wonach es heißt: „Ist die Behörde ermächtigt, nach ihrem Ermessen zu handeln, *hat* sie (...) auszuüben". Damit unterscheidet sie sich als Handlungsnorm von § 114 VwGO als Kontrollnorm[744]. § 40 VwVfG betrifft den Zeitpunkt, in dem die Behörde festgestellt hat, dass der Tatbestand der Ermessensermächtigung erfüllt ist. Jetzt stellt sich für die Behörde die Frage, wie, das heißt auf welchem Wege, sie zu ihrer Entscheidung gelangt. Was muss sie tun, was muss sie beachten, wenn sie sich für die eine oder andere Rechtsfolge entscheidet? Hier muss die Behörde wissen, nach welchen Gesichtspunkten sie eine der möglichen Rechtsfolgen auswählen kann.

---

744 Ossenbühl, in: Erichsen/Martens, § 10 Rdnr. 15.

I. Ermessensbetätigung durch Entscheiden nach Zweckmäßigkeitsgesichtspunkten

Aus der gemeinsamen Betrachtung von § 40 VwVfG und § 68 Abs. 1 Satz 1 VwGO ergibt sich, dass die Behörde ihre Entscheidung – innerhalb der gesetzlichen Grenzen – nach Zweckmäßigkeitsgesichtspunkten trifft. Die Motivation der Behörde für eine Rechtsfolge liegt also in Überlegungen zur Zweckmäßigkeit. Damit gelangt man wieder zu der obigen Begriffsbestimmung, die Ermessen als ein Entscheiden nach eigenem Willen charakterisiert[745].

II. Erfordernis der ausdrücklichen Auseinandersetzung mit den Ermessensbindungen

§ 40 VwVfG schreibt weiter vor, dass sich die Ermessensausübung im rechtlichen Rahmen zu halten hat. Dieser Rahmen wird zum einen durch den Zweck der Ermächtigung und zum anderen durch die gesetzlichen Grenzen des Ermessens festgelegt. Für die Behörde heißt dies, dass sie bei der Entscheidungsfindung auf Grund von Zweckmäßigkeitserwägungen auf die Einhaltung der vorbezeichneten rechtlichen Bindungen zu achten hat. An diesem Punkt stellt sich die grundlegende Frage, nämlich ob von der Behörde zu verlangen ist, dass sie sich bei der Entscheidung für eine Rechtsfolge nach Zweckmäßigkeitsgesichtspunkten auch mit den rechtlichen Bindungen auseinandersetzt und dies in der Begründung des Ermessensverwaltungsaktes darlegt. Die insoweit einheitliche Rechtsprechung[746] und nahezu absolut herrschende Auffassung in der Literatur[747] verlangen dies. Sie stützen sich dabei auf § 39 Abs. 1 Satz 3 VwVfG. Es ist jedoch zu untersuchen, welche Wirkungen von § 39 Abs. 1 VwVfG auf Inhalt und Umfang der Ermessensbetätigung ausgehen und ob dieseVorschrift überhaupt das Erfordernis aufstellt, sich ausdrücklich mit den Ermessensbindungen auseinanderzusetzen.

745 Etwa: Merkl, s.o. § 2 C. I. 3. a).

746 OVG Münster, NJW 1989, 478 (479).

747 Kopp, VwVfG, 6. Auflage, VwVfG, § 40 Rdnr. 19; Kopp/Ramsauer, VwVfG, § 40 Rdnr. 26; Henneke, in: Knack, VwVfG, § 39 Rdnr. 30; Detterbeck, Begründung, B. II. 2. b).

1. Das Verhältnis von § 40 und § 39 VwVfG

§ 40 VwVfG betrifft die materielle Rechtmäßigkeit des Verwaltungsaktes. Bei einem Verstoß gegen § 40 VwVfG ist der Verwaltungsakt materiell rechtswidrig. § 39 VwVfG stellt ein Begründungsgebot auf. Nach Abs. 1 Satz 2 hat die Begründung die wesentlichen tatsächlichen und rechtlichen Gründe zu enthalten. Die Begründung von Ermessensverwaltungsakten soll nach Abs. 1 Satz 3 auch die Gesichtspunkte erkennen lassen, von denen die Behörde bei der Ausübung ihres Ermessens ausgegangen ist. Dieses Begründungsgebot stellt Anforderungen an die formelle Rechtmäßigkeit des Verwaltungsaktes auf[748]. Daraus ergibt sich, dass bei einem Verstoß gegen § 39 VwVfG der Verwaltungsakt nur in formeller Hinsicht rechtswidrig ist. Die materielle Rechtmäßigkeit bleibt davon unberührt[749]. In diesem Verhältnis der beiden Vorschriften ist mithin die Unterscheidung von Ermessensbetätigung und der Mitteilung von Ermessenserwägungen angelegt. Allerdings kann der Verstoß gegen das Begründungsgebot Zweifel an der „richtigen" Ermessensbetätigung begründen und damit eine materielle Rechtswidrigkeit indizieren; das gilt vornehmlich beim Fehlen einer Ermessensbegründung[750].

2. Inhalt und Umfang des Begründungsgebotes nach § 39 Abs. 1 Satz 3 VwVfG

Eine solche Indizwirkung kann jedoch nur dann entstehen, wenn Abs. 1 Satz 3 tatsächlich das Erfordernis aufstellt, in der Begründung auch die Einhaltung der Ermessensbindungen darzulegen.

a) Weite Auslegung des Begründungsgebotes durch die Rechtsprechung

Die Rechtsprechung hat das Begründungsgebot sehr weit ausgelegt. Für den Betroffenen muss aus der Begründung, gegebenenfalls in Verbindung mit ihm bekannten oder offensichtlichen Umständen, hinreichend erkennbar sein, dass die Behörde sich bewusst gewesen ist, dass ihr in der Sache ein Ermessensspielraum zukommt, sie davon Gebrauch gemacht hat, sie die gesetzlichen

---

748 P. Stelkens/U. Stelkens, in: Stelkens/Bonk/Sachs, VwVfG, § 39 Rdnr. 7.

749 Detterbeck, Begründung, C.

750 P. Stelkens/U. Stelkens, in: Stelkens/Bonk/Sachs, VwVfG, § 39 Rdnr. 41; Kopp/Ramsauer, VwVfG, § 39 Rdnr. 56.

Grenzen des Ermessens gesehen, diese nicht überschritten und von ihrem Ermessen pflichtgemäßen Gebrauch gemacht hat[751]. Die Begründung soll also die angestellten Erwägungen, die Abwägung des Für und Wider der sich gegenüberstehenden Belange erkennen lassen[752]. Der Umfang der Begründung hängt von der Weite des Ermessensspielraums ab. Das heißt, je weiter der Ermessensspielraum ist, um so eingehender muss die Behörde ihre Entscheidung begründen. Dabei sind die besonderen Umstände des Einzelfalls in einen rechtlichen Zusammenhang mit den einschlägigen Rechtsvorschriften zu bringen[753]. Es genügt nicht, lediglich darauf hinzuweisen, dass keine Besonderheiten vorliegen[754]. Beim Widerrufsbescheid sind bloße Ausführungen über das Fehlen des Vertrauensschutzes ebenso nicht ausreichend. Bei der Untersagung einer beruflichen Tätigkeit muss auf die Frage der Einräumung einer Frist zur Abwicklung der Tätigkeit eingegangen werden.[755]. Die Behörde genügt der Begründungspflicht auch dann nicht, wenn sie zu Unrecht eine Beschränkung ihres Ermessensspielraums annimmt[756] und ihre Entscheidung insoweit nur eingeschränkt begründet. Die Begründung soll weiterhin auch Erwägungen darüber enthalten, ob andere Alternativen, die der Ermessensspielraum theoretisch zulässt, in Betracht kommen oder nicht[757]. Es muss erkennbar sein, warum sich die Behörde gerade für die von ihr gewählte Möglichkeit entschieden hat, gegebenenfalls unter Hinweis auf die Grundsätze der Ermessensausübung oder unter Hinweis auf andere Rechtsvorschriften.

Zusammenfassend erwarten Rechtsprechung[758] und Literatur[759], dass die Behörde nicht nur ihre Zweckmäßigkeitserwägungen bekanntgibt, sondern darüber hinaus auch im einzelnen begründet, warum sie keine der anderen in Betracht kommenden Entscheidungen gewählt hat. Schließlich soll die Behörde darlegen, warum sie sich im Wege einer Abwägung für diese Rechtsfolge entschieden hat. Und letztlich soll sie auch noch ausführen, dass sie die rechtlichen Bindungen beachtet hat.

---

751 BVerwGE 100, 206 (213 f.); OVG Münster, NJW 1989, 478 (479) für den schärfer gefassten § 35 Abs. 1 Satz 3 SGB X.

752 BVerwGE 22, 215 (217); 84, 375 (388 ff.).

753 BVerwG, NJW 1981, 1917.

754 BSG, MDR 1987, 700.

755 BVerwG, NVwZ 1986, 553.

756 OVG Lüneburg, NVwZ 1985, 130.

757 BVerwG, NJW 1972, 885; so auch Treptow, NJW 1978, 2227 (2231).

758 BVerwGE 57, 1 ff.; OVG Münster, NJW 1989, 478 (479).

759 Scheffler, DÖV 1977, 767 (771); Schwab, DÖD 1994, 80 ff.; Kopp/Ramsauer, VwVfG, § 39 Rdnr. 26; Detterbeck, Begründung, B.II.2.b).

b) Kritische Betrachtung der Rechtsprechung

Die kritische Überprüfung zeigt jedoch, dass diese Rechtsprechung sich weder auf § 39 Abs. 1 Satz 3 VwVfG noch auf andere Rechtsnormen stützen lässt. § 39 Abs. 1 Satz 3 VwVfG fordert seinem Wortlaut nach das „Erkennenlassen der Gesichtspunkte, von denen die Behörde bei der Ausübung des Ermessens ausgegangen ist". Aus diesem Wortlaut ergibt sich also nicht, dass die Behörde irgendwelche weiteren Erwägungen anzustellen, Belange abzuwägen oder gar darzulegen hätte, warum ihre Entscheidung keinen Ermessensfehler aufweist. Das „Erkennenlassen der Gesichtspunkte" stellt geringere Anforderungen an die Begründung als das Mitteilen der tatsächlichen und rechtlichen Gründe in Bezug auf den Tatbestand bzw. gebundene Rechtsfolgen gemäß Satz 2. Hervorzuheben ist an dieser Stelle, dass sich für die Mitteilung von Ermessenserwägungen nicht etwa – neben Satz 3 – weitere Vorgaben aus Satz 2 ableiten lassen. Aus dem Wortlautvergleich dieser beiden Sätze ergibt sich, dass die Ermessensgesichtspunkte nicht zugleich Bestandteil der „wesentlichen rechtlichen Gründe" sein können[760]. Denn in Satz 3 heißt es, dass die Begründung von Ermessensentscheidungen „auch" die Ermessensgesichtspunkte erkennen lassen soll. Das „auch" ist im Sinne von „neben" oder „außerdem"[761] zu verstehen, also als Hinweis auf ein aliud. Anderenfalls, wenn die Ermessensgesichtspunkte Bestandteil der rechtlichen Gründe hätten sein sollen, hätte der Gesetzgeber das Wort „insbesondere" gewählt. Die Ermessenserwägungen stellen also neben den wesentlichen tatsächlichen und rechtlichen Gründe ein drittes Begründungselement dar. Wenn also davon auszugehen ist, dass der Gesetzgeber bewusst das „auch" gewählt hat, ist ebenso anzunehmen, dass er sich bewusst für die Formulierung „Erkennenlassen" entschieden und die ihm bekannte Formulierung des § 73 LVwG SchlH abgelehnt hat.
„Erkennenlassen" heißt, dass Ermessenserwägungen oder –motive unter Umständen nur mittelbar sichtbar werden, also konkludent erfolgen, oder dass der Adressat erst nach Durchlesen des ganzen Bescheides erkennen kann, warum sich die Behörde gerade für diese Rechtsfolge entschieden hat.

Aber selbst wenn man von der Behörde fordern würde, dass sie ihre „Ermessenserwägungen" mitteilt, hieße dies immer noch nicht, dass ein Abwägen von Belangen darzulegen wäre. Denn der Begriff „Erwägung" ist von dem Begriff „Abwägung" abzugrenzen. Allen Wörterbüchern lässt sich entnehmen, dass ein

760 Stelkens, in: Stelkens/Bonk/Sachs, VwVfG, § 39 Rdnrn. 28, 30; Jachmann, Rdnr. 113; Ule, DVBl. 1976, 421 (428).

761 OVG Magdeburg, LKV 1994, 60 (62).

Erwägen im Sinne eines Überlegens zu verstehen ist, während das Abwägen ein „Gegenüberstellen“ und „Gewichten“ bedeutet. Dieser Bedeutungsgegensatz lässt sich unter anderem dem Großen Deutschen Wörterbuches von Makkensen entnehmen. Dort heißt es:

- Abwägen: Gewicht feststellen, genau bedenken (Worte); abgrenzen (Eins gegen das Andere), mit der Wasserwaage messen, nivellieren
- abwägsam: genau; bedächtig
- Abwägung: gründliche Überlegung

und

- Erwägen: überlegen; überdenken
- Erwägenswert: diskutabel
- Erwägung: Überlegung(en) anstellen; etwas in Erwägung ziehen.

3. Ergebnis

§ 40 VwVfG enthält den Auftrag an die Behörde, ihr Ermessen zu betätigen und dabei die dort genannten Bindungen zu beachten. Weder § 40 VwVfG noch etwa § 39 VwVfG verlangen, dass sich die Behörde in der Begründung ausdrücklich mit diesen Bindungen befasst. Die Vorschriften der §§ 39, 40 VwVfG, 114 VwGO beschreiben die Ermessensbetätigung dahin, dass die Behörde die – rechtlich zulässige – Rechtsfolge unter Zweckmäßigkeitsgesichtspunkten auswählt. Genau diese Zweckmäßigkeitsgesichtspunkte machen die Ermessenserwägungen aus, auf die sich das Begründungsgebot des § 39 Abs. 1 Satz 3 VwVfG bezieht.
Daher greift auch nicht das verfassungsrechtlich begründete Argument, dass der Bürger durch die Begründung in der Lage versetzt werden müsse, die Erfolgsaussichten eines von ihm beabsichtigten Rechtsbehelfs ausreichend zu beurteilen[762]. Dieses Argument ist in sich nicht schlüssig. Denn mit der Darlegung der Ermessenserwägungen wird nicht zugleich aufgezeigt, warum der Verwaltungsakt keinen Ermessensfehler aufweist.

762 So aber: OVG Münster, NJW 1989, 478 (479); Kopp/Ramsauer, VwVfG, § 40 Rdnr. 26; VGH Kassel, NVwZ 1983, 552: je weiter der Ermessensspielraum ist, desto eingehender muss die Behörde ihre Entscheidung begründen; siehe in diesem Sinne auch: Peters, DÖV 2001, 749 (757).

Die hier abgeleiteten Ergebnisse zu Inhalt und Bedeutung des § 40 VwVfG haben nachhaltige Auswirkungen auf die herrschende Ermessensfehlerlehre und den Umfang der gerichtlichen Kontrolle.

B. Festlegung des rechtlichen Rahmens für die Zweckmäßigkeitsentscheidung

Bei der Ausübung des Ermessens soll sich die Behörde von Zweckmäßigkeitserwägungen leiten lassen. Maßgebend für die Zweckmäßigkeit einer Entscheidung sind einerseits Ausmaß, Schnelligkeit und Sicherheit, mit dem der Gesetzeszweck erreicht wird, und andererseits der Verwaltungsaufwand[763]. Daneben können Erwägungen zu den Vor- und Nachteilen bzw. Nebenfolgen eine Rolle spielen ebenso wie Billigkeits- und Gerechtigkeitserwägungen. Bevor die Behörde jedoch diese Zweckmäßigkeitserwägungen anstellt, muss sie den rechtlichen Handlungs- und Entscheidungsrahmen für die Verwirklichung des Gesetzeszwecks ermitteln[764], um Ermessensfehler auszuschließen. Zur Ausübung des Ermessens gehört also nicht nur die Frage, welche beabsichtigte Handlung zweckmäßig ist, sondern auch die Frage, wie der rechtliche Handlungs- bzw. Entscheidungsrahmen ermittelt wird. Denn die Behörde muss stets im Blick haben, wo ihre rechtlichen Grenzen bei der Verwirklichung des Gesetzeszwecks liegen[765]. Das „Ermittelnmüssen" der rechtlichen Bindungen heißt jedoch nicht, dass das Ermittlungsergebnis – also die festgestellten Bindungen – im Sinne einer nach § 39 Abs. 1 Satz 3 VwVfG gebotenen Begründung darzustellen ist. Es ist – wie oben näher ausgeführt – zu unterscheiden zwischen der Ermessensausübung und der Mitteilung von Ermessenserwägungen.

Die Behörde muss bei ihrer Entscheidung prüfen, ob die von ihr angestellten Zweckmäßigkeitserwägungen vom Gesetzeszweck umfasst werden. Erwägungen, die nicht vom Gesetzeszweck gedeckt sind, sind mithin als sachfremd auszuscheiden. Damit stellt sich der Zweck der Ermächtigung als Zweckmäßigkeitsrahmen dar.

Die Prüfung hat sich jedoch noch darauf zu erstrecken, ob die Behörde mit ihrer beabsichtigten Ermessensentscheidung den gesetzlichen Rahmen einhält. Der gesetzliche Rahmen ergibt sich nicht nur aus der Norm, die die Ermessen-

763 Hufen, § 7 Rdnr. 26.
764 Schmidt, NJW 1975, 1753 (1756).
765 Schmidt, NJW 1975, 1753 (1756).

sermächtigung enthält, sondern aus allen sonstigen einschlägigen Rechtsnormen. Zu beachten hat sie insbesondere den Grundsatz der Verhältnismäßigkeit.

C. Ergebnis

Es ist am Schluss dieser Darstellung zu betonen, dass der Ablauf der Ermessensausübung wie folgt zu geschehen hat: Unter Beachtung des Zwecks der Ermächtigung und der gesetzlichen Grenzen hat die Behörde die zur Verfügung stehenden – rechtlich zulässigen – Möglichkeiten zu ermitteln. Unter diesen wählt sie diejenige, die sie für zweckmäßig hält.
Zweckmäßigkeitserwägungen sind also die Erwägungen, die zur Auswahl einer der rechtlich möglichen Maßnahmen führen. Davon abzugrenzen sind die Ausführungen zur Frage der Verhältnismäßigkeit, wo auch Wertungen und Abwägungen erfolgen. Die Frage, ob eine Maßnahme verhältnismäßig ist, ist eine Rechtsfrage und keine Ermessensfrage. Ist die Maßnahme unverhältnismäßig, steht sie nicht mehr als rechtlich zulässige Entscheidungsalternative zur Auswahl. Hier wird dann auch die historisch-konventionelle Trennung von Rechtmäßigkeit und Zweckmäßigkeit deutlich, die sich weiterhin in den Vorschriften der §§ 68, 114 VwGO und §§ 39, 40 VwVfG niederschlägt.

§ 5 Folgerungen aus § 40 VwVfG für die (herkömmliche) Ermessenslehre

Im Folgenden soll dargestellt werden, dass mit der konsequenten Heranziehung des § 40 VwVfG die Schwächen der herkömmlichen Ermessenslehre überwunden werden können. Die Vorschrift ermöglicht ein geschlossenes System, in das sich alle Rechtsfiguren und Erscheinungsformen der Ermessensausübung – soweit ihre Existenz eine Berechtigung hat – einordnen lassen. Im Einzelnen:

A. Wesen und Begriff des Ermessens

Ermessen bezeichnet die Wahlfreiheit in Bezug auf die Setzung von Rechtsfolgen. Dies folgt aus § 40 VwVfG, der das Ermessen – wie oben im Wege der Auslegung ermittelt – auf Handlungen bezieht. Das Ermessen ist nicht ungebunden, sondern hat sich unter Einhaltung der gesetzlichen Grenzen des Ermessens am Zweck der Ermächtigung auszurichten. Auf dieser Grundlage erschließt sich im Weiteren das gesamte Wesen des Ermessens. Im Sinne von Ableitungen lässt sich die Gesamtheit der Ermessensregeln, also Fehlerlehre und Abgrenzung zur Anwendung von unbestimmten Rechtsbegriffen, entwickeln. Zugleich sind andere Erklärungsmodelle abzulehnen und der Abschied vom Begriff des Beurteilungsspielraums einzuläuten. Schließlich lässt sich aus dem Wesen des Ermessens auch der Begriff des Ermessens formen.

I. Wesen des Ermessens

1. Ermessen als Handeln nach Zweckmäßigkeit (auf der Rechtsfolgenseite)

Ermessen bezieht sich nach § 40 VwVfG auf die Ausübung behördlichen Verhaltens und ist in Zusammenschau mit § 68 VwGO Handeln nach Zweckmäßigkeit. Weil sich der gerichtliche Überprüfungsmaßstab wegen § 113 VwGO i.V.m. § 114 VwGO nicht auf die Zweckmäßigkeit erstreckt, ist die behördliche Entscheidung zwischen den zulässigen Handlungsalternativen keine Rechtsanwendung. Die Wahl zwischen den Entscheidungsmöglichkeiten ist wollensbedingt und nicht erkenntnisbedingt. Die Entscheidung nach Zweckmäßigkeit ist in Abgrenzung zur Rechtsanwendung schöpferische Gestaltung. Mit der Erkenntnis, dass Ermessen wählendes Handeln in Bezug auf eine Entscheidung ist, wird auch deutlich, dass sich Ermessen auf die Rechtsfolgenseite bezieht[766].

2. Ablehnung der konventionellen Wesensbeschreibungen

Mit der Beschreibung von Ermessen als Entscheidungsfreiheit in Bezug auf ein Handeln ist das Wesen des Ermessens schon abschließend charakterisiert. Weiter ausholende Beschreibungen sind deshalb abzulehnen.

Die oben[767] zusammengefassten Wesensbeschreibungen der herkömmlichen Ermessenslehre(n) leiden unter dem Mangel, dass sie die Rechtslage de lege lata unberücksichtigt lassen und immer noch an historisch-konventionelle Beschreibungen wie „Restraum subjektiven Fürrichtighaltens“[768] und „Sicherstellen der Einzelfallgerechtigkeit (Billigkeit)“ anknüpfen.
Diese Kritik gilt zunächst für Soells Erklärungsmodell von der Ausfüllung von „intra-legem-Lücken“[769]. Es ist erstaunlich, dass Soell bei seinen weitgreifenden Ausführungen zum Wesen des Ermessens die Vorschrift des § 68 VwGO gar nicht verarbeitet und § 114 VwGO nur zweimal und dann nur am Rande seiner fast vierhundertseitigen Arbeit erwähnt, ebenso die Vorläufervorschrift des § 114 VwGO in der Militärregierungsverordnung Nr. 165 für die Britische Zone (§ 23 Abs. 3)[770] nur einmal. Er setzt sich also nicht mit der Frage auseinander, ob sich das Wesen des Ermessens aus der damaligen Rechtsordnung hätte ableiten lassen bzw. welche Auswirkungen die bestehenden Rechtsnormen auf seine Schlussfolgerungen aus der Lückenlehre hätte haben können. Vielmehr hätte er erkennen müssen, dass sich aus der in § 68 VwGO angelegten Unterscheidung von Rechtmäßigkeit und Zweckmäßigkeit und dem in § 114 VwGO niedergelegten gerichtlichen Überprüfungsmaßstab im Hinblick auf die Rechtmäßigkeit ergibt, dass die Ermessensausübung in der Setzung einer Rechtsfolge nach Zweckmäßigkeitsgesichtspunkten besteht, die der gerichtlichen Überprüfung entzogen ist. Von der Sicherstellung von Einzelfallgerechtigkeit und Billigkeit ist nicht die Rede. Blickpunkt ist die Sichtweise der Behörde. Sie soll die Rechtsnorm anwenden und nach Zweckmäßigkeit über die zu setzende Rechtsfolge entscheiden. Das Setzen einer Rechtsfolge nach

766 Redeker, DÖV 1993, 10 (12).
767 § 2 C. IV. 1. – 3.
768 Jesch, AöR 82 (1957), 163 ff.
769 § 2 C. IV. 2.
770 Siehe oben: § 3 A. III.

Zweckmäßigkeit indiziert eine Wahlmöglichkeit, denn wenn die Rechtsnorm eine bestimmte Rechtsfolge fordert, kann keine Entscheidung nach Zweckmäßigkeit mehr ergehen.
Somit ist der Erklärungsversuch von Soell schon aus diesem Grund zurückzuweisen. Im weiteren ist Soell die Zuordnung der Wahlfreiheit zur Lückenproblematik kritisch vorzuhalten. Soell ist entgegenzuhalten, dass Lücken in der Rechtsordnung das Merkmal der Planwidrigkeit anhaftet. Auch wenn die Existenz von „bewussten Lücken" im Gesetz in Ausnahmefällen angenommen wird, kann nicht im Wege der Verallgemeinerung geschlussfolgert werden, dass der Gesetzgeber mit der Verwendung von wert-ausfüllungsbedürftigen Begriffen und Generalklauseln bewusst Lücken setzt. Die Verwendung unbestimmter Rechtsbegriffe erfolgt, wenn ein regelungsbedürftiger Sachverhalt nicht konkreter durch eine Rechtsnorm beschrieben werden kann. Der Gesetzgeber hat dabei auch ein bestimmtes Regelungsziel im Auge und möchte, dass die Verwaltung beim Normvollzug genau dieses Ziel erreicht. Mitnichten soll der Verwaltung eine Grundlage zum wählenden Beurteilen oder Handeln eingeräumt werden. Es wird eben nicht ein Freiraum zur (wählenden) Ausfüllung geschaffen, sondern in der Regel die einzige Möglichkeit zur Regelung eines kaum zu konkretisierenden Sachverhalts im Wege der Abstraktion genutzt.

Aber auch das Erklärungsmodell „Ermessen als Tatbestandsergänzung"[771] kann mit dem Hinweis auf die Gesetzeslage nach § 40 VwVfG nicht akzeptiert werden. Die Ausübung des Ermessens hat sich am Zweck der Ermächtigungsgrundlage zu orientieren, und die getroffene Rechtsfolge kann dem Zweck der Ermächtigung entsprechen, ohne dass alle Besonderheiten des Einzelfalles ermittelt und richtig berücksichtigt sind. Die Zweckmäßigkeitserwägungen sind keine (zusätzlichen) Tatbestandsmerkmale auf der Rechtsfolgenseite. Ermessensausübung kann wegen der Normstruktur (Tatbestand einerseits und Rechtsfolge andererseits) nicht als Ergänzung eines offenen Tatbestands qualifiziert werden.

Schließlich ist auch der Ansatz von Kopp[772], stellvertretend für die herrschende „Wesenstheorie", mit den gleichen Argumenten zurückzuweisen.

---

771 § 2 C. IV. 1.
772 § 2 C. IV. 3.

II. Der Begriff des Ermessens

Aus dem dargelegten Wesen des Ermessens ist unter Einbeziehung der gesetzlichen Vorgaben zur Ermessensausübung (§ 40 VwVfG) und der gerichtlichen Überprüfbarkeit (§ 114 VwGO) folgende Begriffsbeschreibung vorzunehmen:

„Ermessen ist ein nach Erfüllung eines Normtatbestandes oder bei Fehlen einer Ermessensnorm ein durch das Grundgesetz eröffneter und durch rechtliche Bindungen begrenzter Spielraum, in dem die Verwaltung aufgrund von Zweckmäßigkeitserwägungen Entscheidungen oder sonstige Handlungen vornimmt."

Die erweiternde Formulierung „sonstige Handlungen" soll hier deutlich machen, dass das Ermessen nicht allein im Zusammenhang mit Verwaltungsakten existiert, sondern überall dort, wo die Verwaltung Handlungen vornimmt, zu denen sie nicht verpflichtet ist.

III. Erscheinungsformen des Ermessens

In der Literatur ist vereinzelt erkannt worden, dass sich Versuche, die Ermessensarten oder Ermessenstypen einer Systematisierung zu unterziehen, als unmöglich erweisen dürften[773]. Die Frage, ob diese Aussage so kategorisch getroffen werden kann, soll hier offen gelassen und statt dessen die wichtigere Vorfrage gestellt werden, ob eine Systematik, wenn man sie denn erreichen könnte, überhaupt von Nutzen wäre. Die so gestellte Vorfrage ist zu verneinen. Die Bestandsaufnahme oben[774] hat als solche schon gezeigt, dass es sich bei den vielen Erscheinungsformen, Ermessensarten oder –typen oft um Zufallsschöpfungen oder Schöpfungen nach Belieben handelt. Sie haben ihren Sinn und Aussagewert nur in dem jeweiligen Kontext, können also nicht zur Beschreibung einer abgrenzbaren Form der Ermessensbetätigung isoliert verwendet werden. Außerdem sind einige „Ermessensarten" in sich widersprüchlich (zum Beispiel das Beurteilungsermessen) oder nichtssagend (zum Beispiel das Spielraumermessen – eine Tautologie). Andere beschreiben Tätigkeiten, bei denen es gerade kein Ermessen im Sinne von Wahlfreiheit gibt. Das trifft besonders auf das „Ermessen" im Bereich der Judikative zu. Denn wie schon

773 Ossenbühl, in: Erichsen/Martens, § 10 Rdnr. 10.
774 § 2 C. II. 1.

Walter Jellinek[775] ausführte, ist die freie richterliche Überzeugung bei der Ermittlung des Tatbestandes (§ 286 ZPO) keine Ermessensbetätigung, weil die Tatsachen eindeutig feststehen, und nur eine von mehreren widersprechenden Auffassungen richtig sein kann. Kein echtes Ermessen ist auch die freie richterliche Schätzung eines Schadens (§ 287 ZPO), denn auch hier können zwei voneinander abweichende Schätzungen zwar beide falsch, aber, der Idee nach, nicht beide richtig sein. Das billige Ermessen des Zivilrichters ist ebenfalls kein echtes freies Ermessen, da auch dem billigen Ermessen wegen seines unlösbaren inneren Zusammenhangs mit der Gerechtigkeit die Neigung zur Eindeutigkeit innewohnt.

Es bleibt daher festzuhalten, dass zusätzlich zum Begriff des Ermessens keine Begriffsbildungen zur systematischen Beschreibung von Ermessensformen erforderlich oder nur nützlich sind. Die Vielfalt solcher Begriffe und ihre mangelnde Systematisierbarkeit haben deshalb auch zu scharfer Kritik geführt und sind zu Recht als eine der Ursachen für die Unsicherheiten der herkömmlichen Ermessenslehre benannt worden[776]. Ausnahmsweise kann sich die Existenzberechtigung aus den Besonderheiten der Regelungsmaterie ergeben. Zum Beispiel hat sich das intendierte Ermessen wegen der hierzu gebildeten Grundsätze zur Ermessensausübung und Ermessenskontrolle zu einer Rechtsfigur mit Aussagewert entwickelt. Weiterhin dient das Begriffspaar „Entschließungs- und Auswahlermessen" der Beschreibung unterschiedlicher Entscheidungsspielräume und hat von daher seine Berechtigung.

IV. Abschied vom Begriff des Beurteilungsspielraums

Auf der Grundlage der oben aus § 40 VwVfG gewonnenen Erkenntnisse soll das Verhältnis von Ermessensspielraum und Beurteilungsspielraum aufgelöst werden. Weil es einen Spielraum nur auf der Rechtsfolgenseite und nicht auf der Tatbestandsseite gibt, sollte an dem Begriff Beurteilungsspielraum nicht festgehalten werden. Wie oben ausgeführt, gibt es im Bereich der Erkenntnis nur eine richtige Entscheidung bzw. Wertung. Zur Illustration sei an ein in der Literatur auftauchendes Beispiel erinnert, wonach es nicht der wählenden Entscheidung des Betrachters obliegen kann, ob es sich bei dem zu betrachtenden Baum um einen Apfel- oder einen Birnbaum handelt.

---

775 Verwaltungsrecht, S. 31.

776 Nagel, S. 1 f., der insoweit von einem terminologischen Chaos spricht.

Es gibt aber Fälle der Betrachtung, bei denen nicht mehr im Wege der argumentativen Ableitung dargelegt werden kann, was richtig und was falsch ist. In solchen Fällen muss die Frage beantwortet werden, wessen Auffassung als die richtige zu gelten hat: die der Behörde oder die des Gerichts. Für diese Fälle sollte der Begriff des Beurteilungsspielraums nicht länger verwendet werden. „Beurteilungsspielraum" deutet seinem Begriffsinhalt nach auf eine Wahlmöglichkeit hin, die aber im Bereich der Erkenntnis nicht denkbar ist. Es bieten sich treffendere und schon eingeführte Begriffe an. Mit „Beurteilungsprärogative"[777] oder „Entscheidungsvorrang" wird deutlich zum Ausdruck gebracht, dass bei mehreren sich anbietenden Entscheidungen oder Wertungen diejenige der Behörde als die richtige anzusehen und zu akzeptieren ist.

Der Ermessens*spielraum* hat auf der Tatbestandsseite folglich kein Pendant.

B. Die herkömmliche Auffassung von der Ermessensbetätigung

I. Die These von der einzelfallgerechten Ermessensentscheidung

In der Literatur[778] wird häufig die Auffassung vertreten, das Ermessen im Sinne einer Entscheidungsfreiheit diene dazu, die einzelfallgerechteste Entscheidung zu treffen. Nach Stern[779] ist das Ermessen rechtliches Ermessen, das die Gerechtigkeit des Einzelfalles erstrebt, während das Gesetz die abstrakte Gerechtigkeit erreichen will. Dies hieße aber, dass stets nur eine Ermessensentscheidung getroffen werden dürfte, nämlich die gerechteste.
Ein solcher Ansatz findet aber weder in § 40 VwVfG, noch in § 68 oder § 114 VwGO eine gesetzliche Stütze. Das Bestehen eines Ermessensspielraums bedeutet stets, dass mindestens zwei, auch kontradiktorische Ermessensentschei-

777 Gerhardt, in: Schoch/Schmidt-Aßmann/Pietzner, VwGO, § 114 Rdnr. 55, lehnt diesen Begriff aus historischen Gründen ab: Er suggeriere kraft seines monarchischen Hintergrunds unzutreffenderweise ein gewisses „Hausgut" der Exekutive. Diese Kritik ist zurückzuweisen, weil das Problem, die „richtige" Wertung zu ermitteln, unabhängig von gesellschaftlichen Verhältnissen besteht.

778 Hain/Schlette/Schmitz, AöR 122 (1997), 32 (33); Gerhardt, in: Schoch/Schmidt-Aßmann/Pietzner, VwGO, § 114 Rdnr. 5; Bull, Rdnr. 402; Bullinger, JZ 1984, 1001 (1006); Klein AöR 82 (1957), 75 (120); Rupp, Festschrift für Wolfgang Zeidler, S. 455 (459); Stern, Ermessensausübung, S. 16.

779 Stern, Ermessensausübung, S. 17.

dungen in rechtmäßiger Weise getroffen werden können[780]. Die Auswahl zwischen den denkbaren, rechtmäßigen Entscheidungen findet nach Zweckmäßigkeitserwägungen statt. Da nur in seltenen Fällen denkbar ist, dass die verschiedenen rechtmäßigen Entscheidungsvarianten zugleich auch genauso zweckmäßig sein werden, darf die Behörde auch die zweitzweckmäßigste oder sogar eine unzweckmäßige[781] Entscheidung treffen, ohne dass dies von rechtlicher Relevanz wäre[782]. Maßgeblich für die Beurteilung von Ermessensentscheidungen ist einerseits die – rechtlich erhebliche – Rechtmäßigkeit und andererseits die – rechtlich unerhebliche – Zweckmäßigkeit (vgl. auch § 68 VwGO). Die Frage der Gerechtigkeit lässt sich hier nicht einordnen. Sie ist kein allgemeiner Prüfungsmaßstab in der Gesamtrechtsordnung. Lendi[783] hat zutreffend ausgeführt, dass dem freien Ermessen die Ausrichtung auf die Gerechtigkeit nicht wesenseigen sei; vom positiven Recht her betrachtet, sei Ermessen nicht Willkür, sondern Belieben.

Die Forderung, im Rahmen der Ermessensprüfung auch zu beurteilen, ob die getroffene Entscheidung gleichzeitig die gerechteste war, wäre im übrigen ein Widerspruch in sich. Denn gäbe es nur eine richtige Ermessensentscheidung, nämlich die einzelfallgerechteste, hätte dies zur Folge, dass im Einzelfall gerade keine Entscheidungsfreiheit besteht und der Bürger dann stets einen Anspruch auf die eine, nämlich die gerechteste Ermessensentscheidung hätte. Von einem Ermessensspielraum der Verwaltung könnte somit nicht mehr gesprochen werden. Somit ist die in der Literatur vertretene Auffassung zurückzuweisen.

---

780 BVerwG, NJW 1990, 787 (788); DVBl. 1982, 304 (305); BVerwGE 62, 230 (241); 44, 156 (159).

781 Wolff/Bachof/Stober, Band I., § 31 Rdnr. 39; Peine, Rdnr. 69.

782 Zur Vermeidung von Missverständnissen ist hier darauf hinzuweisen, dass Zweck der Ermächtigung und Zweckmäßigkeit sich nicht entsprechen müssen. Ein Verwaltungsakt, der dem Zweck der Ermächtigung entspricht, kann unzweckmäßig sein. Beispiel: Die Rücknahme eines Zuwendungsbescheides entspricht dem Zweck des § 48 VwVfG und den Hintergrundnormen, die sich aus dem Haushaltsrecht ergeben, etwa § 7 BHO/LHO, der die Grundsätze der Wirtschaftlichkeit und Sparsamkeit aufstellt. Diese Grundsätze lassen aber wertende Überlegungen dahin zu, die unter Verstoß gegen die Rechtsordnung gewährten Zuwendungen dem Empfänger zu belassen, wenn hierdurch ein gewichtiges Ziel – Erhaltung von Arbeitsplätzen durch Vermeidung der Insolvenz oder Erhaltung der mit der Zuwendung geschaffenen Investition – verfolgt wird. In diesem Fall entspräche die Rücknahme immer noch dem Zweck der Ermächtigung, während sie aus der Sicht eines Richters unzweckmäßig erscheint.

783 S. 41.

II. Die These von der Gleichsetzung des Ermessens mit Abwägung

In Rechtsprechung[784] und Literatur[785] wird die Ermessensbetätigung als eine Abwägung der im konkreten Entscheidungsfall widerstreitenden öffentlichen und privaten Interessen aufgefasst. Das Abwägungserfordernis entfällt nur dann, wenn es eine einheitliche Interessenlage gibt. Dieser seltene Ausnahmefall soll aber das Wesen der Ermessensbetätigung im Sinne eines Abwägungsvorganges nicht berühren.

Dass dies nicht zutreffend sein kann, ergibt sich aus den obigen Ausführungen zum Inhalt der Ermessenserwägungen. Ermessenserwägungen sind Überlegungen der Behörde, wie sie einen Lebenssachverhalt gestalten will. Dabei findet gerade keine Abwägung von widerstreitenden Interessen im Sinne einer rechtlichen Gewichtung statt. Hier geht es nicht mehr darum, ob etwaigen privaten Interessen der Vorzug zu geben ist. Haben schutzwürdige private Interessen Vorrang vor öffentlichen Interessen, handelt es sich insoweit um eine Rechtsfrage und damit um die Prüfung der gesetzlichen Grenzen des Ermessens, hier des Grundsatzes der Verhältnismäßigkeit.

C. Die dogmatische Rechtfertigung der zum Ermessen entwickelten Rechtsfiguren

Zum Schluss dieser Untersuchung ist noch zu fragen, ob die von der Ermessenslehre entwickelten Rechtsfiguren auf dem hier entwickelten dogmatischen Hintergrund ihre Berechtigung behalten. Es handelt sich im einzelnen um die Koppelungsvorschriften, das intendierte Ermessen, die Ermessensreduzierung auf Null und die Ermessensfehlerlehre.

---

784 BVerwGE, 105, 105, 55 (57); 78, 285 (290); 60, 75 (78); 31, 301 (306).

785 Sachs, in: Stelkens/Bonk/Sachs, § 40 Rdnr. 13; Kopp/Ramsauer, VwVfG, § 40 Rdnr. 52; Häberle, S. 195; Wolff/Bachof/Stober, Band I § 31 II c) 3.; Oldiges, NVwZ 2001, 626 (628); Frotscher, Rdnr. 412; Hofer-Zeni, S. 9; Klein, 82 (1957); 75 (83); Brühl, JuS 1995, 249; Soell, S. 211; Creifelds, Stichwort „Ermessen"; Wolff/Bachof/Stober, Band I, § 31 Rdnr. 32; Stern, Ermessensausübung, S. 34; Peters, DÖV 2001, 749 (750).

I. Die Rechtsfigur des intendierten Ermessens (oder die Lehre von der Begründungsfreiheit)

Die oben beschriebene Rechtsfigur[786] des intendierten Ermessens lässt sich nicht nur aus § 40 VwVfG, sondern auch aus anderen Regelungen ableiten und in die hier vertretene Ermessenssystematik einordnen.

1. Der Zweck der Ermächtigung als gesetzliche Grundlage des intendierten Ermessens

Die Ermessensbetätigung hat gemäß § 40 VwVfG dem Zweck der Ermächtigung zu entsprechen. Der Zweck ist zunächst der Rechtsnorm zu entnehmen, die das Ermessen einräumt. Zu seiner Ermittlung ist der Wortlaut zu betrachten. Ist der Zweck nicht allein der Ermächtigung zu entnehmen, wird sich ein Rückgriff auf die einschlägigen Auslegungsmethoden in einigen Fällen nicht vermeiden lassen.
Auf die Ermächtigungsnorm allein wird dann abzustellen sein, wenn sie die Voraussetzungen für die zu treffende Entscheidung genau beschreibt.

a) Zweckermittlung aus der Ermächtigungsgrundlage

Das trifft auf den bereits im Zusammenhang mit der Darstellung der Grundsätze des intendierten Ermessens behandelten § 5 Abs. 1 Satz 2 Buchstabe c) WoBindG zu. Hiernach kann der Wohnungsberechtigungsschein zur Vermeidung einer besonderen Härte erteilt werden. Diese Verknüpfung von „Ermessen" und „Vermeidung eines Härtefalls" ermächtigt die Behörde jedoch nicht, bei ihrer Ermessensentscheidung zwischen Erteilung und Nichterteilung eines Ausnahme-Wohnungsberechtigungsscheins „frei" zu wählen und das „Für und Wider" ohne gesetzliche Intention abzuwägen[787]. Die Ermessensermächtigung – so das Bundesverwaltungsgericht[788] – soll es vielmehr der zuständigen Stelle lediglich ermöglichen, von einer nach der grundsätzlichen Zielsetzung des Gesetzes an sich gebotenen Versagung der Wohnberechtigungsbescheinigung ausnahmsweise dann abzusehen, wenn sie dies auf Grund bestimmter besonderer Umstände des Einzelfalles unter Berücksichtigung der Wohnungsmarktlage

---

786 § 2 C. V. 4. d).
787 BVerwGE 72, 1 (6).
788 BVerwGE 72, 1 (6).

zur Vermeidung einer ungewöhnlichen Härte für angemessen hält. Bei der Ausübung des von Gesetzes wegen zur Nichterteilung hin intendierten Ermessens bedarf es deshalb keiner das „Für und Wider" abwägenden Entscheidung und demzufolge auch keiner dahin gehenden Begründung der eine Ausnahme-Wohnberechtigungsbescheinigung versagenden Entscheidung.

b) Zweckermittlung aus Hintergrundnormen

Schwieriger wird es bei neutralen Rechtsfolgenormen, wie etwa § 48 und § 49 VwVfG.

Bei § 48 VwVfG heißt es in Abs. 1 Satz 2, dass begünstigende rechtswidrige Verwaltungsakte unter den Einschränkungen der Absätze 2 bis 4 zurückgenommen werden dürfen. Nach Abs. 2 schließt schutzwürdiges Vertrauen eine Aufhebung des Verwaltungsaktes aus. Ist der Adressat eines Rücknahmebescheides dagegen nicht schutzwürdig, weil er etwa den Verwaltungsakt durch falsche Angaben erwirkt hat, ist der Tatbestand erfüllt; der Behörde steht dann ein freilich stark eingeschränktes Rücknahmeermessen zu. Das Nichtvorliegen schutzwürdigen Vertrauens auf Grund falscher Angaben lässt aber Rückschlüsse auf die Zweckbestimmung der Ermächtigungsgrundlage zu. Zunächst liegt der Zweck des § 48 VwVfG darin, der Verwaltung ein Instrument zur Beseitigung einer rechtswidrigen Entscheidung und damit zur (Wieder-) Herstellung der Rechtslage zu geben. Ob die Verwaltung sich für die Aufhebung entscheidet, bleibt dennoch offen. Eine besondere Wertung erfährt die Zweckbestimmung jedoch dann, wenn nicht allein die Behörde den Erlass eines rechtswidrigen Verwaltungsaktes verursacht hat, sondern auch oder gerade der vom Verwaltungsakt Begünstigte. Dann wird die Aufhebung den Adressaten nicht überraschen - denn er musste damit rechnen. Der Zweck der Ermächtigung gebietet die Rücknahme. Von ihr kann die Behörde absehen, wenn die Gewährleistung der Gesetzmäßigkeit nicht opportun ist. Der hier nach § 48 Abs. 1 Satz 1 VwVfG eröffnete Ermessensspielraum wird aber je nach dem Gewicht der Vertrauensausschlussgründe reduziert. In den Fällen des § 48 Abs. 2 Satz 3 VwVfG ist das Rücknahmeermessen sehr stark eingeschränkt. Hier muss der Verwaltungsakt nach Abs. 2 Satz 4 in der Regel, mit Wirkung für die Vergangenheit, zurückgenommen werden[789].

---

789 Schäfer, in: Obermayer, VwVfG, § 48 Rdnr. 2; Meyer, in: Knack, VwVfG, § 48 Rdnr. 104.

Allerdings gibt es Rechtsnormen, denen sich kein Zweck mehr entnehmen lässt. Das trifft beispielsweise auf den Widerruf eines Verwaltungsaktes wegen Nichtbefolgung einer Auflage zu. Ähnlich wie bei § 48 VwVfG verhält es sich bei § 49 VwVfG. Der Widerruf eines begünstigenden Verwaltungsaktes kann nur bei Vorliegen der in Abs. 2 Satz 1 bzw. Abs. 3 Satz 1 genannten Widerrufsgründe erfolgen. Der Zweck der Ermächtigung liegt darin, der Behörde die Möglichkeit einer Reaktion auf rechtliche oder tatsächliche Änderungen nach Erlass des Verwaltungsaktes zu verschaffen[790]. Ist ein Widerrufsgrund gegeben, bleibt wie bei § 48 Abs. 1 VwVfG offen, ob sich die Behörde für die Aufhebung entscheidet. Für die Zweckermittlung ist nunmehr auf das Fachrecht abzustellen, das den Widerrufsgrund ausfüllt. Bei der Frage des Widerrufs wegen Nichterfüllung einer Auflage sind die Gründe für deren Erteilung zu ermitteln. Die Erteilung von Auflagen erfolgt in aller Regel aus Gründen des öffentlichen Interesses, das durch den Erlass des Verwaltungsaktes ohne Verbindung mit einer Auflage gefährdet wäre. Ein Beispiel ist die Wiedererteilung der Fahrerlaubnis an einen Alkoholiker nach erfolgreicher Entziehungskur: Er wird beauflagt, zu bestimmten Zeitpunkten die Alkoholabstinenz nachzuweisen. Wird die Auflage nicht erfüllt, liegt der Zweck des Widerrufs auf der Hand.

Festzuhalten ist, dass es bei Gesetzen, insbesondere wenn ein ausdrücklicher Gesetzeszweck nicht angegeben ist, auf das Zusammenspiel mit anderen im Lebenssachverhalt einschlägigen gesetzlichen Regelungen ankommt[791]. Für den Fall des § 45 SGB X oder des im Wesentlichen regelungsidentischen § 48 VwVfG ist die Entscheidung des Bundesverwaltungsgerichts vom 25. September 1992[792] heranzuziehen. Das Gericht hatte dort ausgeführt, dass bei Vollzug der Aufhebungsnorm des § 45 SGB X auch das „einschlägige Fachrecht" zu berücksichtigen sei. In der genannten Entscheidung war dem Kläger Wohngeld bewilligt worden, obwohl dies wegen missbräuchlicher Inanspruchnahme nicht hätte geschehen dürfen. Der Zweck der Rücknahme des § 48 VwVfG (§ 45 SGB X) erschöpft sich nicht allein in der Gesetzmäßigkeit der Verwaltung, sondern wird zudem bestimmt von dem Interesse, Wohngeld wirklich nur den Berechtigten (das heißt den vom Gesetz definierten Bedürftigen) zukommen zu lassen. Diese aus dem Fachrecht stammenden Zwecke führen dann zur Ausfüllung und Verstärkung des Zwecks in § 49 VwVfG.

---

790 Kopp/Ramsauer, VwVfG, § 49 Rdnr. 1.
791 Brinktrine, S. 96.
792 BVerwGE 91, 82 (90).

2. Intensität des Zwecks als Entscheidungsvorgabe

Der in einer Ermessensermächtigung liegende Zweck, der durch das einschlägige Fachrecht noch weiter bestimmt werden kann, kann die zu treffende Entscheidung vorgeben. Wenn dies der Fall ist, steht fest, dass nur diese eine Entscheidung dem Zweck der Ermächtigung entspricht. Eine andere Entscheidung wäre damit zweckwidrig (nicht: unzweckmäßig) und wegen Verstoßes gegen § 40 VwVfG auch rechtswidrig.
Etwas anderes könnte sich nur dann ergeben, wenn sich der von den zweckvorgebenden Vorschriften vorgestellte Sachverhalt nicht mit dem gesetzlich prognostizierten Lebenssachverhalt deckt, also ein vom Regelfall abweichender Ausnahmefall vorliegt. Letzterer ist anzunehmen, wenn die vom Zweck vorgegebene Entscheidung eine besondere Härte bedeutet oder einen Nachteil verursacht, der vom Gesetzgeber bei der Verabschiedung der Vorschrift als hinzunehmende Folge außer Betracht geblieben ist. Das soll anhand eines Beispiels erläutert werden:
Der Gesetzgeber bauordnungsrechtlicher Vorschriften hat sich mit seiner Ermächtigung für die Beseitigung formell und materiell illegaler Bauwerke dafür entschieden, dass nur die den öffentlich-rechtlichen Vorschriften entsprechenden Bauwerke „existieren" dürfen. Dass mit der Bauwerksbeseitigung finanzielle Verluste eintreten und der Betroffene seine Wohnung verliert, ist als regelmäßige Folge in das Bewusstsein des Gesetzgebers aufgenommen. Durch die Nichtaufnahme von Härtevorschriften hat er zum Ausdruck gebracht, dass finanzielle Nachteile und der Verlust der Wohnung keine Erwägungen sind, die bei der Entscheidung über die Beseitigung von Bauwerken eine Rolle spielen sollen. Im Hinblick auf die finanziellen Folgen geht der Gesetzgeber davon aus, dass der Betroffene auf eigenes Risiko illegal baut und dass das Bauwerk für die Gesellschaft nicht von Wert ist – die Beseitigung also kein öffentliches Interesse verletzt. Ebenso geht der Gesetzgeber davon aus, dass der Betroffene nicht obdachlos wird. Sollten diese Annahmen hingegen nicht zutreffen, etwa Obdachlosigkeit drohen, weil der Sozialstaat mangels Kapazität nicht helfen kann, dürfte ein vom Regelfall abweichender Ausnahmefall vorliegen. Dann ist die Entscheidung nicht gesetzlich vorgezeichnet; es kommt vielmehr durch das Gebot, die gesetzlichen Grenzen, also hier Grundrechte und den Grundsatz der Verhältnismäßigkeit, einzuhalten, zu einer Ermessensreduzierung auf Null – also nicht zu einer Entscheidung auf Grund intendierten Ermessens.

3. Das Verhältnis zur Ermessensreduzierung auf Null

Die Grundsätze des intendierten Ermessens stehen neben denen von der Ermessensreduzierung auf Null. Das Eine ist kein Unterfall des Anderen. Vielmehr sind beide als gleichrangige Unterfälle des Oberbegriffs „Verengung des Ermessensspielraums" einzuordnen. Während das intendierte Ermessen den Ermessensspielraum auf der Zweckebene einschränkt, wird der Ermessensspielraum im Fall der Ermessensreduzierung auf Null im Bereich der gesetzlichen Grenzen des Ermessens auf eine Entscheidung eingeschränkt. Es besteht eine logische Reihenfolge hinsichtlich der Prüfung beider Rechtsinstitute. Da zunächst auf den Zweck der Ermächtigung abzustellen ist, kommt auch zunächst eine Einengung des Ermessensspielraums durch das intendierte Ermessen in Betracht. Erst wenn auf der Zweckebene keine Einengung erfolgt, ist die Reduzierung des Ermessens auf Null in Erwägung zu ziehen. Dies ist nach der überkommenen Ermessenslehre das Ergebnis einer allein rechtmäßigen Abwägung. Das bedeutet, dass die Ermächtigungsgrundlage von ihrem Zweck her noch einen Spielraum offen lässt. Erst durch die Grundrechte oder den Grundsatz der Verhältnismäßigkeit wird eine Wertung ausgelöst, die zu dem Ergebnis führen kann, dass auf Grund der Vorrangigkeit eines Abwägungsbelangs nur eine Entscheidung (fehlerfrei) getroffen werden kann. Damit sind entsprechende Gegenansichten abzulehnen, die das intendierte Ermessen als einen Fall der Ermessensreduzierung ansehen[793].

4. Zur Kritik der Literatur

Die in der Literatur gegenüber dem intendierten Ermessen geäußerte Kritik kann mit der Rechtfertigung dieser Rechtsfigur als Ausdruck einer Zweckintensivierung zurückgewiesen werden. Betrachtet man einmal bestimmte Anwendungsfälle von Ermessensnormen unter Ausblendung der unter dem Namen „intendiertes Ermessen" zusammengefassten Ausführungen, wird es – freilich mit anderen Worten – bei der Erkenntnis bleiben, dass der Gesetzgeber durch die Fassung des Wortlauts oder durch das Zusammentreffen von zweckintensiven Vorschriften auf ein bestimmtes Ermessensziel hinwirken will; es sei denn, der Betroffene kann besondere Einzelfallumstände geltend machen oder die Behörde – wozu sie trotz der Vorprägung des Ermessens verpflichtet ist[794] – ermittelt Belange, die der vorgeprägten Ermessensfolge entgegenstehen.

793 Gerhardt, in: Schoch/Schmidt-Aßmann/Pietzner, VwGO, § 114 Rdnr. 27.
794 OVG Münster, NVwZ-RR 1997, 585 (590).

Ansonsten handelt es sich um Fälle, in denen eine ausführliche Wiedergabe der Gesichtspunkte für die Ermessensbetätigung in stereotype Formulierungen münden würde, wie zum Beispiel: „auch dass Sie unbescholten sind ..., dass das von Ihnen zu vertretende Verhalten nicht sozialschädlich ist ..., dass Sie unbemittelt sind ..., dass Sie Dispositionen getroffen haben ..., ändert nichts daran, dass die Mittel zurückzuzahlen sind, damit sie anderen und zwar Berechtigten zukommen können".

Schließlich müssen die Befürchtungen einer Entwertung des Verwaltungsverfahrens, wie etwa von Volkmann[795] geäußert, zurückgewiesen werden. Die Grundsätze vom intendierten Ermessen wirken sich allein auf die Rechtsfolgenseite aus. Sie modifizieren nicht etwa die formellen Rechtmäßigkeitsvoraussetzungen (der Tatbestandsseite). Im Verwaltungsverfahren bleibt es bei der Anhörungspflicht nach § 28 Abs. 1 VwVfG und bei der Begründungspflicht des § 39 Abs. 1 Satz 2 VwVfG, wonach die wesentlichen tatsächlichen und rechtlichen Gründe darzulegen sind. Auch muss die Entscheidung nach Satz 3 die Gesichtspunkte erkennen lassen, von denen die Behörde bei der Ausübung ihres Ermessens ausgegangen ist. Hier ist die Begründungspraxis der Behörden zu berücksichtigen: Nach den allgemeinen Regeln der Bescheidtechnik ist im Rahmen der wesentlichen Gründe auch das Verwaltungsverfahren darzustellen, wozu die Durchführung der Anhörung und die Wiedergabe der Stellungnahme des Betroffenen gehören. Schon wenn die Begründung des Verwaltungsaktes diese Darstellung enthält, muss davon ausgegangen werden, dass die Behörde die von ihr nicht nur gelesenen, sondern auch mit eigenen Worten zusammengefassten Argumente bei der Ausübung des Ermessens berücksichtigt hat. Wenn das Bundesverwaltungsgericht ausführt, es erübrige sich, das Selbstverständliche auszuformulieren, dann dürfte dies ein schon in § 39 Abs. 2 Nr. 2 VwVfG enthaltener allgemeiner Rechtsgedanke sein: Der Bürger hat nämlich keinen Anspruch auf die Begründung dessen, was ohne weiteres erkennbar ist[796].
Dennoch bleiben eventuelle Verfahrensverstöße nicht folgenlos: Greift § 45 VwVfG ein und hat der Rechtsbehelf deshalb keinen Erfolg, bleibt das Widerspruchsverfahren kostenfrei[797], und die Ausgangsbehörde muss dem Widerspruchsführer die notwendigen Aufwendungen der Rechtsverfolgung bzw. Rechtsverteidigung erstatten (§ 80 Abs. 1 Satz 2 VwVfG).

795 DÖV 1996, 282 ff.; siehe oben § 2 C. V. 4. d).
796 Stelkens, in: Stelkens/Bonk/Sachs, VwVfG, § 39 Rdnrn. 42, 53.
797 Zum Beispiel: § 13 Abs. 1 Satz 2 VwKostG LSA.

II. Die „Grundsätze" zu den Koppelungsvorschriften

Ein Bedürfnis, zu sogenannten Koppelungsvorschriften[798] besondere Grundsätze herauszustellen oder Fallgruppen zu bilden, besteht nicht. Es ist stets von der äußeren Normstruktur auszugehen: Ist auf der Tatbestandsseite ein unbestimmter Rechtsbegriff festzustellen, finden für Subsumtion und gerichtliche Überprüfbarkeit die zum unbestimmten Rechtsbegriff entwickelten Grundsätze Anwendung, während für die Frage der „richtigen" Ermessensausübung und ihrer gerichtlichen Überprüfbarkeit die hier auf der Grundlage des § 40 VwVfG entwickelten Grundsätze anzuwenden sind[799]. Bei dieser strikten Vorgehensweise gelangt man – wenn auch nicht mit derselben Begründung – zu denselben Ergebnissen wie die Rechtsprechung. In Bezug auf die in die Fallgruppen „Einheitliche Ermessensentscheidung" und „Mussvorschriften" fallenden Koppelungsvorschriften bedeutet dies:

Bei der zuerst genannten Fallgruppe bleibt es bei der Tatbestandszugehörigkeit und der (grundsätzlich) vollen Überprüfbarkeit des unbestimmten Rechtsbegriffs. Gegebenenfalls ist – wie etwa im Falle von „unbillig" bei § 131 AO – bei Subsumtionszweifeln der Verwaltung eine Beurteilungsprärogative einzuräumen. Wird der unbestimmte Rechtsbegriff erfüllt, ist das Ermessen nach § 40 VwVfG zu betätigen. Im Falle von § 131 AO heißt dies, dass der Begriff „unbillig" den Zweck der Ermächtigung bestimmt und folglich nur der Erlass der Steuer diesem Zweck der Ermächtigung entsprechen dürfte. Hier würde es sich dann um einen Fall des intendierten Ermessens im Sinne der Verengung des Ermessensspielraums auf der Zweckebene handeln. Die Frage, ob es vorstellbar ist, dass die Behörde auch im Falle der Unbilligkeit Steuern einzieht, stellt sich dabei nicht.

Bei der Fallgruppe der Mussvorschriften führt die Bejahung des unbestimmten Rechtsbegriffs ebenfalls zu einer Verengung des Ermessensspielraums. Die Verengung ergibt sich – um bei der klassischen Mussvorschrift des § 35 Abs. 2 BauGB zu bleiben – durch die gesetzlichen Grenzen des Ermessens, die bei der genannten Vorschrift in Art. 14 GG zu erkennen sind.

Wenn man bei der konsequenten Anwendung der Grundsätze zum unbestimmten Rechtsbegriff einerseits und zum Ermessen andererseits zu denselben Ergebnissen wie die Rechtsprechung kommt, ist eine Unterscheidung von Koppelungsvorschriften (oder Kombinationsvorschriften oder Mischtatbestän-

---

798 § 2 C. V. 2. c) (1).

799 Es ist noch einmal zu betonen, dass das Bundesverwaltungsgericht in seinem Vorlagebeschluss zu § 131 AO 1961 ausdrücklich an der Trennung von unbestimmten Rechtsbegriff und Ermessensbetätigung festhalten wollte, BVerwGE 39, 65 ff.

den) nach drei Fallgruppen daher nicht nur ohne Erkenntnisgewinn, sondern auch ein unnötiger Anlass für Auseinandersetzungen im Schrifttum.

III. Ermessensfehlerlehre und gerichtliche Kontrolldichte

Die unter § 4 gewonnenen Ergebnisse haben auf die Ermessensfehlerlehre und den Umfang der gerichtlichen Kontrolle nachhaltige Auswirkungen. Wenn § 40 VwVfG beschreibt, wie das Ermessen rechtmäßig zu betätigen ist, lässt sich zugleich auch bestimmen, wann es rechtswidrig ausgeübt worden ist. Damit bildet § 40 VwVfG die gesetzliche Grundlage für die Feststellung von Ermessensfehlern und deren Kategorisierung. Durch § 40 VwVfG lässt sich folglich die Drei-Fehler-Lehre der herrschenden Auffassung in ihrer Grundstruktur stützen, aber es sind auch Fehlergruppen auszuscheiden, die sich unter ihr herausgebildet haben. Ferner wird deutlich, dass Unterscheidungen von Ermessensfehlern nach anderen, evtl. zusätzlichen Kriterien, wie zum Beispiel die Unterteilung in objektive und subjektive Ermessensfehler, keine rechtliche wie praktische Relevanz besitzen[800].

1. Ermessensnichtgebrauch (Ermessensunterschreitung)

§ 40 VwVfG verpflichtet die Behörde, Ermessen auszuüben. Wenn unter Ermessen Wahlfreiheit zu verstehen ist, heißt Ermessensbetätigung, dass die Verwaltung unter Zweckmäßigkeitsgesichtspunkten diejenige Rechtsfolge aussucht, die sie für richtig und geboten hält. Dieses Aussuchen kann sich in einer einfachen und kurzen Erwägung vollziehen, die sich dann auch in einer kurzen Begründung ausdrücken würde. Zweckmäßigkeitserwägungen können jedoch auch schon antizipiert sein, so wenn sich eine Verwaltungsübung herausgebildet hat: Hier stellt die Behörde beim aktuellen Fall keine neuen Zweckmäßigkeitsüberlegungen an, sondern stützt sich auf die Erwägungen aus vorangegangenen gleichgelagerten Entscheidungen oder aus bestehenden Ermessensrichtlinien bzw. sonstigen Vorgaben vorgesetzter Behörden.

Bei dieser Sichtweise sind Vorsicht und Zurückhaltung bei der Annahme geboten, dass ein Ermessensnichtgebrauch vorliegt, wenn sich Zweckmäßigkeitserwägungen nicht ausdrücklich der Begründung des Verwaltungsaktes entnehmen lassen. Mitunter haben die Verwaltungsgerichte in solchen Fällen be-

800 Gerhardt, in: Schoch/Schmidt-Aßmann/Pietzner, VwGO, § 114 Rdnr. 15, Fn 52.

reits einschränkend reagiert: Es ist zu beobachten, dass schon die Angabe der Ermessensnorm im Bescheid ausreicht, um die Ermessensbetätigung nach außen zu dokumentieren. Es kann sich sogar trotz der Formulierung, die Entscheidung habe ergehen „müssen", im Wege der Auslegung aus dem Gesamtzusammenhang ergeben, dass die Verwaltung eine Ermessensentscheidung getroffen und welche Ermessenserwägungen sie dabei angestellt hat[801]. Im Zusammenhang mit der Rechtsprechung zur Rechtsfigur des gelenkten bzw. intendierten Ermessens hat das Bundesverwaltungsgericht wiederholt ausgesprochen, dass aus dem Fehlen von Ermessenserwägungen im Bescheid nicht auf das Nichtvorliegen einer Ermessensentscheidung geschlossen werden dürfe[802].

Solange die Behörde nicht undifferenziert ausspricht, dass sie sich zu dieser Entscheidung gezwungen sieht (etwa: „.. *musste* ich so entscheiden...") dürfte der Nachweis kaum gelingen, dass die Behörde ihr Ermessen nicht betätigt hat.

2. Ermessensfehlgebrauch

Die rechtlichen Grenzen des Ermessens im Sinne von § 40 VwVfG finden sich zunächst im Zweck der Ermächtigung. Hiernach müssen die Zweckmäßigkeitserwägungen dem Zweck der Ermächtigung entsprechen. Tun sie dies nicht, spricht man vom fehlerhaften Gebrauch der Ermessensermächtigung. Die Motivation der Behörde zum Erlass des Verwaltungsaktes ist dann nicht von dem Willen des Gesetzgebers gedeckt. Fehlerhafte (falsche) Zweckmäßigkeitserwägungen liegen etwa vor, wenn Gefahrenabwehrmaßnahmen aus rein fiskalischen Interessen erlassen oder Beamte des Auswärtigen Amtes zur Verjüngung des Diplomatischen Dienstes in den einstweiligen Ruhestand versetzt werden[803].
Welche Motivation die Behörde hatte, muss sich nicht allein der Bescheidbegründung – ausdrücklich oder im Wege der Auslegung – entnehmen lassen. Zweckmäßigkeitserwägungen können sich auch aus Tatsachen außerhalb der Begründung und sogar außerhalb des Verwaltungsverfahrens ergeben. Beispiel hierfür ist wiederum die einstweilige Zurruhesetzung von Beamten des Auswärtigen Amtes. Die Motivation der Behörde konnte dem Verwaltungsakt gar

---

801 BVerwG, NVwZ 1988, 525; zustimmend: Rennert, in: Eyermann/Fröhler, VwGO, § 114 Rdnr. 18.

802 BVerwGE 105, 55 ff. = DÖV 1997, 1006 (1007).

803 Beispielsfall zur Erläuterung der herrschenden Drei-Fehler-Lehre oben unter § 2 C. V. 5. a) (2) (b) (aa); BVerwGE 52, 33 ff.

nicht entnommen werden, weil die Versetzung in den einstweiligen Ruhestand ohne Begründung erfolgt und zwar im Wege der Urkundenaushändigung.
Für die Frage, ob die Auswahl der Maßnahme vom Zweck der Ermächtigung gedeckt ist, kann es also nicht ausschließlich darauf ankommen, ob die Begründung ausdrücklich formulierte Zweckmäßigkeitserwägungen enthält. Denn aus der Sicht des § 114 VwGO geht es darum zu prüfen, ob der Verwaltungsakt dem Zweck der Ermächtigung entspricht und nicht, ob die Zweckmäßigkeitserwägungen zu beanstanden sind. Anders gewendet heißt dies, dass die Überprüfung der Zweckentsprechung des Verwaltungsaktes mit der Ermächtigungsnorm auch ohne die Darlegung (sämtlicher) Zweckmäßigkeitserwägungen erfolgt. Es kommt mithin nicht auf die Zweckmäßigkeitserwägungen selbst an.
Das hat zur weiteren Folge, dass die Fehlergruppe „Ermessensdefizite" nicht auf § 40 VwVfG und 68 VwGO gestützt werden kann. Aus § 40 VwVfG kann nicht gefolgert werden, dass die Behörde verpflichtet wäre, den Sachverhalt im Hinblick auf alle für die Entscheidung erheblichen Tatsachen zu ermitteln[804]. Ob der Verwaltungsakt dem Zweck der Ermächtigung entspricht, ist keine Frage der Kenntnis von allen Tatsachen. Es ist sogar Praxis, dass der zu entscheidende Fall nur bis zu einem bestimmten Punkt aufgeklärt wird, weil klar wird, dass nichts mehr gegen den Zweckmäßigkeitswillen der Behörde sprechen kann. Stellt sich dennoch später heraus, dass eine Tatsache zu einer anderen Bewertung der Zweckmäßigkeit geführt hätte, ist der Verwaltungsakt eben unzweckmäßig und nicht rechtswidrig, solange die gesetzlichen Grenzen des Ermessens nicht überschritten sind.

Auch die Fehlergruppe „Sachfremde Erwägungen" (oben § 2 C. V 4. a) (2) (b)) kann jedenfalls in dem oben dargestellten Umfang keinen Bestand haben. In der Regel werden der Maßnahme mehrere Erwägungen oder Zielvorstellungen zu entnehmen sein. Ist zumindest eine Erwägung vom Zweck der Ermächtigung gedeckt, kann die Auswahl gerade dieser Maßnahme nicht ohne weiteres beanstandet werden. Nach jetzt ständiger Rechtsprechung genügt es für die Rechtmäßigkeit der Entscheidung, dass ein selbstständig tragender Grund rechtlich fehlerfrei ist[805]. Es ist heute, gerade nach der Anfügung des Satzes

---

804 So aber: Gerhardt, in: Schoch/Schmidt-Aßmann/Pietzner, VwGO, § 114 Rdnr. 19, der meint, der „Zweck der Ermächtigung" verlange dies.

805 BVerwG, DVBl. 2001, 726 (729); 1988, 687; BVerwGE 62, 215 (222); a.A. Pöker/Barthelmann, DVBl. 2002, 668 (675).

2[806] in § 114 VwGO, davon auszugehen, dass die beklagte Behörde nach Durchführung des Vorverfahrens (Überprüfung der Zweckmäßigkeit durch die Widerspruchsbehörde) und durch schriftsätzliche Einlassung im Verwaltungsprozess zum Ausdruck bringen kann, dass sie den Verwaltungsakt wegen der „zulässigen" Zweckmäßigkeitserwägungen erlassen wollte bzw. aufrecht erhalten will. Wäre dies anders, würde es gar nicht zu einer verwaltungsbehördlichen oder verwaltungsgerichtlichen Überprüfung kommen, weil die Behörde den Verwaltungsakt dann aufgehoben hätte.

3. Ermessensüberschreitung

§ 40 VwVfG nennt als weitere rechtliche Bindung der Ermessensbetätigung die gesetzlichen Grenzen des Ermessens. Das heißt, dass die von der Behörde gewählte Rechtsfolge nicht gegen den gesetzlichen Rahmen verstoßen darf, der sich entweder aus der Ermessensnorm selbst oder anderen Rechtsnormen im Sinne des materiellen Gesetzes ergibt. Steht eine solche Vorschrift einer nach dem Wortlaut der Ermächtigungsnorm möglichen Rechtsfolge entgegen, scheidet diese Rechtsfolge aus dem Entscheidungsspielraum aus. Insoweit kommt es nicht zu einer Abwägung. Eine solche findet nur statt, wenn der Grundsatz der Verhältnismäßigkeit zum Zuge kommt. Dann muss die Ermessensentscheidung auch angemessen sein, die Vorteile der gewählten Rechtsfolge müssen also die Nachteile für den Betroffenen oder die Allgemeinheit überwiegen.

4. Umfang der gerichtlichen Kontrolle

Die hier zusammengefasste, auf § 40 VwVfG beruhende „Ermessensfehlersystematik" zeigt den Rahmen des Ermessensspielraums auf, innerhalb dessen die Behörde eine Entscheidung nach Zweckmäßigkeitserwägungen treffen darf. Die Behörde ist in der Beurteilung der Zweckmäßigkeit frei, sie wählt eine der zur Auswahl stehenden rechtmäßigen Entscheidungen aus. Insoweit besteht hier ein Letztentscheidungsrecht der Verwaltung.

Zum ersten ist festzuhalten, dass die Behörde bei Vorliegen mehrerer Gesetzeszwecke bei der Zweckwahl einen Wertungsspielraum besitzt und die Gerichte nur die Verletzung eines klaren Wertungsvorrangs als ermessensfehlerhaft rügen können. Zum zweiten gibt es keine von den Freiheitsrechten losge-

---

806 Satz 2 ist verfassungsrechtlich nicht zu beanstanden, so BVerwGE 106, 351 (362 ff.); Sachs, in: Stelkens/Bonk/Sachs, VwVfG, § 40 Rdnr. 5 a.

löste, allgemeine Angemessenheitskontrolle. Als unverhältnismäßig im Sinne von unangemessen im engeren Sinne sind nur solche Ermessensentscheidungen anzusehen, bei denen erkennbar der erstrebte Vorteil in keinem Verhältnis zum eintretenden Nachteil auf Seiten des Betroffenen, Dritten und/oder der Allgemeinheit steht. Dieses Ergebnis steht im Einklang mit der Rechtsprechung des Bundesverwaltungsgerichts, das einerseits vom Übermaßverbot gesprochen hat, aber andererseits ein etwa korrespondierendes Mindestmaßgebot klar verneint hat[807].

Mit dieser Feststellung können zugleich alle Tendenzen zurückgewiesen werden, welche die gerichtliche Kontrolle auf den Ermessensspielraum selbst, also auf den Freiraum der Verwaltung innerhalb des aufgezeigten Rahmens, ausdehnen wollen. Die allgemein in der Rechtsprechung zum Ausdruck kommende Verrechtlichung von Zweckmäßigkeitserwägungen steht nicht im Einklang mit § 40 VwVfG und §§ 68, 114 VwGO. Eine solche Verrechtlichung findet etwa dadurch statt, dass die Rechtsprechung[808] Verwaltungsakte als ermessensfehlerhaft ansieht, bei denen ausweislich der schriftlichen Begründung die Behandlung bestimmter Belange und Tatsachen, etwa im Rahmen einer Abwägung[809], fehlte oder ihre Behandlung an einem Gewichtungsmangel litt. Besonders deutlich zeigt sich diese Verrechtlichung in einer Entscheidung des OVG Münster[810]. In dem dort zugrundeliegenden Fall hatte die beklagte öffentlich-rechtliche Stiftung einen Zuwendungsbescheid gemäß § 48 VwVfG zurückgenommen. Das OVG, das ungewöhnlicherweise das Vorliegen der positiven und negativen Rücknahmevoraussetzungen des § 48 Abs. 1 und 2 VwVfG dahinstehen ließ, hob den Rücknahmebescheid wegen Ermessensfehlgebrauchs auf. Die Stiftung – so das OVG – sei von unzutreffenden rechtlichen Voraussetzungen ausgegangen, die für die Ermessensentscheidung entscheidend gewesen seien, denn sie habe das Gewicht der gegen die Rücknahme sprechenden Belange des Klägers zu gering und die für die Rücknahme sprechenden öffentlichen Belange zu hoch veranschlagt. Warum eine Fehlgewichtung von Belangen eine dem Zweck der Ermächtigung widersprechende Ermessensbetätigung darstellt, sagt das OVG nicht. Ohne dogmatische Herleitung formuliert das

---

807 BVerwGE 30, 313 (316 f.).

808 Mangelnde Vollständigkeit der Ermessenserwägungen als ermessensfehlerhaft: BVerwGE 7, 110 (111); 9, 9 (14); 10, 176 (180); sowie Stern, Ermessensausübung, S. 24; falsche Gewichtung der abzuwägenden Ermessensbelange, OVG Münster, NVwZ-RR 1997, 585 (586 ff.).

809 BVerwGE 31, 301 (306); BVerwG, DVBl. 1962, 562.

810 NVwZ-RR 1997, 585 ff.

OVG folgenden abstrakten Maßstab für die (richtige) Ermessensbetätigung bei der Rücknahme nach § 48 VwVfG:

„Ist ein nach § 48 NWVwVfG zurückzunehmender begünstigender Verwaltungsakt aus mehreren unterschiedlichen Gründen rechtswidrig und ein Vertrauensausschlußtatbestand nach § 48 II 3 NWVwVfG hinsichtlich eines Rechtswidrigkeitsgrundes gegeben, hinsichtlich eines anderen Rechtswidrigkeitsgrundes hingegen nicht, so ist die unter Berufung auf das Vorliegen der Voraussetzungen des § 48 II 3 NWVwVfG erfolgte Ausübung des Rücknahmeermessens im allgemeinen nur dann fehlerfrei, wenn die Behörde ihre Entscheidung zumindest auch auf denjenigen Rechtswidrigkeitsgrund gestützt hat, in bezug auf den ein Ausschlußtatbestand tatsächlich gegeben ist. Nicht zulässig ist es hingegen in der Regel, der Ermessensentscheidung der Behörde nachträglich einen anderen Rechtswidrigkeitsgrund gewissermaßen zu „unterlegen", in bezug auf den die Berufung auf Vertrauen tatsächlich ausgeschlossen ist, den die Behörde aber nicht als Rücknahmegrund herangezogen hat. Gegen eine derartige Austauschbarkeit der Rechtswidrigkeitsgründe im Rahmen des Rücknahmeermessens spricht bereits der oben schon erwähnte Umstand, daß diese von sehr unterschiedlichem Gewicht sein können, je nachdem, ob sie eher formaler Natur sind oder aber unmittelbar mit dem Zweck zu tun haben, den das jeweils zu vollziehende Fachgesetz erreichen will. Darüber hinaus spricht gegen die Austauschbarkeit, daß sich die Vertrauensausschlußtatbestände des § 48 II 3 NWVwVfG ausnahmslos auf den konkret vorliegenden einzelnen Rechtsfehler beziehen. Besonders deutlich wird dies bei § 48 II 3 Nr. 3 NWVwVfG, denn die Kenntnis oder grob fahrlässige Unkenntnis des Begünstigten muß bei Vorliegen mehrerer Rechtsfehler nicht notwendig hinsichtlich jedes einzelnen von ihnen vorliegen. Ähnliches gilt aber auch für § 48 II 3 Nrn. 1 u. 2 NWVwVfG: Der Verwaltungsakt ist durch die dort im einzelnen bezeichneten Handlungen des Begünstigten nur dann „erwirkt", wenn diese für den einzelnen Rechtswidrigkeitsgrund ursächlich waren. Kausalität in bezug auf den Erlaß des Verwaltungsakts als solchen genügt nicht."[811]

Es wird hier – stellvertretend für ähnliche verwaltungsgerichtliche Entscheidungen – deutlich, dass sich das Gericht in Zweckmäßigkeitserwägungen einmischt und sie beanstandet, weil sie nach Meinung des Gerichts unlogisch oder widersprüchlich sind. Das OVG Münster hätte hier stattdessen das Vorliegen aller (positiven und negativen) Tatbestandsvoraussetzungen prüfen und sich anschließend fragen müssen, ob der Rücknahmebescheid entsprechend dem

---

811 NVwZ-RR 1997, 585 (587); 1 c) aa) der Urteilsgründe.

Zweck der Ermächtigung und unter Einhaltung der gesetzlichen Grenzen ergangen ist. Wäre das Gericht so vorgegangen, hätte es zunächst feststellen müssen, dass der Rücknahmebescheid dem Zweck der Ermächtigung, nämlich § 48 VwVfG in Verbindung mit den haushalts- und förderrechtlichen Bestimmungen, durchaus entsprach. Der Zweck bestand hier darin, dass eine dauerhaft zweckentsprechende und den Verfahrensvorschriften entsprechende Verwendung öffentlicher Mittel gewährleistet wurde. Aus diesem Grunde hatte die Stiftung den Zuwendungsbescheid zurückgenommen. Im Anschluss hätte das OVG die gesetzlichen Grenzen des Ermessens prüfen müssen: Einschlägig war der dem Grundgesetz zu entnehmende Grundsatz der Verhältnismäßigkeit. Geeignet und erforderlich war die Rücknahme unzweifelhaft. Ob sie auch angemessen war, ist die eigentliche Kernfrage des Falles. War sie es, war die Rücknahme rechtmäßig und es kam überhaupt nicht auf den Inhalt der Zweckmäßigkeitserwägungen an. Wäre die Rücknahme unangemessen, wäre sie rechtswidrig – in diesem Fall würde dann eine Ermessensreduzierung auf Null vorliegen.

Für die Beantwortung der Kernfrage ist nunmehr wie folgt vorzugehen: Bei der Angemessenheitsprüfung werden die mit der Rücknahme verfolgten Vorteile den Nachteilen auf Seiten des Adressaten und der Allgemeinheit gegenübergestellt. Sind die Belange des Klägers von höherem Gewicht als die öffentlichen Belange, hieße dies, dass sich der mit der Rücknahme verursachte Nachteil für den Kläger (und evtl. die Allgemeinheit) schwerer auswirkt als der Nachteil für die Allgemeinheit, wenn auf die Rücknahme verzichtet wird. Diese Angemessenheitsprüfung ist Rechtsanwendung – was sich die Behörde im Einzelnen dabei gedacht hat, ist unerheblich. Das OVG Münster hätte an dieser Stelle Farbe bekennen müssen. Wie es die so gestellte Angemessenheitsfrage entschieden hätte, lässt sich trotz der seitenlangen Begründung nicht beantworten.

Abschließend ist festzuhalten: Das hier entwickelte Verständnis des Ermessens unter direkter Bezugnahme auf § 40 VwVfG verbietet es der Rechtsprechung, die Begründung von Ermessensentscheidungen daraufhin abzuklopfen, ob einerseits alle potenziell in Betracht zu ziehenden Belange gesehen und andererseits alle übrigen rechtmäßigen Entscheidungsvarianten aufgezeigt und ihre Nichtauswahl begründet wurden[812]. Selbst wenn in einem Bescheid Zweckmäßigkeitserwägungen fehlen, worin ein formeller Verstoß gegen § 39 Abs. 1 Satz 3 VwVfG liegen kann, darf daraus jedenfalls nicht geschlossen werden, dass die Entscheidung ermessensfehlerhaft ist. Auch ohne Zweckmäßigkeitserwägungen kann die von der Behörde getroffene Entscheidung dem Zweck

812 OVG Münster, NJW 1989, 478 (479).

der Ermächtigung entsprechen und die gesetzlichen Grenzen beachten. Das Argument, der Betroffene müsse durch Wiedergabe der Zweckmäßigkeitserwägungen seinen Rechtsschutz einschätzen können, greift gerade nicht. Denn unzweckmäßige Erwägungen, die ja rechtlich irrelevant sind, kann der Betroffene nicht angreifen.

Dieses hier gefundene Ergebnis dürfte den Kritikern der bisherigen Rechtsprechung entgegenkommen. Kellner[813] und Brohm[814] hatten bereits darauf hingewiesen, dass die Gerichte als Kontrollinstanz erst zu rufen seien, wenn die Verwaltung die Festlegungen oder den Zweck des Gesetzes oder sonstige Anforderungen der Rechtsordnung verfehle bzw. missbräuchlich handele. Daher müssten Entscheidungen der Behörde, die sich im Rahmen vertretbarer Gesetzesauslegungen hielten, von den Gerichten respektiert werden. Auch Ossenbühl[815] hatte Ende der sechziger Jahre des 20. Jahrhunderts bereits gemahnt, dass eine schleichende Entmachtung der Verwaltung auf das Konto der Rechtsprechung gehe und bereits einen unheilvollen Grad erreicht habe. Hervorzuheben ist in diesem Zusammenhang noch eine Bemerkung von Rupp[816]. Er hatte sich schon vor Jahrzehnten vor dem gesetzlichen Hintergrund des § 114 VwGO dafür ausgesprochen, dass sich der Richter jeder Besserwisserei zu enthalten habe: „Nur in diesem Sinne ist § 114 VwGO zu verstehen, nämlich als gesetzliche Anweisung an den Richter, bei Ermessensfehlern besondere Behutsamkeit walten zu lassen!"

813 NJW 1966, 857 (859).
814 DVBl. 1986, 321 (330); auch: NJW 1984, 8 (10).
815 DÖV 1968, 618 (621).
816 Grundfragen, S. 212 (Fn. 354).

§ 6 Zusammenfassung der wichtigsten Schlussfolgerungen aus § 40 VwVfG für die (deutsche) Ermessenslehre

Die vorliegende Untersuchung hat gezeigt, dass sich eine einheitliche Ermessenslehre bisher nicht entwickelt hat. Die herkömmliche Ermessenslehre besteht nur aus lose „vernetzten" Einzelaspekten, die sich in Rechtsprechung und Literatur im Laufe der Zeit herausgebildet haben. Der Befund zeigt zugleich die Schwächen der Ermessenslehre auf, die mitunter zu erheblichen Unsicherheiten bei der Ermessensausübung durch die Verwaltungsbehörden führen.

Für die Begründung einer in sich geschlossenen Ermessenslehre, welche die wesentlichen Fragen im Zusammenhang mit der Ermessensausübung beantwortet, bietet allein die Vorschrift des § 40 VwVfG die geeignete dogmatische Grundlage. In Verbindung mit § 39 Abs. 1 VwVfG und §§ 68, 114 VwGO lassen sich folgende Grundsätze aufstellen:

- Ermessen bedeutet einen Entscheidungsspielraum in Bezug auf eine Handlung und nicht in Bezug auf eine Feststellung. Ermessen gibt es nur auf der Rechtsfolgenseite und nicht auf der Tatbestandsseite. Die Auslegung und Anwendung unbestimmter Rechtsbegriffe ist kein wählendes Verhalten. Hierdurch wird auch die Unterscheidung zwischen Ermessensbetätigung und Rechtsanwendung deutlich.

- Ermessen wird entweder durch eine Ermessensvorschrift oder bei fehlender Ermessensvorschrift durch das Grundgesetz eingeräumt .

- Ermessensbetätigung ist Entscheidungsfindung unter Zweckmäßigkeitsgesichtspunkten. Sie ist nicht zwingend Abwägung und hat nicht die Wahl der gerechtesten Entscheidung im Einzelfall zum Ziel. Zweckmäßigkeitserwägungen und Ermessenserwägungen sind begrifflich gleichzusetzen. Ermessensbetätigung verlangt nicht, Interessen bzw. Belange der Beteiligten gegenüberzustellen und im übrigen darzulegen, welche anderen rechtmäßigen Ermessensentscheidungen in Betracht kommen, die aber von der Behörde nicht gewählt werden. Folglich hat die Begründung gemäß § 39 Abs. 1 Satz 3 VwVfG nur die Gesichtspunkte erkennen zu lassen, von denen die Behörde bei der Ausübung ihres Ermessens ausgegangen ist. Eine weitergehende Verrechtlichung der Zweckmäßigkeitserwägungen scheidet aus.

- Die Ermessensbetätigung ist rechtlich gebunden. Die Ermessensentscheidung muss dem Zweck der Ermessensermächtigung entsprechen und die gesetzlichen Grenzen des Ermessens einhalten. Anderenfalls stellt die Ermessensbetätigung einen Verstoß gegen § 40 VwVfG dar und begründet so einen Ermessenfehler.

- § 40 VwVfG ist die gesetzliche Grundlage der herrschenden Drei-Fehler-Lehre. Sie lässt sich wie folgt aus dem Wortlaut ableiten:

  1. Das Ermessen wird nicht ausgeübt – Verstoß gegen „hat (...) auszuüben".
  2. Die Ermessensentscheidung beruht auf Zweckmäßigkeitserwägungen, die vom Zweck der Ermessensermächtigung nicht gedeckt sind – Verstoß gegen „hat entsprechend dem Zweck der Ermächtigung (...) auszuüben".
  3. Die Ermessensentscheidung hält die gesetzlichen Grenzen des Ermessens nicht ein – Verstoß gegen „hat unter Beachtung der gesetzlichen Grenzen des Ermessens auszuüben". Zu den gesetzlichen Grenzen gehört auch das Grundgesetz, insbesondere die Grundrechte und der Grundsatz der Verhältnismäßigkeit.

- Die fehlerhafte Ausübung des Ermessens stellt als Verstoß gegen § 40 VwVfG eine Rechtsverletzung dar. Auf der Kehrseite begründet § 40 VwVfG ein materielles subjektiv-öffentliches Recht des Bürgers gegenüber der Verwaltung auf fehlerfreie Betätigung des Ermessens und eröffnet somit die Widerspruchs-, Klage- und Rechtsmittelbefugnis.

- Die Rechtsfiguren des intendierten Ermessens und der Ermessensreduzierung auf Null finden ihre gesetzliche Grundlage in § 40 VwVfG. Während das intendierte Ermessen einen Fall der Zweckintensivierung darstellt, bedeutet die Ermessensreduzierung auf Null die Einengung des Ermessens auf eine rechtmäßige Entscheidung aufgrund des Zwecks der Ermächtigung oder der gesetzlichen Grenzen des Ermessens.

- Die gerichtliche Kontrolle auf der Grundlage des § 114 Satz 1 VwGO findet nur in der Weise statt, dass das Gericht die Ermessensentscheidung daraufhin untersucht, ob sie dem Zweck der Ermächtigung entspricht und die gesetzlichen Grenzen enthält. Auf der Grundlage der hier vertretenen Ermessenslehre ist eine Zurückdrängung der gerichtlichen Kontrolle möglich.

Schließen soll diese Untersuchung mit dem aus § 40 VwVfG entwickelten Begriff des Ermessens:

> Ermessen ist ein nach Erfüllung eines Normtatbestandes oder bei Fehlen einer Ermessensnorm ein durch das Grundgesetz eröffneter und durch rechtliche Bindungen begrenzter Spielraum, in dem die Verwaltung aufgrund von Zweckmäßigkeitserwägungen Entscheidungen oder sonstige Handlungen vornimmt.

Literaturverzeichnis

Achterberg, Norbert, Allgemeines Verwaltungsrecht, 1. Aufl., Heidelberg 1982, 2. Aufl. (Neubearbeitung), Heidelberg 1988.

Arndt, Adolf, Die Verfassungsurkunde für den preußischen Staat, 7. Aufl. Berlin und Leipzig 1911.

Alexy, Robert, Ermesssensfehlerlehre, JZ 1986, 701 ff.

Bachof, Otto, Beurteilungsspielraum, Ermessen und unbestimmter Rechtsbegriff im Verwaltungsrecht, JZ 1955, 97 ff.

Badura, Peter, Das Planungsermessen und die rechtsstaatliche Funktion des allgemeinen Verwaltungsrechts, Festschrift für den Bayerischen Verfassungsgerichtshof, 1972, S. 157 ff.

Bähr, Otto, Der Rechtsstaat, Eine publicistische Skizze, Cassel 1864.

Beckmann, Martin, Das Verhältnis der verwaltungsgerichtlichen Kontrolldichte zur gesetzlichen Regelungsdichte, DÖV 1986, 505 ff.

Bernatzik, Edmund, Rechtsprechung und materielle Rechtskraft. Verwaltungsrechtliche Studien, Wien 1886, Neudruck Aalen 1964.

Bettermann, Karl August, Verwaltungsakt und Richterspruch, in: Forschungen und Berichte aus dem öffentlichen Recht, Gedächtnisschrift für Walter Jellinek, München 1955, S. 361 ff.

Bitter, Georg, Anmerkungen zu VG Berlin, NZV 2001, 317 ff., in: NZV 2001, 319 f.

Bleckmann, Albert, Ermessensfehlerlehre, Köln/Berlin/Bonn/München 1997. (zitiert: *Ermessensfehlerlehre*)

ders., Spielraum der Gesetzesauslegung und Verfassungsrecht, JZ 1995, 685 ff.

Bonner Kommentar zum Bonner Grundgesetz, Heidelberg, Loseblatt, Stand: Dezember 2001. (zitiert: *Bearbeitername, in: Bonner Kommentar zum Grundgesetz*)

Borowski, Martin, Intendiertes Ermessen, DVBl. 2000, 149 ff.

Braun, Wilfried, Offene Kompetenznormen – ein geeignetes und zulässiges Regulativ im Wirtschaftsverwaltungsrecht? – Neues zur Rollenverteilung zwischen Exekutive, Legislative und Judikative im wirtschaftsgestaltenden Sozialstaat -, VerwArch 1985, 24 ff.; 158 ff.

Brintrine, Ralf, Das Verwaltungsermessen in Deutschland und England, Heidelberg 1998.

Brohm, Winfried, Die staatliche Verwaltung als eigenständige Gewalt und die Grenzen der Verwaltungsgerichtsbarkeit, DVBl. 1986, 321 ff.

Brühl, Raimund, Die Behandlung des Verwaltungsermessens in Bescheid und Urteil, JuS 1995, 249 ff.

Bühler, Ottmar, Besprechung zu Flume, Werner, Steuerwesen und Rechtsordnung, JZ 1953, 127 f.

ders., Die subjektiven öffentlichen Rechte und ihr Schutz in der deutschen Verwaltungsrechtsprechung, Berlin/Stuttgart/Leipzig 1914. (zitiert: *Rechte*)

Bull, Hans-Peter, Allgemeines Verwaltungsrecht, 6. Aufl., Heidelberg 2000.

Bull, Hans-Peter / **Quack**, Karlheinz, Antragsschrift der Bundesregierung auf Feststellung der Verfassungswidrigkeit der NPD vom 29. Januar 2001, http.www.extremismus.com

Bullinger, Martin (Hrsg.), Verwaltungsermessen im modernen Staat, Landesberichte und Generalbericht der Tagung für Rechtsvergleichung 1985 in Göttingen, Baden-Baden 1986. (zitiert: *Landesberichte*)

ders., Das Ermessen der öffentlichen Verwaltung – Entwicklung, Funktionen, Gerichtskontrolle – , JZ 1984, 1001 ff.

Catrein, Andreas, Anmerkungen zum Entwurf eines Gesetzes zur Änderung der Verwaltungsverfahrensgesetze des Bundes und der Länder, NVwZ 2001, 413 ff.

Creifelds, Herausgegeben von Weber, Klaus; Rechtswörterbuch, 16. Aufl., München 2000.

Cromme, Franz, Das Wirtschaftlichkeitsprinzip bei öffentlichen Gebühren und bei der staatlichen Genehmigung privater Entgelte – Zum Ermessens- und Beurteilungsspielraum und zur gerichtlichen Kontrolldichte im Wirtschaftsverwaltungsrecht –, DVBl. 2001, 757 ff.

Czermak, Fritz, Behördliche Planungen und anderes Verwaltungshandeln unter gerichtlicher „Kontrolle"?, DÖV 1978, 320 ff.

ders., Was ist Verwaltungsermessen?, DÖV 1966, 750 ff.

ders., Verwaltungsgerichtliche Nachprüfbarkeit der unbestimmten Rechtsbegriffe, NJW 1961, 1905 ff.

Detterbeck, Steffen, Allgemeines Verwaltungsrecht, München 2002. (zitiert: *Allgemeines Verwaltungsrecht*)

ders., Öffentliches Recht für Wirtschaftswissenschaftler, München 2000. (zitiert: *Öffentliches Recht*)

ders., Begründung von Verwaltungsakten, Lexikon des Rechts (Stichwort 9/380, S. 1 – 9), Neuwied/Kriftel/Berlin, Loseblatt Stand: 115. Lieferung September 2001. (zitiert: *Ermessen*)

ders., Ermessen/Unbestimmter Rechtsbegriff, Lexikon des Rechts (Stichwort 9/640, S. 1 – 13), Neuwied/Kriftel/Berlin, Loseblatt Stand: 115. Lieferung September 2001. (zitiert: *Ermessen*)

Di Fabio, Udo, Die Ermessensreduzierung – Fallgruppen, Systemüberlegungen und Prüfprogramm -, VerwArch 1995, 214 ff.

Dietel, Alfred, Ermessensschranken bei Eingriffen in das Versammlungs- und Demonstrationsrecht, DVBl. 1969, 569 ff.

Drews, Bill, Lehrbuch zum Preußischen Polizeirecht, Allgemeiner Teil, 5. Auflage

Drews, Bill / **Wacke**, Gerhard / **Vogel**, Klaus / **Martens**, Wolfgang, Gefahrenabwehr, 9. Aufl. Köln, Berlin, Bonn, München 1986. (zitiert: *Bearbeitername, in: Drews/Wacke/Vogel/Martens*)

Driehaus, Hans-Joachim / **Pietzner**, Rainer, Einführung in das Allgemeine Verwaltungsrecht, 2. Aufl., München 1992.

Ehlers, Dirk, Die Kontrolle von Subventionen, DVBl. 1993, 865 ff.

Ehmke, Horst, Wirtschaft und Verfassung. Die Verfassungsrechtsprechung des supreme court zur Wirtschaftsregulierung, Karlsruhe, 1961. (zitiert: *Wirtschaft und Verfassung*)

ders., „Ermessen" und „unbestimmter Rechtsbegriff" im Verwaltungsrecht, Tübingen 1960. (zitiert: Ermessen)

Engisch, Karl, Einführung in das juristische Denken, 9. Aufl., Stuttgart 1997.

Erichsen, Hans-Uwe / **Martens**, Wolfgang (Hrsg.), Allgemeines Verwaltungsrecht, 11. Aufl., Berlin/New York 1998. (zitiert: *Bearbeitername, in: Erichsen/Martens*)

Erichsen, Hans-Uwe, Die sog. unbestimmten Rechtsbegriffe als Steuerungs- und Kontrollmaßgaben im Verhältnis von Gesetzgebung, Verwaltung und Rechtsprechung, DVBl. 1985, 22 ff.

Ernst, Werner / **Bielenberg**, Walter / **Zinkahn**, Willy, BBauG, Kommentar, Loseblatt, München, Loseblatt: Stand August 1986. (zitiert: *Bearbeitername, in: Ernst/Bielenberg/Zinkahn, BBauG*)

Ernst, Werner / **Hoppe**, Werner, Das öffentliche Bau- und Bodenrecht, Raumplanungsrecht, 2. Aufl., München 1981. (zitiert: *Bearbeitername, in: Ernst/Hoppe*)

Eyermann, Erich / **Fröhler**, Ludwig (Hrsg.), Verwaltungsgerichtsordnung, 11. Aufl., München 2000. (zitiert: *Bearbeitername, in: Eyermann/Fröhler*)

Ewer, Wolfgang Beschränkung der verwaltungsgerichtlichen Kontrolldichte bei der Anwendung unbestimmter Rechtsbegriffe – Zulässiges und geeignetes Mittel zur Beschleunigung behördlicher und gerichtlicher Verfahren?, NVwZ 1994, 140 ff.

Faber, Heiko, Verwaltungsrecht, 4. Aufl., Tübingen 1995.

Fachinger, Josef, Überschreitung und Fehlgebrauch des Ermessens, NJW 1949, 244 ff.

Finkelnburg, Klaus / **Jank**, Klaus Peter, Vorläufiger Rechtsschutz im Verwaltungsstreitverfahren, 4. Aufl., München 1998.

Forsthoff, Ernst, Lehrbuch des Verwaltungsrechts, 1. Band, Allgemeiner Teil, 1. Aufl., München, Berlin 1950, 10. Aufl., München 1973.

Friauf, Karl Heinrich, Das Verbot mit Erlaubnisvorbehalt – OVG Lüneburg, VerwRspr. 12 Nr. 6 JuS 1962, 422 ff.

Frotscher, Werner Wirtschaftsverfassungs- und Wirtschaftsverwaltungsrecht, 3. Aufl., München 1999. (zitiert: *Wirtschaftsverfassungs- und Wirtschaftsverwaltungsrecht*)

Frotscher, Werner / **Pieroth**, Bodo, Verfassungsgeschichte, 3. Aufl., München 2002.

Frotscher, Werner / **Scorl**, Konrad, Übungsklausur Öffentliches Recht. Die „Aus Alt macht Neu-GmbH", Jura 1982, 96 ff.

Gentz, Manfred, Zur Verhältnismäßigkeit von Grundrechtseingriffen, NJW 1968, 1600 ff.

Gern, Alfons, Die Ermessensreduzierung auf Null, DVBl. 1987, 1194 ff.

Giemulla, Elmar / **Jaworsky**, Nikolaus / **Müller-Uri**, Rolf, Verwaltungsrecht, 6. Aufl., Köln/Berlin/Bonn/München 1998.

Gluth, Oskar, Genehmigung und subjektives Recht, AöR 3 (1888), 569 ff.

Goerlich, Helmut, Ermessen und unbestimmter Rechtsbegriff – oder: Verwaltungskultur und Rechtskontrolle in den neuen Bundesländern, ThürVBl. 1993, 1 ff.

ders., Anmerkung zum Beschluss des BVerfG vom 16.12.1992 – 1 BvR 167/87 (DVBl. 1993, 485); DVBl. 1993, 490.

Götz, Volkmar, Allgemeines Verwaltungsrecht, 3. Aufl., München 1985.

Gräber, Fritz (Hrsg.), Finanzgerichtsordnung, 4. Aufl., München 1997. (zitiert: Bearbeitername, in: Gräber, FGO)

Grabitz, Eberhard, Der Grundsatz der Verhältnismäßigkeit in der Rechtsprechung des Bundesverfassungsgerichts, AöR 98 (1973), 568 ff.

Grimm, Jacob und Wilhelm, Deutsches Wörterbuch, 3. Band, Leipzig 1862.

Großes .., Großes Deutsches Wörterbuch der Deutschen Sprache, Mannheim 1976.

Häberle, Peter, Öffentliches Interesse als juristisches Problem. Eine Analyse von Rechtsprechung und Gesetzgebung, Bad Homburg 1970.

Hain, Karl-Eberhard / **von Schlette**, Volker / **Schmitz**, Thomas, Ermessen und Ermessensreduktion – ein Problem im Schnittpunkt Verfassungs- und Verwaltungsrecht, AöR 122 (1997), 32 ff.

Hamann, Andreas, Rechtsfragen zu ermessenslenkenden Verwaltungsvorschriften, VerwArch 1982, 28 ff.

Hattenhauer, Hans (Hrsg.), Allgemeines Landrecht für die Preußischen Staaten 1794, 3. Aufl.; Neuwied 1996.

Heck, Philipp, Gesetzesauslegung und Interessenjurisprudenz, AcP Band 112 (1914), 1 ff.

Held-Daab, Ulla, Das freie Ermessen. Von den vorkonstitutionellen Wurzeln zur positivistischen Auflösung der Ermessenslehre, Berlin 1996.

Heinrich, Barbara, Behördliche Nachbesserung von Verwaltungsakten im verwaltungsgerichtlichen Verfahren und Rechtsschutz der Betroffenen, München 1999.

Henseler, Paul, Kompetenzkonflikte paralleler Gestattungsverfahren am Beispiel der Genehmigung von Atomanlagen, DVBl. 1982, 390 ff.

Herdegen, Matthias, Gestaltungsspielräume bei administrativer Normgebung. Ein Beitrag zu rechtsformabhängigen Standards für die gerichtliche Kontrolle von Verwaltungshandeln, AöR 114 (1989), 607 ff.

ders., Beurteilungsspielraum und Ermessen im strukturellen Vergleich, JZ 1991, 747 ff.

Herzog, Roman, Verfassung und Verwaltungsgerichte – Zurück zu mehr Kontrolldichte?, NJW 1992, 2601 ff.

Hill, Herrmann, Rechtsstaatliche Bestimmtheit oder situationsgerechte Flexibilität des Verwaltungshandelns, DÖV 1987, 885 ff.

ders., Verfahrensermessen der Verwaltung, NVwZ 1985, 449 ff.

Hofer-Zeni, Herbert, Das Ermessen im Spannungsfeld von Rechtsanwendung und Kontrolle, Wien/New York, 1981.

Hoffmann-Becking, Michael, Zum Stand der Lehre vom Recht auf fehlerfreie Ermessensentscheidung, DVBl. 1970, 850 ff.

Hoffmann-Riem, Wolfgang, Von der Antragsbindung zum konsertierten Optionenermessen – Überlegungen zum immissionsschutzrechtlichen Genehmigungsverfahren mit UVP – DVBl. 1994, 605 ff.

Hofmann, Christian, Der Beitrag der neueren Rechtsprechung des BVerfG zur Dogmatik des Beurteilungsspielraums, NVwZ 1995, 740 ff.

Hoffmann, Max / **Grabherr**, Edwin, Luftverkehrsgesetz, 2. Aufl., München, Loseblatt, Stand August 2001.

Hoppe, Werner, Das Ermessen bei der Erteilung baurechtlicher Ausnahmen und Befreiungen, DVBl. 1969, 340 ff.

Hoppenberg, Michael, Die Rechtmäßigkeit des Verwaltungsaktes sowie die Rechtsfolgen von Verstößen gegen die Rechtmäßigkeitsanforderungen, JA 1983, 499 ff.

Huber, Hans, Niedergang des Rechts und Krise des Rechtsstaats, in: Demokratie und Rechtsstaat, Festgabe zum 60. Geburtstag von Zaccaria Giaometti, 1953, 59 ff.

Huber, Ernst Rudolf (Hrsg.), Dokumente zur Deutschen Verfassungsgeschichte, 4 Bände, 3. Aufl., Stuttgart/Berlin/Köln/Mainz 1978, 1986, 1990, 1991.

Hufen, Friedhelm, Verwaltungsprozeßrecht, 4. Aufl., München 2000.

Hüttl, Adolf, Zur Auslegung des Rechts, besonders des öffentlichen Rechts – Bahnt sich eine Wandlung des Rechtsstils an?, DVBl. 1965, 61 ff.

Ipsen, Hans-Peter, Rechtsfragen der Investitionshilfe, AöR 1953, 284 ff.

Ipsen, Jörn, Allgemeines Verwaltungsrecht, 1. Aufl., Köln/Berlin/ Bonn/München 2000.

Isensee, Josef / **Kirchhof**, Paul (Hrsg.), Handbuch des Staatsrechts der Bundesrepublik Deutschland III, Heidelberg 1988. (zitiert: Bearbeitername, in: Isensee/Kirchhof)

Jachmann, Monika, Allgemeines Verwaltungsrecht, Neuwied/Kriftel 1999.

Jakobs, Michael Ch., Der Grundsatz der Verhältnismäßigkeit, DVBl. 1985, 97 ff.

Jarass, Hans D., Bindungswirkung von Verwaltungsvorschriften, JuS 1999, 105 ff.

Jarass, Hans D. / **Pieroth**, Bodo, Grundgesetz für die Bundesrepublik Deutschland, Kommentar, 3. Aufl., München 1995.

Jellinek, Hansjörg, Ermessensausübung durch Verwaltungsbehörden, ZRP 1981, 68 ff.; abgedruckt auch in: NJW 1981, 2235.

Jellinek, Walter, Verwaltungsrecht, 3. Aufl., Berlin 1933, unveränderter Nachdruck, Offenburg, 1948; Neudruck mit einem Nachtrag von 1950, Bad Homburg, Berlin, Zürich 1966. (zitiert: *Verwaltungsrecht*)

ders., Gesetz, Gesetzesanwendung und Zweckmäßigkeitserwägung, Tübingen 1913. (zitiert: Gesetz)

Jesch, Dietrich, Gesetz und Verwaltung, 1961. (zitiert: *Gesetz und Verwaltung*)

ders., Unbestimmter Rechtsbegriff und Ermessen in rechtstheoretischer und verfassungsrechtlicher Sicht, AöR 82 (1957), 163 ff.

Kellner, Hugo, Einiges zum behördlichen Ermessen, DÖV 1969, 309 ff.

Kelsen, Hans, Hauptprobleme der Staatsrechtslehre, entwickelt aus der Lehre vom Rechtssatz, 1. Aufl., Tübingen 1911.

Keppeler, Jürgen, Die Grenzen des behördlichen Versagungsermessen unter besonderer Berücksichtigung des Zwecks der Ermächtigung, Konstanz 1989.

Klein, Rüdiger, Rechtsqualität und Rechtswirkung von Verwaltungsnormen, Festgabe für Ernst Forsthoff, München 1967, S. 163 ff. (zitiert: *Festgabe für Ernst Forsthoff*)

ders., Die Kongruenz des verwaltungsrechtlichen Ermessensbereichs und des Bereichs rechtlicher Mehrdeutigkeit, AöR 82 (1957), 75 ff.

Knack, Hans-Joachim (Hrsg.), Verwaltungsverfahrensgesetz, 7. Aufl., Köln/Berlin/Bonn/München 2000. (zitiert: *Bearbeitername, in: Knack, VwVfG*)

Koch, Hans-Joachim, Allgemeines Verwaltungsrecht, 2. Aufl., Neuwied 1992

ders., Abwägungsvorgang und Abwägungsergebnis als Gegenstände gerichtlicher Plankontrolle, DVBl. 1989, 399 ff.

ders., Unbestimmte Rechtsbegriffe und Ermessensermächtigungen im Verwaltungsrecht – Eine logische und semantische Studie zur Gesetzesbindung der Verwaltung, Frankfurt am Main 1979. (zitiert: *Unbestimmte Rechtsbegriffe*)

König, Hans-Günther, Verfassung und Verwaltung im Eingriffsrecht, BayVBl. 1983, 161 ff.

Kopp, Ferdinand O., Verwaltungsverfahrensgesetz, 6. Aufl., München 1996. (zitiert: *VwVfG*)

ders., Verwaltungsgerichtsordnung, 10. Aufl., München 1994. (zitiert: VwGO)

Kopp, Ferdinand O. / **Ramsauer**, Ulrich, Verwaltungsverfahrensgesetz, 7. Aufl., München 2000.

Kopp, Ferdinand O. / **Schenke**, Rüdiger, Verwaltungsgerichtsordnung, 12. Aufl., München 2000.

Krebs, Walter, Probleme der rechtlichen Steuerung und Kontrolle von Wirtschaftssubventionen, ZRP 1984, 224 ff.

Krüger, Henning, Beurteilungsspielraum, LKV 1991, 73.

ders., Ermessen, LKV 1991, 75.

Kuklok, Dietmar, Die Ausübung des Ermessens in Rücknahmebescheiden nach § 45 SGB (X), SozVers 1997, 63 ff.

Laband, Paul, Das Staatsrecht des Deutschen Reiches, 1. Aufl., 3 Bände, Tübingen, 1876 – 1882.

Landmann, Robert v. / **Rohmer**, Gustav, Gewerbeordnung und ergänzende Vorschriften, Band I, Loseblatt, München, Stand: 1. Februar 2000.

Lange, Klaus, Ermessens- und Beurteilungsspielräume als Transformatoren von Innen- und Außenrecht, NJW 1992, 1193 ff.

Larenz, Karl, Methodenlehre der Rechtswissenschaft, 6. Aufl., Heidelberg 1991.

Laun, Rudolf v., Das freie Ermessen und seine Grenzen, Leipzig 1910.

Leibholz, Gerhard, Die Gleichheit vor dem Gesetz und das Bonner Grundgesetz, DVBl. 1951, 193 ff.

Lendi, Martin, Legalität und Ermessensfreiheit, Zürich 1961.

Lerche, Peter, Übermaß und Verfassungsrecht, Köln 1961.

Lohmann, Hans Henning, Die Zweckmäßigkeit der Ermessensausübung als verfassungsrechtliches Rechtsprinzip, Berlin 1972.

Mackensen, Lutz, Großes Deutsches Wörterbuch, München 1977.

Maier, Günter, Weisungen vorgesetzter Behörden gegenüber der Planfeststellungsbehörde – Möglichkeit und Schranken, BayVBl. 1990, 647 ff.

Mann, Thomas, Anmerkung zu BVerwG 1993, 1269 ff., in: DVBl. 1993, 1271 ff.

Maunz, Theodor / **Dürig**, Günter / **Herzog**, Roman / **Scholz**, Rupert (Hrsg.), Grundgesetz, Kommentar, München, Loseblatt: Stand: Juli 2001. (zitiert: *Bearbeitername, in: Maunz/Dürig/Herzog/Scholz*)

Maurer, Hartmut, Allgemeines Verwaltungsrecht, 13. Aufl., München 2000.

ders., Rechtsfragen kommunaler Satzungsgebung, DÖV 1993, 184 ff.

Mayer, Friedrich Franz, Grundzüge des Verwaltungs-Rechts und -Rechtsverfahrens, Tübingen 1857.

Meder, Götz, Verwaltungsermessen und Rechtssatzkontrolle, DVBl. 1970, 857 ff.

Menger, Christian Friedrich, Buchbesprechung: Ermessen und unzulässige Ermessensausübung, DVBl. 1965, 662 f.

ders., Zur Geschichte der Verwaltungsgerichtsbarkeit in Deutschland, DÖV 1963, 726 ff.

Merkl, Adolf, Allgemeines Verwaltungsrecht, Wien/Berlin 1927.

Meyn, Karl-Ulrich, Aspekte zur Problematik von Beurteilungsspielraum und Ermessen, JA 1980, 327 ff.

Michaelis, Lars Oliver, Erläuterungen zum Urteil des BVerwG vom 16.06.1997 (DÖV 1997, 1006; DVBl. 1998, 145), JA 1998, 453 ff.

Mieck, Ilja, Zielsetzungen und Ertrag der preußischen Reformen, in: Preußen, Beiträge zu einer politischen Kultur, Band 2, Hamburg 1981, S. 181 ff.

Mitteis, Heinrich / **Lieberich**, Heinz, Deutsche Rechtsgeschichte, 19. Aufl., München 1992.

Müller-Helle, Klaus, Anmerkung zu BSG NJW 1973, 344, NJW 1973, 1063 f.

Münch, Ingo v. / **Kunig**, Philipp (Hrsg.), Grundgesetzkommentar, Band 1, 4. Aufl., München 1992; Band 3, 3. Aufl., München 1996. (zitiert: *Bearbeitername, in: v. Münch, GG*)

Musterentwurf (EVwVfG 1963), Musterentwurf eines Verwaltungsverfahrensgesetzes, Köln und Berlin 1964.

Musterentwurf (EVwVfG 1966), 2. Auflage, mit Anhang „Münchener Fassung".

Mußgnug, Reinhard, Der Dispens von gesetzlichen Vorschriften, Heidelberg 1964.

Mutius, Albert v., Unbestimmter Rechtsbegriff und Ermessen im Verwaltungsrecht, Jura 1987, 92 ff.

ders., Die Generalklausel im Polizei- und Ordnungsrecht, Jura 1986, 649 ff.

Nagel, Walter, Die Rechtskonkretisierungsbefugnis der Exekutive: Ermessenskategorien und verwaltungsgerichtliche Kontrolldichte, 1993.

Nierhaus, Michael, Zur gerichtlichen Kontrolle von Prognoseentscheidungen in der Verwaltung, DVBl. 1977, 19 ff.

Obermayer, Klaus, Verwaltungsverfahrensgesetz, Kommentar, 3. Aufl., Neuwied 1999. (zitiert: *Bearbeitername, in: Obermayer, VwVfG*); 2. Aufl., Neuwied 1983 (zitiert: VwVfG).

ders., Die Beurteilungsfreiheit der Verwaltung, BayVBl. 1975, 257 ff.

ders., Das Verhaltensermessen der Verwaltungsbehörden, NJW 1963, 1177 ff.

Oldiges, Martin, Die Entwicklung des Subventionsrechts seit 1996; 2. Teil: Rückabwicklung fehlgeschlagener Subventionierung, NVwZ 2001, 626 ff.

Ossenbühl, Fritz, Eine Fehlerlehre für untergesetzliche Normen, NJW 1986, 2805 ff.

ders., Richterliches Prüfungsrecht und Rechtsverordnungen, Festschrift für Hans Huber, Bern 1981, S. 283 ff. (zitiert: *Festschrift für Hans Huber*)

ders., Zur Renaissance der administrativen Beurteilungsermächtigung – Rezension zum Urteil des BVerwG v. 16.12.1971 – I C 31.68, DÖV 1972 S. 419, DÖV 1972, 401 ff.

ders., Tendenzen und Gefahren der neueren Ermessenslehre, DÖV 1968, 618 ff.

ders., Verwaltungsvorschriften und Grundgesetz, Bad Homburg 1968 (zitiert: *Verwaltungsvorschriften*).

Peine, Franz-Joseph, Allgemeines Verwaltungsrecht, 5. Aufl., Heidelberg 2000.

Peters, Anne, Die Ausfüllung von Spielräumen der Verwaltung durch Wirtschaftlichkeitserwägungen, DÖV 2001, 749 ff.

Pfeifer (ohne Vornamensangabe), Verpflichtungsklage bei Ermessensakten?, DÖV 1962, 776 ff.

Pietzcker, Jost, Der Anspruch auf ermessensfehlerfreie Entscheidung, JuS 1982, 106 ff.

ders., Zu den Voraussetzungen des Anspruchs auf Gleichbehandlung nach Art. 3 GG, JZ 1989, 305 ff.

ders., Selbstbindungen der Verwaltung, NJW 1981, 2087 ff.

Pietzner, Rainer / **Ronellenfitsch**, Michael, Das Assessorexamen im öffentlichen Recht. Widerspruchsverfahren und Verwaltungsprozeßrecht, 10. Aufl., Düsseldorf 2000.

Pöcker, Markus / **Barthelmann**, Ralf, Der missglückte § 114 Satz 2 VwGO – Ein Beitrag zu den verwaltungsprozessualen, verwaltungskostenrechtlichen und rechtstheoretischen Problemen der Nachlieferung von Ermessenserwägungen, DVBl. 2002, 668 ff.

Püttner, Günter, Verwaltungslehre, Ein Studienbuch, München 1982.

Rädler, Peter, Die „Abmahnung" im Verwaltungsrecht, NVwZ 2000, 1260 ff.

Randelzhofer, Albrecht, Der Anspruch auf fehlerfreie Ermessensentscheidung in Rechtslehre und Rechtsprechung, BayVBl. 1975, 573 ff.

ders., Kritische Würdigung der Lehre vom Anspruch auf fehlerfreie Ermessensentscheidung, BayVBl. 1975, 607 ff.

Redeker, Konrad Über die Einflußmöglichkeiten des Fachgesetzgebers auf das verwaltungsgerichtliche Verfahren, DÖV 1993, 10 ff.

ders., Verfassungsrechtliche Vorgaben zur Kontrolldichte verwaltungsgerichtlicher Rechtsprechung, NVwZ 1992, 305 ff.

ders., Sozialstaatliche Gestaltung und rechtsstaatliche Bindung – zugleich: Standort der Verwaltungsgerichte in diesem Spannungsfeld, DVBl. 1971, 369 ff.

Redeker,Konrad / **Oertzen**, Hans-Joachim v., Verwaltungsgerichtsordnung, Kommentar, 12. Aufl., Stuttgart 1998.

Reidt, Olaf, Behördlicher Beurteilungsspielraum und Grundrechtsschutz, DÖV 1992, 916 ff.

Reuß, Hermann, Freiheit und Bindung der Verwaltung im Rechtsstaat, DVBl. 1959, 533 ff.

ders., Der unbestimmte Rechtsbegriff, DVBl 1953, 649 ff.

ders., Das Ermessen, DVBl. 1953, 585 ff.

Rhinow, René, Landesbericht Schweiz, in: Bullinger (Hrsg.) Verwaltungsermessen im modernen Staat, Landesberichte und Generalbericht der Tagung für Rechtsvergleichung 1985 in Göttingen, Baden-Baden 1986. (zitiert: *Landesberichte*)

Rittner, Fritz, Ermessensfreiheit und Billigkeitsspielraum des Zivilrichters im deutschen Recht, in: Arbeiten zur Rechtsvergleichung, Heft 24 (1964), S. 21 ff.

Rode, Lars-Henrik, Die Anordnung der sofortigen Vollziehung – Das Begründungsgebot, KommunalPraxis, MO 2000, 167 ff.

Rode, Lars-Henrik / **Baumann**, Eike, Der Grundsatz der Verhältnismäßigkeit, KommunalPraxis MO, 2000, 228 ff.

Rothkegel, Ralf, Anmerkung zu VGH Mannheim, DÖV 1981, 971 ff., in: DÖV 1982, 511 ff.

Rüfner, Wolfgang, Verwaltungsrechtsschutz im 19. Jahrhundert vor Einführung der Verwaltungsgerichtsbarkeit, DÖV 1963, 719 ff.

ders., Verwaltungsrechtsschutz in Preußen im 18. und in der ersten Hälfte des 19. Jahrhunderts, in: Festschrift für Christian-Friedrich Menger, Köln/Berlin/Bonn/München 1985. (zitiert: *Festschrift für Christian-Friedrich Menger*)

Rupp, Hans Heinrich, Grundfragen der heutigen Verwaltungsrechtslehre, 2. Aufl., Tübingen 1991 (zitiert: *Grundfragen*).

ders., „Ermessen“, „unbestimmter Rechtsbegriff“ und kein Ende, in: Festschrift für Wolfgang Zeidler, Band I, Berlin, New York 1987, S. 455 ff. (zitiert: *Festschrift für Wolfgang Zeidler*) ders., Nochmals: Zur Begründung von Ermessensentscheidungen nach dem Entwurf eines Verwaltungsverfahrensgesetzes des Bundes, ZRP 1971, 233 f.

ders., Ermessensspielraum und Rechtsstaatlichkeit, NJW 1969, 1273 ff.

Salzwedel, Jürgen, Zur Reichweite des Beschlusses des Ersten Senats des Bundesverfassungsgerichts vom 15.7.1981 – 1 BvL 77/78 – für die wasserrechtliche Praxis, ZfW 1983, 13 ff.

Sarninghausen, Hans-Cord, Zum Nachbaranspruch auf baubehördliches Einschreiten, NJW 1993, 1623 ff.

Scheerbarth, Walter, Anmerkung zum Urteil des VG Münster vom 31.01.1966 Az.: 2 K – 437/65 (DVBl. 1967, 298 ff.), DVBl. 1967, 301 ff.

ders., Das Schicksal der Verwaltungsgerichtsbarkeit unter dem Nationalsozialismus, DÖV 1963, 729 ff.

ders., Ist im Verwaltungsrecht die Hermeneutik auf Abwegen?, DVBl. 1960, 185 ff.

Scheffler, Hans-Herman, Die allgemeine Pflicht zur Begründung von Verwaltungsakten – Ein Beitrag zum Verwaltungsverfahrensgesetz des Bundes – , DÖV 1977, 767 ff.

Schenke, Ralf Peter, Das Nachschieben von Gründen nach dem 6. VwGO-Änderungsgesetz, VerwArch. 1999, 232 ff.

Schenke, Wolf-Rüdiger, Verwaltungsprozeßrecht, 8. Aufl., Heidelberg 2002. (zitiert: Verwaltungsprozeßrecht)

ders., Ermessen der Polizei, Lexikon des Rechts (Stichwort 9/630), Neuwied/Kriftel/Berlin, Loseblatt, Stand: 115. Lieferung September 2001. (zitiert: *Ermessen*)

Schmalz, Dieter, Allgemeines Verwaltungsrecht Teil 1, 2. Aufl., Köln/Stuttgart/Berlin/Hannover/Kiel/Mainz/München, 1981.

Schmidt, R., Die prozessuale Behandlung von Ermessensentscheidungen, SGb 1984, 550 ff.

Schmidt, Reiner, Öffentliches Wirtschaftsrecht, Band 2, Berlin 1996. (zitiert: *Bearbeitername, in: Reiner Schmidt, Öffentliches Wirtschaftsrecht*)

ders., Rechtsfragen der regionalen Strukturpolitik, AöR 99 (1974), 525 ff.

Schmidt, Walter, Abschied vom „unbestimmten Rechtsbegriff", NJW 1975, 1753 ff.

ders., Die Gleichheitsbindung an Verwaltungsvorschriften – BVerwGE 34, 278, JuS 1971, 184 ff.

Schmidt-Aßmann, Eberhard / **Groß**, Thomas, Zur verwaltungsgerichtlichen Kontrolldichte nach der Privatgrundschulentscheidung des BVerfG, NVwZ 1993, 617 ff.

Schmidt-Eichstaedt, Gerd, Der Konkretisierungsauftrag der Verwaltung beim Vollzug öffentlich-rechtlicher Normen, DVBl. 1985, 645 ff.

Schoch, Friedrich / **Schmidt-Aßmann**, Eberhard / Pietzner, Rainer, Verwaltungsgerichtsordnung, München, Loseblatt, Stand: Januar 2002. (zitiert: *Bearbeitername, in: Schoch/Schmidt-Aßmann/Pietzner, VwGO*)

Scholz, Rupert, Rechtsfrieden im Rechtsstaat – Verfassungsrechtliche Grundlagen, aktuelle Gefahren und rechtspolitische Folgerungen, NJW 1983, 705 ff.

Schulze-Fielitz, Helmuth, Neue Kriterien für die verwaltungsgerichtliche Kontrolldichte bei der Anwendung unbestimmter Rechtsbegriffe, JZ 1993, 772 ff.

Schunck, Egon / **Clerck**, Hans De, Verwaltungsgerichtsordnung mit ergänzenden Bundesgesetzen und den Ausführungsgesetzen des Landes, Kommentar, 3. Aufl., Siegburg 1977.

Schwab, Siegfried, Die Begründung bei Ermessens- und Beurteilungsentscheidungen, DÖD 1994, 80 ff.

Schwabe, Jürgen, Anmerkung zum Urteil des BVerwG vom 16.06.1997 – 3 C 22.96 = BVerwGE 105, 55 ff. = DVBl. 1998, 145 ff., in: DVBl. 1998, 147 ff.

Seewald, Otfried, Die Gestaltungsfreiheit der Verwaltung – Ermessen und unbestimmter Rechtsbegriff, Jura 1980, 175 ff.

Sendler, Horst, Ist das Umweltrecht normierbar?, UPR 1981, 1 ff.

Smeddinck, Ulrich, Der unbestimmte Rechtsbegriff – strikte Bindung oder Tatbestandsermessen?, DÖV 1998, 370 ff.

Soell, Hermann, Das Ermessen der Eingriffsverwaltung – Zugleich eine Studie zur richterlichen Ermessenskontrolle im Kartellrecht und zur Bedeutung des détournement de pouvoir im französischen Verwaltungs- und europäischen Gemeinschaftsrecht, Heidelberg 1973.

Spanner, Hans, Grenzen des Rechts zum Erlaß von Verordnungen und Satzungen nach der Rechtsprechung des Bundesverfassungsrechts – Ein Beitrag zur Fehlerquellenlehre für untergesetzliche Normen, BayVBl. 1986, 225 ff.

Starck, Christian, Das Verwaltungsermessen und dessen gerichtliche Kontrolle, in: Festschrift für Horst Sendler, München 1991, 167 ff. (zitiert: *Festschrift für Horst Sendler*)

ders., Rechtsvergleichender Generalbericht; in: Bullinger (Hrsg.) Verwaltungsermessen im modernen Staat, Landesberichte und Generalbericht der Tagung für Rechtsvergleichung 1985 in Göttingen, Baden-Baden 1986. (zitiert: *Landesberichte*)

Stein, Lorenz von, Die Verwaltungslehre, 1. Teil, 1. Abteilung, Die vollziehende Gewalt, 2. Aufl. Stuttgart 1869.

Stelkens, Paul, Die Rolle der Verwaltungsgerichte bei der Umsetzung der Verwaltungsverfahrensgesetze, NWVBl. 1989, 335 ff.

Stelkens, Paul / **Bonk**, Heinz Joachim / **Sachs**, Michael (Hrsg.), Verwaltungsverfahrensgesetz, Kommentar, 6. Aufl., München 2001. (zitiert: *Bearbeitername, in: Stelkens/Bonk/Sachs, VwVfG*)

Stern, Klaus, Das Staatsrecht der Bundesrepublik Deutschland, Band I, 2. Aufl., München 1984, Band. II, München 1980. (zitiert: *Staatsrecht*)

ders., Die unzulässige Ermessensausübung, BayVBl. 1964, 381 ff.

ders., Ermessen und unzulässige Ermessensausübung, Berlin 1964. (zitiert: *Ermessensausübung*)

Stober, Rolf, Kommunalrecht, 2. Aufl., Stuttgart/Berlin/Köln 1992.

Stolleis, Michael, Geschichte des öffentlichen Rechts in Deutschland, Zweiter Band Staatsrechtslehre und Verwaltungswissenschaft 1800 - 1914, München 1992; Dritter Band 1914 – 1945, München 1999.

Tezner, Friedrich, Das freie Ermessen der Verwaltungsbehörden. Kritisch-systematisch erörtert auf Grund der österreichischen verwaltungsgerichtlichen Rechtsprechung, Leipzig/Wien 1924. (zitiert: *Ermessen*)

ders., Zur Lehre von dem freien Ermessen der Verwaltungsbehörden als Grund der Unzuständigkeit der Verwaltungsgerichte, Wien 1888. (zitiert: *Lehre*)

Theuersbacher, Paul, Die Entwicklung des Schulrechts in den Jahren 1991 und 1992, NVwZ 1993, 631 ff.

Treptow (ohne Vornamensangabe), Gerichtliche Kontrolle von Ermessensentscheidungen und unbestimmten Rechtsbegriffen im Strafvollzugsrecht, NJW 1978, 2227 ff.

Ule, Carl Hermann, Jenas Beitrag zur Entwicklung des Rechtsstaatsgedankens, LKV 1991, 189 ff.

ders., Rechtsstaat und Verwaltung, VerwArch 1985, 1 ff.

ders., Das Verwaltungsverfahrensgesetz, DVBl. 1976, 421 ff.

ders., Unbestimmte Begriffe und Ermessen im Umweltschutzrecht, DVBl. 1973, 756 ff.

ders., Hat sich der Entwurf einer Verwaltungsgerichtsordnung für Württemberg bewährt?, DVBl. 1960, 609.

ders., Zur Anwendung unbestimmter Rechtsbegriffe im Verwaltungsrecht, in: Forschungen und Berichte aus dem öffentlichen Recht, Gedächtnisschrift für Walter Jellinek, München 1955, 309 ff. (zitiert: Gedächtnisschrift für Walter Jellinek)

Ule, Carl Hermann / **Laubinger**, Hans Werner, Verwaltungsverfahrensrecht, 4. Aufl., Köln 1995.

Unruh, Georg-Christph v., Kodifiziertes Verwaltungsrecht, NVwZ 1988, 690 ff.

Varadinek, Brigitta, Ermessen und gerichtliche Nachprüfbarkeit im französischen und deutschen Verwaltungsrecht und im Recht der Europäischen Gemeinschaft, Aachen 1995.

Volkert, Werner, Die Verwaltungsentscheidung, Bescheide – Schreiben – Schriftsätze – Verfügungen, 3. Aufl., Stuttgart/München/Hannover/Berlin/ Weimar/Dresden 1997.

Volkmann, Uwe, Das „intendierte“ Verwaltungsermessen, DÖV 1996, 288 ff.

Wahrig, Gerhard (Hrsg.), Wörterbuch der Deutschen Sprache, München 1978.

Weber, Werner, Referat auf dem 43. Deutschen Juristentag zum Gutachten von Fritz Werner „Empfiehlt es sich, den allgemeinen Teil des Verwaltungsrechts zu kodifizieren ?“, Gutachten für den 43. Deutschen Juristentag, in: Verhandlungen des 43. DJT, Band I, Tübingen 1960.

Werner, Fritz, „Empfiehlt es sich, den allgemeinen Teil des Verwaltungsrechts zu kodifizieren ?“, Gutachten für den 43. Deutschen Juristentag, in: Verhandlungen des 43. DJT, Band I, Tübingen 1960.

Wilke, Dieter, Die gerichtliche Kontrolle unbestimmter Rechtsbegriffe im Umweltrecht, insbes. im Atomrecht, Jura 1992, 186 ff.

Wittig, Peter, Zum Standort des Verhältnismäßigkeitsgrundsatzes im System des Grundgesetzes, DÖV 1968, 817 ff.

Wolff, Hans Julius / **Bachof**, Otto / **Stober**, Rolf, Verwaltungsrecht, Band I, 11. Aufl., München 1999.

Würkner, Joachim / **Kerst-Würkner**, Brigitte, Der Entscheidungsvorrang der Bundesprüfstelle: Das neue Abwägungsermessen als grundrechtsdogmatischer Phönix aus der Asche des alten Beurteilungsspielraums, NJW 1993, 1446 ff.

Zuleeg, Manfred, Die Ermessensfreiheit des Verordnungsgebers, DVBl. 1970, 157 ff.

Schriften zum deutschen und europäischen öffentlichen Recht

Herausgegeben von Prof. Dr. Steffen Detterbeck

Band 1 Henry Roth: Berufs- und Erwerbsunfähigkeit. Renten- und Versorgungsansprüche nach geltendem und reformiertem Recht. 2000.

Band 2 Astrid Lediger: Die Entschädigung der Bundestagsabgeordneten. 2001.

Band 3 Uwe Chojetzki: Der kirchliche Dienst in der Sozialversicherung. 2001.

Band 4 Christopher Breith: Die Fernsehschutzliste. Übertragung von Großereignissen nach § 5a RfStV. 2002.

Band 5 Lars-Henrik Rode: § 40 VwVfG und die deutsche Ermessenslehre. 2003.

FSC
www.fsc.org
MIX
Papier | Fördert
gute Waldnutzung
FSC® C083411

Kolibri 360 GmbH
Ferdinand-Jühlke-Straße 7
99095 Erfurt, Deutschland
produktsicherheit@kolibri360.de

Druck:
CPI Druckdienstleistungen GmbH
im Auftrag der
Kolibri 360 GmbH
Ferdinand-Jühlke-Str. 7
99095 Erfurt